全媒体融合背景下广告传播的创新与发展

曹明香　著

中国原子能出版社

图书在版编目（CIP）数据

全媒体融合背景下广告传播的创新与发展 / 曹明香
著 .–– 北京 : 中国原子能出版社，2021.9（2024.1重印）

ISBN 978–7–5221–1596–2

Ⅰ . ①全… Ⅱ . ①曹… Ⅲ . ①广告学—传播学—研究

Ⅳ . ① F713.80

中国版本图书馆 CIP 数据核字（2021）第 191416 号

全媒体融合背景下广告传播的创新与发展

出　　版	中国原子能出版社（北京海淀区阜成路 43 号 100048）	
责任编辑	白皎玮	
责任印制	赵　明	
印　　刷	河北文盛印刷有限公司	
经　　销	全国各地新华书店	
开　　本	787 mm × 1092 mm　1/16	
印　　张	11.375	
字　　数	255 千字	
版　　次	2021 年 9 月第 1 版　　2024 年 1 月第 2 次印刷	
书　　号	978–7–5221–1596–2	
定　　价	56.00 元	

前　言

在数字传播语境下，信息传播不再被内容和形式所束缚，媒介融合使信息资源实现共享，"单打独斗"式的信息传播变得十分艰难。由于信息传播形式的巨大变革，广告营销也出现了变革，一方面尽力扩大媒介的覆盖范围，另一方面越来越重视与消费者的沟通，无论是媒体形式、投放方法，还是投放时间，都是在充分考量消费者的基础上确定的。

传统媒体的信息传播方式体现出越来越明显的滞后性，而围绕信息技术、网络技术发展起来的精准传播模式，则适应了社会发展的需要，代表了市场营销的发展方向。因此，必须付精准传播的特征进行分析，指出其发展前景以及广告传播营销准则，及时更新广告营销观念，摒弃落后的单向信息传递观念。

在传统的消费者行为理论中，消费者处于整个营销链条的最末端，必须被动接受广告信息的狂轰滥炸。但是在当前数字传播语境之下，消费者也已经参与到信息生产、传播以及决策的过程中，消费者的消费模式由之前的被动接受，转变为主动收集、交流信息、参与互动。

以往传统媒体将大量信息传递给受众，这种信息传播呈线性存在，单向传播、传播范围有限，且信息传播的精确度较差，只能传播被大多数受众所认同的信息。在当前的数字传播语境下，这种传播方式存在很大的滞后性，网状传播模式显示出巨大的生命力。传统信息传播必须转变为精确传播，才能充分显示出巨大的价值，为全媒体广告营销模式的构建提供支撑。

在当前数字传播语境下，要构建全媒体广告营销模式，需要企业、媒体、广告公司三方密切协作。企业需要提供各种产品资料以及需要实现的营销目标；广告公司需要对市场进行充分调研，准确了解市场需求，判断企业的营销目标，收集媒体信息，并与企业及时沟通和交流，最后制定出营销方案；媒体需要根据企业的营销需求以及消费者接触媒体的习惯，积极搭建营销平台、扩展营销渠道。只有三者通力配合，才能保证全媒体广告模式的有效实施，并取得显著的营销效果。

作者

目　录

第一章　全媒体时代广告文化发展的新变化

第一节　概述

一、全媒体时代的内涵与外延

科技的不断发展推动了传播手段的演进，传播手段的更迭在很大程度上影响了人类文明发展进程。从技术层面来说，"全媒体"依托于大数据技术的发展。从应用层面来说，从文字到互联网，传播方式的改变、交替和融合也在塑造着人们的生活方式、交往方式。新的媒体形式不断出现，旧的媒体形式不断寻求新的发展契机，新旧媒体间无论在应用、功能层面都体现出逐渐融合的趋势，这使得媒体的概念得以拓展，至此，"全媒体"的概念开始广泛适用。

"全"是全媒体的最大特征。"全媒体"可以概括为运用全手段、涵盖全内容、依托全网络、融合全业态、散播全终端的媒介信息传播全过程。全媒体区别于全媒体，全媒体所运用的信息传播手段既覆盖传统的文字、声音、图像又容纳新兴的网页、动画、虚拟现实等等。在内容上，全媒体时代传播内容的数据成为了海量的且不断更新的。全媒体既通过传统媒体进行传播，也运用网站、终端依托的全媒体进行传播，传播路径的融合推动了信息传播业态的融合，最终使得需要传播的信息脱离时空的限制，实现全终端、全时态的覆盖。

全媒体时代是指在大数据、人工智能、物联网等技术发展背景下媒介传播新时代。习近平总书记指出"四全媒体"（即"全程媒体""全息媒体""全员媒体""全效媒体"）是全媒体时代的主要表现和最大特征。

"全程媒体"是强调媒体运作过程的完整性，共包含两个维度。从微观来看，媒体对于新闻事件应该进行持续追踪，要关注新闻事件发展的全程。媒体展示的信息最应该遵循的事物的真实状态，媒体从业者行为也应遵循其基本伦理原则——"真实性原则"。然而，受追求经济利益的影响，许多媒体及其从业者对新闻事件报道缺乏完整性，对其内容断章取义，使得经过媒体传播的信息与其事件本身状态相离甚远。甚至于许多受媒体受众关注的信息常常出现结局的"大反转"，这种现象既消解了媒体的价值又促进社会文化娱乐化现象向负面演化。从宏观来看，在媒体运行的各个环节都应该实现有序的统一，不能是分散且孤立的。从媒体信息的生产到处理再到传播，都应具有"一盘棋"的思想，实现媒体环节运行的全程性。

"全息媒体"即依托全息技术发展中进行的媒体运行。马克思主义认识论指出科技发展推动了认识工具的发展，而认识工具的发展延伸了人的感官，实现了媒介技术对人感官的拓展。全息媒体通过融合图片、声音、文本等传统传播方式，以 AR，VR，HS 文本等方式呈现，丰富了信息传播的形式，增强了信息接受者的体验感。在全媒体时代，全息媒体可以为接受者带来全面的沉浸式体验，通过技术手段消减新闻信息在媒体处理环节产生的信息偏差，力求还原现实、呈现真实。

"全员媒体"是主要是指所有传统意义上传播环节中的受众都有权利也有能力参与到文化生产与传播环节的特征。新闻信息的生产与传播环节可以实现全程统一离不开新闻信息受众角色的转化。在全媒体时代，在互联网、物联网技术的发展下催生了"万众皆媒""万物皆媒"的全全媒体时代。移动互联网技术推动了信息受众角色的转型即即"接收者"到"全程参与者"，新闻信息的受众不再只是传统的接受者的角色，还同样承担了信息生产者、处理者和传播者的角色。全员媒体强调的是全体成员成为媒体运作过程的参与者，较传统的媒体时代而言，信息受众既成为了生产源点，又成为了传播载体。

"全效媒体"强调媒体传播的效用、效率和效果。在全媒体时代，通过无监督学习、算法技术等，媒体可以有选择的向信息受众投放信息，从而最终大大提升新闻传播的有效性。目前，人们生活在一个信息量巨大的世界，信息受众接受信息能力的有限性和信息传播与更新的无限性之间存在着矛盾。然而，文化传播的目就是实现相应的传播效果，通过大数据算法为受众"画像"从而减少信息传播的冗余J陛，增强信息传播的针对性，实现信息传播效果的最大化、最优化。

二、文化与文化的娱乐性

马克思指出"文化即人化"。这是广义上文化的定义，马克思主义文化观是以"人"作为逻辑起点的理论，可以说人是文化的主体，是文化的生产者又是文化的价值旨归。人是文化建设发展的目的，文化的发展离不开人的发展，文化与人的生命活动息息相关。人与文化之间不断相互作用，人创造文化、发展文化、传承文化；文化又反作用于人，教化人、调节人、塑造人。文化是人自然生命活动的对象化，人的自然实践活动又进一步推动文化的发展，文化根植绵延在人的生命活动中。

目前国内学界对于文化的分类仍然存在争议，针对不同的分类标准，文化被从不同的角度进行划分。本文选取目前学界主流分类法，将文化通过文化生产者目的划分为三类：官方文化、精英文化和大众文化。官方文化与国家意识形态密切相关，是体现一个社会文化主旋律的文化形态，是具有支配力、领导力的主流文化；大众文化是具有广泛受众的文化，通俗的、贴近生活的、具有一定辐射力的平民文化。

文化的娱乐性是文化的内在属性。文化的逻辑起点和价值旨归都是属"人"的，文化是为人服务的。娱乐活动是社会大众不可或缺的社会性文化活动。目前进入新时代，人民对于美好生活的需要和向往都离不开娱乐，同时也对娱乐的质量提出了更高的要求。娱乐文化可以调节人的心理、放松压力、振奋精神，促进人的完善与发展。但并不是全种类的文化都适合添加娱乐的元素：如政治文化，若以娱乐的方式展示，就消解了其应有的严肃性和领导力。如历史文化，若戏说历史，就会导致对历史精神的误读，削弱了历史文化的厚重感。因此，文化娱乐性的发展一方面可以满足大众的精神文化需求，另一方面通过其娱乐性也可以吸引更多的参与者，加强文化的调节、教化等功能。但若文化的娱乐性涉及到了与其不相适应的领域，导致娱乐性的泛化，就会对社会文化发展产生负面作用。

三、全媒体时代文化娱乐化的伦理关系

全媒体时代文化娱乐化的程度在技术的推动下不断加深，而娱乐又是内蕴伦理价值的文化活动。全媒体时代的文化不仅代表着当代道德主体的生活与交往方式，更体现着当代的伦理价值主张。互联网、物联网技术不断进步，总体来说，一方面大众娱乐活动的形式也更加丰富，会对伦理生态构成影响。另一方面"万物皆媒"的时代必然会面临着人与人交往间虚拟化程度的加深，形成了新的道德隐忧。在文化的层面审视社会道德，会发现在全媒体时代的文化娱乐化不断泛化，文化中过度的娱乐会产生审美伦理问题以及价值取向的混乱，最后导致道德主体人格的道德迷失、失去坚持的道德信念，最终影响社会的伦理秩序、动摇社会的伦理基础。

全媒体时代文化娱乐化与社会道德的关系可以从三个维度予以说明，分别是个体维度，群体维度和社会维度。

在个体维度上，文化的娱乐化行为是个体有选择的运用道德观念与伦理规范进行文化活动的过程。受个体道德意识支配的文化活动，总是体现个体的道德选择，展现行为背后的伦理诉求与价值取向。娱乐化的文化活动会反映个体的道德修养水平与道德评价标准。文化本身具有塑造人的功能，人的道德良知、公序良俗都是相应的文化所塑造的。文化娱乐化倾向在很大程度上会影响道德个体心理与道德人格养成。与文化娱乐化倾向相适应的伦理原则具有伦理价值导向性，对文化活动主体的道德判断与道德选择产生影响。

在群体维度上，在全媒体时代人的交往方式与生活方式都产生了新的特点，虚拟交往状态遮蔽了社会个体的现实身份，从而消解了文化活动主体的道德自觉。娱乐活动具有社会性，因此在群体的活动中，文化活动主体不能是孤立存在的，必然要与其存在的社会群

体发生联系。道德主体必然要遵守一定的社会伦理规范。文化娱乐化现象通过技术手段泛化，吸引更广的受众群体参与到文化娱乐化活动中，再通过群体性的娱乐活动，传播道德观念。经过反复的频繁的道德交往，最终在群体间形成共同的道德规则和道德评价标准，形成群体间交往的道德约束。

在社会维度上，文化娱乐化倾向通过影响生活伦理和道德选择与践行对社会风气产生一定的影响，重构当代社会精神生活的伦理生态。许多娱乐过度的文化，会对社会风气产生严重的负面影响。社会良好的道德秩序是伦理文化的现实表征。全媒体时代，文化实用伦理理性普遍盛行，在消费层面拥有强势话语的大众文化还引导着大众的价值取向。文化的"娱乐化""商品化""符号化"的实质是"去伦理化"，体现了文化自身的道德疏离化倾向。在全媒体时代，文化娱乐化程度不断加深，更需要在伦理学角度深度介入和进行反思性道德批判。

第二节　全媒体时代广告文化的新特点

一、广告文化生产的同质化

在工业时代，文化产品通过机械复制被大量的生产与传播，促进了文化消费主义盛行。机械复制拓展了文化产品的价值空间，使其逐渐从艺术品成为消费品。随着数字智能技术的不断发展，文化流通成本不断下降，文化产品的传播覆盖面也更为广泛和普及。全媒体智能信息技术的出现也重构了文化的生产结构。传统的文化娱乐产品的供给需要专业化的门槛，但全员媒体允许每个个体都拥有机会参与到文化生产中并且实现低成本高覆盖的文化传播，文化生产端的也体现出"大众化"的特征。由此，文化市场推动文化生产端产生两种倾向——"量"的扩张化与"质"的大众化。"量"的无限制扩张是资本市场为了通过占有信息资源而实现资本扩张的需要。而"质"的大众化推动了文化娱乐产品走向同质化与低质化。

文化生产同质化是指在文化生产中许多不同生产源头的产品在发展模式、内容、特点上的趋同现象。该现象是多文化主体为提升自身文化扩张的优势通过文化交流、模仿、甚至是搬运抄袭而产生的。文化产品通过"模具化"的加工，剔除了其个性特征，失去了文化主体价值。相对弱势文化向优势文化学习是提高其竞争力的重要方式，但长期的模仿与抄袭会麻痹弱势文化生产者的思维，使其逐渐失去创造力和超越维度。这种寻求捷径的短视行为会在短时间内提高文化生产者的经济收益，同时亦阻碍了文化的发展。文化同质化现象在娱乐文化领域表现更为显著，如短视频平台中，存在同类型产品的数量会在一段时间内激增的现象。文化娱乐产品的同质化也不再局限为一种现象，反而转化为一种习惯和行为模式。娱乐文化内容的单一和趋同不利于对受众多样化精神文化需求的满足，同时文化发展的空间也被压缩，娱乐文化的发展会陷入瓶颈。

文化生产的低质化表现为文化产品背后的文化生产逐渐失去深度、意义，文化市场被虚假、夸大、缺乏理性、具有误导性的文化产品所占据。智能技术的发展大大提高了社会文化生产力，把文化生产者从机械性的、低水平的工作中解放出来。根据马克思的休闲时间理论，社会生产力的提高使文化生产者有更多的休闲时间参与到文化创作中，从而会推动文化和人的全面发展。但目前来看，许多娱乐媒体平台的算法技术是基于时序流行度进行的，依据点击量、阅读量、评论量、转发量而搭建的数据模型会反复地推荐低质化的信息，从而形成负面效应的叠加。低质文化产品生产简单、门槛低，且经过算法分发，很快就可以获得经济利益。反观优质文化产品，需要文化生产者投入较大的精力，生产成本高，但却不一定能获得流量。二者对比，文化娱乐产品市场就很容易出现"劣币驱逐良币"的现象，文化生产者的生产动力被进一步腐蚀，其后果将会是人们精神文化生活的贫乏。

趋向低质、同化的文化资源供给与大众日益增长的娱乐文化需求之间的矛盾凸显。从供给的角度来看，全媒体时代要求文化生产领域的参与者更多，在文化资源的供给上实现了量的不断扩张。但本应更多元、多种类的文化资源却在经济利益的驱使逐渐走向低质化和同质化。同时由算法技术主导的文化资源分配存在不公，标签化信息投放行为会进一步导致社会成员尤其是文化弱势群体的精神供应危机。从需求的角度看，以阶层分化为特征的社会结构变化导致了社会经济结构、社会利益格局、社会组织方式以及人们的生存方式、生活方式、交往方式也出现了多元、多样和多变的特征。反映在文化层面，人们的思想观念、行为准则、理想追求、价值取向以及文化向度上也相应出现多元、多样和多变的趋势。大众阶层的分化导致身份的多元化，文化需要层次也日益丰富多元。但文化供给存在质的缺乏，文化资本的逻辑同现时代人的自我实现、全面发展等目标之间存在冲突和断裂。在得不到精神满足的前提下大众的审美逐渐走向平庸化，进一步推动了文化供给的低质化、娱乐化。

二、文化形态的可视化

在全媒体时代，文化的可视化进一步增强，文化领域中的视觉转向已经成为不争的事实，可视化的文化也愈发成为了当代文化传播的主要形态。在全媒体时代，新的媒体传播特点的出现，催生了视觉文化的转型。全息媒体促进了文化的可视化表达与信息技术深度互动、融合；全员媒体促进了文化的大众传播方式与人际传播方式的统一。在移动网络的发展、现代网络平台的推动下，信息生产与传播打破了时空的局限，而可视化的文化相对于文字传播方式耗时更加易于生产和传播，视觉逐渐成为了当代文化最好的表达方式，因此文化可视化形态越来越受到大众的追逐和使用。文化可视化的发展方向推动了文化娱乐化倾向进一步深化。文化的可视化成为了一种当代广泛存在的文化现象。

文化的可视化增强会带来一定的社会后果。一是在文化生产领域，推动文化生产流于肤浅、浮躁、庸俗。可视化的文化具有极强的可复制性，在"抖音"这一视频平台上，具有点击量的创意视频常常会被网友进行上万次的模仿与翻拍。这种行为，在一定程度上会导致文化主体创新意识的缺乏与想象力的枯竭。同时，可视化的图像文化具有直观性和瞬时性特征，文化生产者为了创造"视觉狂欢"，其所生产的文化也会更倾向于通俗化、程式化，进一步导致可视化文化的深度感减弱、表面化现象严重。二是在文化传播领域，海量文化信息的涌入会对有效信息的传播形成阻碍。由于大众对于可视化文化产品的消费需求增强，大众媒介为了追求利润、迎合大众不断地生产出新的视觉文化产品。在短时间内的文化信息量的骤增会导致大众无法对其内容和价值进行消化。在大众没有对视觉文化进行了解之时，新的文化信息又对其进行冲击覆盖，大众沉溺感官刺激，这在一定程度上导致了拜物主义的蔓延。

诚然，在全媒体时代，文化的可视化形态广泛存在于社会现实生活，其内容泛滥、庸俗肤浅的现象也确实存在，大众的审美也的确会受到这一现象的影响。但这并非文化可视化增强会导致的必然结果。文化可视化只是一种文化存在形态，既不贬损高雅的审美，也不排斥崇高的精神。在这种形态下，视觉盛宴与价值传递完全可以实现统一。

三、文化逻辑的零散化

文化逻辑的零散化主要体现为"微叙事"的表达。随着互联网技术的发展，我们不知不觉的已经进入了"微表达"的时代，微信、微博逐渐成为大众日常使用的社交工具，微电影、微课也逐渐融入了当代大学生的日常生活。这种以"微"为主要特点的叙事范式也迅速地占据了大众的日常生活领域。微叙事具有"去中心化"的后现代主义文化特征，是文化逻辑零散化的重要体现，是反对宏大叙事的新方法论形态。

杰姆逊认为后现代主义的文化逻辑主要有以下重要特征：一是主体零散化，即文化逻辑向去中心化转化。二是平面化，即拒绝深度，仅需满足感官的刺激。现代技术手段不断推动着文化逻辑趋于平面化、零散化。在全媒体时代的叙事特征主要以"微叙事"为主，这种叙事方式也进一步推动了文化逻辑的零散化走向。

"微叙事"是由大众媒体转型而新生的文化信息传达范式。在全媒体时代，"微叙事"成为主要叙事特征主要是由"四全媒体"产生的媒介运行新特点所推动的。"全员媒体"强调受众参与文化传播的全体性，但参与文化生产、传播的每一个个体都有其自身的特点。个体为了满足即时性的心理需求，会更多的选择去关注偶发性的新闻事件。文化的单位信息承载量不断加大，如在"真香""柠檬精""安排""太南了"……等等简短的网络热词实际上承载着更多的信息含义。"微叙事"实际蕴含着"大能量"。当代文化表达倾向于通过"微语言""微表情"等微型载体中实现叙事，以"假隐喻"实现"真批判"。"微叙事"还体现着消费主义的特征，同时又成为了消费主义泛化的推动力量。作为文化生产者的个体为了追求利益，需要尽快的达到自身的利益期待。"微叙事"的文化表达方式，就成为其在文化生产领域追求利益的"最优通道"。在现实生活中，由于公众需要娱乐、需要情绪宣泄，许多媒体人就会选择"投其所好"。微平台的文章许多行文风格犀利、浅显，收获了众多的点击量与阅读量，满足了读者的即时快感。这些文章许正因为虚拟空间的"微叙事"方式能够将信息更多更快的传递给受众，才为消费主义的狂欢提供了契机。

四、广告文化娱乐化的泛化

在全媒体时代，智能技术降低了娱乐信息传播的成本，推动文化娱乐化的进一步泛化。娱乐也从人的自然需求转化为一种具有惯性的思维和方式，并且娱乐化方式逐渐的渗透到非娱乐领域。文化传播者将许多非娱乐领域的事件用娱乐化方式进行改造，使其获取更多的注意力。在当代，娱乐化的方式蔓延进非娱乐领域，包括政治领域、社会领域以及私人生活领域，文化娱乐化的泛化对公众理性价值观念造成负面冲击。

在政治生活中，"恶搞政治"行为成为了娱乐化方式泛化的重要体现。文化生产者竭力从严肃的政治中挖掘娱乐价值，并且在表达上采取轻松、易懂的方式。此时参与政治娱乐话题的公众产生的非理性情绪往往展现的是一种被操纵的民意。政治人物被制作成真人表情包，政治新闻被调侃，政策被进行娱乐化的误读，模糊了大众对于国家政策的认知和理解，诱导了大众的非理性化情绪的泛滥。在社会生活中，夸大事实的虚假信息与违背伦理观念的娱乐化信息受到追捧。文化娱乐产品的低质化与媚俗化对公众的价值观念、是非判断产生影响，娱乐甚至成为可以操控公共话语的重要力量。

在私人生活中，许多存在于日常生活的文化产品都带有娱乐化的特征，如图书、音乐、电影等。数字化社交媒体成为了私人化的社会性空间，网络的虚拟性模糊了原本清晰的私人生活与公共空间的边界，个人的隐私成为了被娱乐的对象，导致了违背伦理与法律的社会乱象。

第三节　全媒体时代广告文化传播的新变化

一、媒介接触行为改变

在"万物皆媒"的时代，在日常生活中与大众媒体的接触是每个现代人都无法避免的。"电脑族""低头族"的出现暗示着，当代人对于媒介接触的需求甚至已经演化为一种新的生理需求。现代化数字技术推动社会生活转向"时空脱域"的新形态。从技术角度看，随着5G、大数据技术的发展和普及，数据运算传递能力进一步增强，时空不再成为信息传递的障碍。从社会角度看，文化模式发生裂变，现代数字化传媒技术塑造着人与人间的交往方式，并且在新的交往互动中时空不断分离，使得"不在场的东西愈益决定在场的东西"。在全媒体时代，媒介碎片化趋势增强，媒介接触行为较从前有了新的变化，主要体现在以下几个方面：

在媒介接触模式方面，媒介形态变化最为显著，新技术为媒介模式的更新持续赋能。全息媒体所融合创新的技术则为受众提供了更丰富的体验感。近年来，虚拟现实等技术得到了快速发展，让现实与虚拟的联系更加紧密，并且这些技术越来越多地被应用到文化传播领域。如在有声书的领域，文化传播方式从传统的视觉阅读转移到听觉传导。人工智能技术的发展，降低了有声书制作的成本与效率问题，带给用户更加个性化的文化接收体验。

在媒介接触时长方面，智能手机依旧作为低时段依存的伴随性媒介被广泛频繁使用，其伴随互联网的复用性进一步增强。当前移动互联网成为主要接触媒介，其接触时长远超其他媒介且具有相对稳定性。智能手机作为伴随性的移动媒介，实际上和网络媒介存在复用的关系，并非独自占据时间。且在全媒体时代下，随着5G等移动互联网技术的发展，这种复用的程度会越来越高。受众在接触智能手机时，大部分功能应用都需要网络的连接。智能手机媒体和互联网媒体所依存的终端不同，但所实现的功能却有相似之处。

在媒介接触动机方面，新移动媒体的出现，尤其是短视频媒体，增强了智能手机作为媒介的娱乐性功能。文化娱乐化的泛化与媒介接触的娱乐性动机互为动力，推动了娱乐行为的碎片化演进。娱乐文化资源的骤增，会影响受众的注意力与注意强度，使受众文化需求更加分散化、多元化。

综合来看，在全媒体时代，"媒介碎片化"成为媒介接触行为改变的主要特征。第一，在"万物皆媒"的全媒体时代，媒体数量和信息供应量产生激增。虚拟现实、增强现实和混合现实等现代技术手段推动了媒体形态的多样化；第二，虽然移动互联网的媒介使用时长呈现上升趋势，但实际上使用频率是相对分散的。并且对于同一媒介，以手机举例，用户很难将一天的媒介使用时间都用于一种功能。一边是不断增长的供应，另一边是越来越难把握的需求，媒介接触点分布复杂性在不断增长。

二、受众阅读方式改变

在全媒体时代，"读屏"成为大众阅读的主要方式，数字化的阅读成为主流。在过去多项关于国民阅读的统计调查中，都以纸质图书阅读作为主要指标，但随着传统媒体与全媒体间的融合程度加深，以及读书软件与硬件的优化，各种媒介的综合阅读率已经成为测量国民阅读水平与意愿的重要指标。在读屏时代，伴随着大数据技术、物联网技术、移动终端硬件的快速发展，人们的阅读方式和阅读习惯产生了变化。数字阅读的发展方向使阅读便利度提升、阅读门槛降低，推动了阅读群体范围的拓展。数字阅读加剧了娱乐化的倾向，推动现代阅读模式产生"浅阅读"的时代特征。"浅阅读"一般指基于互联网信息技术的碎片化的阅读方式。在日常生活中，有许多与"浅阅读"相似的阅读方式，如"速读""略读""泛读"等等。然而，浅阅读成为一种盛行的阅读范式，是在全媒体时代现代技术手段与文化发展共同驱动的结果。

大数据技术发展导致数据数量以指数级快速增长，由海量的、爆发的数据信息所催生的信息崇拜和数据焦虑并存，成为了"浅阅读"方式的技术诱因。一是部分人对信息产生非理性崇拜，认为信息是生存、生活的重要资源。马克思指出"用时间消灭空间"。实际上在新技术条件下，大众为了快速争夺文化资源，必须为文化传播提速，转向于更快速获得信息内容的阅读方式。二是数据焦虑驱使人们追求感官的欢愉以缓解生活压力。一方面，适合"浅阅读"的文本内容，自身就带有浅表化、零散化、娱乐化的特征。"浅阅读"略过了深入思考这一环节，体现着人们对于浅尝辄止的休闲生活的追逐。另一方面，心理焦虑的扩散总是伴随着认同需求的增长。普通人为了消解压力，往往倾向于放弃自我的主体性，体现在文化模式上的表现就是文化生产的"随俗"。

"浅阅读"并非无可取之处，作为一种基于现代技术的主流阅读形式，它降低了获取信息的门槛，重构了人们的时间认知观念。然而，过度的"浅阅读"所带来的后果还是值得我们认真思考的。首先，"浅阅读"的文本形式——"碎片化的信息"过于零散，导致了知识结构的零散化以及人体认知注意的分散。其次，"浅阅读"的主要内容——"娱乐化的文化"，过度娱乐的内容会使人缺乏理性的思考，呈现意见趋同和从众的心理，沉溺于乌托邦的虚幻的精神世界，瓦解了对阅读终极价值的追求。

三、娱乐消费方式转变

文化娱乐化消费从广义上理解是指大众对于全部文化娱乐产品的消费，包括对有形的文化娱乐产品的消费也包括无形的文化娱乐服务的消费。从狭义上理解是指在文化的生产与传播的过程中，大众出于娱乐自我的心态，披着文化消费的外套进行的娱乐性消费活动。人民美好生活离不开娱乐生活，休闲娱乐生活是美好生活的重要组成部分，娱乐性消费成为了大众生活的内在需求。在全媒体时代，相对于实体的流通，数字技术的发展使得文化的传播打破时空的限制，文化产品的生产门槛降低，传播和流通成本接近于零，进一步带动文化娱乐化内容的生产与创新。文化受众的普及与文化娱乐需求的扩张促进了文化消费的爆发性增长。

从文化生产方式看，机械复制的文化生产方式与组织方式仍然存在。但从文化消费方式看，却发生了根本性的变革。传统的以机械复制为特征的文化生产方式通过消除个性特征来实现规模化效应，此时对应的文化消费方式单一而被动。全媒体时代的集成供给的"中央厨房"式文化生产方式，消除了传统生产传播中的中间环节，赋予文化消费者更多的话语权，文化消费方式从被动走向主动参与。全程媒体的特征意味着文化消费者既可以参与文化的生产消费环节，也可以参与到文化娱乐化内容的再生产过程。事实上，许多市场上的文化娱乐产品都是以消费者需求为导向进行创造并且吸收消费者建议而进行调整再创作的。文化娱乐化消费的主体需求决定了文化娱乐化产品的供给。

基于全媒体时代的文化传播方式在智能技术的驱动下脱离了时空的限制，因此文化娱乐化消费活动可以在任意的时空维度进行。同时，伴随碎片化的文化阅读习惯的形成，文化娱乐化消费也逐渐的体现出碎片化的特征。文化娱乐信息的爆发导致了文化娱乐化消费内容与方式呈现多元化，文化娱乐产品与服务实现了消费的多级性、多形式和反复消费。在整体的文化消费中，不但消费者的需求成为文化生产的风向标，消费者的注意力也逐渐成为生产者争夺文化市场的重要资源。传媒产业的价值本质是注意力经济。消费者生活在信息爆炸的环境中，有限的注意力就成为了稀缺资源，文化娱乐化的商业模式也随之转变。

四、反向传播模式转变

在正向的社会结构中，文化传播的方向应是遵循自上至下、由长及幼的过程。反向社会化传播是指由年轻者向年长者进行文化传播的逆向过程，即年长者对年轻者进行文化吸收的过程，具体模式主要存在"文化反哺"与"文化反授"两种形态。"文化反哺"呈现出代际间的文化逆向社会化传播过程。这一现象是由于文化信息更新的无限性与社会文化学习能力有限性间的矛盾而产生的。"文化反授"更强调同代人间的文化反向社会化传播，年龄跨域小，年龄段更加细分。这是在现代媒介技术手段的发展下催生的新的文化逆向化传播方式。在全媒体时代，文化传播的反向社会化模式特点凸显，呈现出"代际"与"代内"并存的二元模式。

文化逆向社会化传播的实质是文化共享，需要媒介作为中介。在以传统媒介为主要中介的时代，反向化传播模式是以代际间"文化反哺"的方式进行的。较全媒体时代相比，这一时代文化传播有四点不足。首先，创造源点数量限制了文化信息的发散式传播。其次，单向度的文化传播形式仍然存在，如教师向全体学生传递知识等，缺乏传播效果的实时反馈。最后，年轻人在文化生产方面由于经验、知识的相对匮乏存在劣势，且在文化传播领域并无显著优势。以上四点证明了在以传统媒介为主要中介进行文化传播的时代，"文化鸿沟"形成较慢，慢到体现存在"文化鸿沟"的数据具有显著性时，已是一代之隔。

在全媒体时代，以区块链技术、大数据技术驱动的文化生产能力迅速提升，数据信息量呈指数级增长。全员媒体的特点要求文化参与的全体性，使得文化生产门槛降低，内容更加多元。全效媒体通过算法技术增强了文化传播的精准性，在一定程度上提升了社会学习和文化传播的效率。信息量的骤增与传播效率的提高形成合力，共同推动了文化鸿沟在较代际更短的年龄跨域内出现。全媒体时代促进了文化身份代沟的生成，在同辈人间产生具有文化代沟的"文化之代"。"文化反授"逐渐代替"文化反哺"成为全媒体时代主要反社会化模式。

第二章　广告的起源与发展

第一节　国外广告的发展

广告是随着商品的产生而产生，随着经济和科学技术的进步而进步的。因此，广告在世界各国的产生和发展情况虽然不大一样，但却有着相同的或类似的成长经历。每一次传播手段的发明和更新，都对广告产生巨大的推动作用。依据广告的技术水平，可以把国外广告的发展分为以下三个阶段：古代广告时期、近代广告时期、现代广告时期。

一、古代广告时期

从广告的产生到 1450 年德国人古登堡发明金属活字印刷前，为原始广告时期。这一时期的广告多是简单的自然形式的广告，即使是文字广告，也多由手工抄写，数量有限。

国外的广告最早也是从叫卖和实物陈列发展起来的。在古希腊和古罗马时期，一些商业比较发达的沿海城市已有叫卖、陈列、音响、文图、诗歌、招牌等广告形式。如古代雅典的一首化妆品的叫卖诗，可称作最早的声响广告："为了两眸晶莹，为了两颊绯红，为了老珠不黄，也为了合理的价钱，每一个在行的女人都会购买埃斯克里普托制造的化妆品。"公元前 79 年,维苏威火山爆发,古代罗马的庞贝被埋在火山熔岩下。后来的考古发现，即使在当时，庞贝古城所使用的广告招牌已经很先进了：店外围墙上画有常青藤的店铺是油店，画有牛的地方表示是牛奶厂，画有骡子拉磨磨面的就是面包房，画有水壶把的就是茶馆，每一块招牌都能够很清晰地表达出该店所出售的商品。

文字广告的历史也很悠久。早在公元前 3000—前 2000 年，古代巴比伦就已经有了楔形文字，并能用苇子、骨头、木棍等物在潮湿的黏土板上刻文字，然后晒干成为瓦片保存起来，其中记载着国王修筑神殿、战胜碑以及国王的丰功伟绩等，由此可以推断那时可能已经产生了宣传商品的文字广告。现存最早的文字广告是在埃及尼罗河畔的古城底比斯发现的写在羊皮纸上的广告，其内容是："一个叫谢姆的男奴隶，从善良的织布匠哈浦家逃走，首都特贝一切善良的市民们，谁能把他领回来的话，有赏。谢姆身高 5 英尺 2 英寸，红脸，茶色眼睛，谁能提供他的下落，就赏给半个金币，如果谁能把谢姆送到技艺高超的织布匠哈浦的店铺来，就赏给他一个金币。"这个看似寻人的广告，谁知道是不是哈浦的广告技巧呢？

古希腊罗马时期，也有许多文字广告。庞贝古城除了有很多标记广告外，文字广告也很多。有一些官方规定的广告栏，一些白墙上写有文字广告，有推销商品的商业广告，也有文艺演出和寻人启事，还有用于竞选的政治广告。例如一则广告：一队造营房的武士，在 5 月 31 日比武，同时也斗野兽，有遮阳光的棚子。

公元 1141 年，法国贝星州出现了一个 12 人组成的口头广告组织，得到了国王路易斯七世的特许，与商店签订合同，收取一定的酬劳，专门进行口头广告宣传活动，他们的吆喝配上曲调后被小贩们广为流传。

上述一系列证据证明，广告的产生已经有非常久远的历史了，当然把广告作为一门系统学科进行研究，则是近代人们才开始着手的事情。

二、近代广告时期

（一）近代广告早期

我国的活字印刷术传入西方后，德国人约翰尼斯·谷登堡在 15 世纪 40 年代发明了金属活字印刷术。活字印刷术的出现不仅对广告的发展产生了重要的作用，也使人们的生活方式和工作方式发生了革命性变化，因此，活字印刷术成为近代广告变革中最重要的因素。过去西方书籍都用手抄在皮革上，所以读书写字的权利被垄断在少数统治阶级手中。纸张和印刷术的发明和应用，使文化传播向大众化方向发展有了物质和技术保证。尤其是约翰尼斯·谷登堡的活字印刷得到了广泛的应用，为印刷广告的发展提供了条件，使人类广告活动由原始古代的口头、招牌、文字广告传播进入了印刷广告的时代。

1472 年，英国人卡克斯顿在伦敦教会墙上张贴了一张长 12.5 厘米、宽 17.5 厘米的招贴式广告，取名为"Siquis"，Siquis 意指"如果有人（有兴趣的话）"。该广告的主要内容是告知市民如何廉价获取宗教仪式书籍。这则广告被大多数广告专家认定为最早的印刷广告，现在英国还保存着两张。

印刷术也导致了大众印刷传播媒体的诞生。1609 年，德国出现了世界上最初的报纸，叫 Aviso 和 Relation，1612 年 10 月法国巴黎有了叫 Journal General d'Affiches in Paris 的定期刊物，1620 年，在英国产生了叫 Courante 的报纸。除了报纸广告之外，这一时期，杂志广告也开始出现。1731 年，英国书商凯夫在伦敦创办了《绅士杂志》，内容从文学到政治无所不包，并第一次采用"Magazine"作为刊名，这是世界上最早的杂志。1645年1月15日，《The Weekly Account》杂志第一次开辟了广告专栏，刊登广告。该杂志首次使用了"Advertisement"来表述"广告"这个意思。

除了报纸、杂志广告以外，还出现了类似广告代理的机构，它是1610年詹姆斯一世让两个骑士建立的。1612年，在法国，J.雷纳德创立了名为"高格德尔"的广告代理店。

（二）近代广告向现代广告过渡期

从1850年到1911年，广告传播媒体加速大众化，世界有影响的报纸先后创刊，如英国的《每日邮报》、美国的《纽约时报》、日本的《读卖新闻》和《朝日新闻》、法国的《镜报》等。在当时，所有报纸的主要收入来源都是广告，工厂企业也利用这个媒体来推销产品。以当时《纽约时报》为例，广告篇幅占整个篇幅的62%左右。随着媒体的成熟和壮大，专业广告公司开始兴起，标志着广告向现代的过渡。近代广告向现代广告过渡的表现有三个方面。

一是专业广告公司的产生。1841年伏而尼·帕尔默在美国费城开办了世界上最早的广告公司，以25%的资金为客户购买报纸广告版面，大受企业客户欢迎，同时也使报业效率和收入大大提高。1865年，帕尔默又在波士顿、纽约开办了分公司，到1860年已经有30多家广告公司为4000多种美国出版物出售版面。1869年美国的"艾尔父子广告有限公司"在费城成立，这是第一家具有现代意义上的广告公司，其经营重点从单纯的推销广告版面，转到为客户策划、设计、制作广告等全面的服务业务。1875年，广告公司正式采用合同制，加强同企业的联系。据统计，这一时期美国广告公司约1200家。

二是全媒体、新技术的出现和发展。1853年，纽约《美国论坛报》为一家帽子店做广告时，采用摄影技术作为重要的表现手段。1891年，可口可乐公司在投产5年后摄制了世界最早的挂历广告。1910年，巴黎国际汽车展览会首次采用霓虹灯做广告。一年后，巴黎马特林荫大道首次成功安装霓虹灯广告招牌。

三是广告理论和广告管理的发展。19世纪末，西方已经有人开始进行广告理论研究。1874年，H.Sampson写作《广告的历史》一书；1866年Laiwood和Hatton合著《路牌广告的历史》；1898年，美国的E.S路易斯提出了AIDA法则，认为一个广告要取得预期的效果，必须能够达到引起注意（Attention）、产生兴趣（Interest）、引起欲望（Desire）和促成行动（Action）的效果。后来有人对AIDA法则加以补充，增加了可信（Conviction）、记忆（Memory）和满意（Satisfaction）这几项内容。1900年，美国学者略洛·盖尔在多年的调查研究的基础上写成了《广告心理学》；1903年，美国西北大学校长、心理学家瓦尔特·狄尔·斯柯特写成了《广告学原理》一书，这些都为广告学的建立奠定了基础。可见，广告已经逐渐成为一门学科。

三、现代广告时期

随着资本主义经济的迅速发展，科学技术的日新月异，广播、电视、电子计算机和卫星通信等技术被相继发明和应用，人们使用信息技术的手段也得到了巨大发展。尤其是电视的发明，使广告进入现代化的电子技术时代，传统的纸质无声广告开始转向表现形式丰富多彩的视频广告。

（一）电子媒体的出现和广告媒体的多样化

1920 年 11 月 2 日，在美国宾夕法尼亚州的匹兹堡，无线电广播问世。1922 年，美国出现了第一家商业广播电台，1928 年开始出现无线电广播电台。1930 年美国有一半以上的家庭拥有收音机，所以广告效果十分显著，这就使广播很快成为当时大众传播的主要媒体。从 20 世纪初到第二次世界大战前，广播成为继印刷媒体之后的第二大媒体。

1936 年，世界上最早的电视台在英国出现。据统计，到了 1946 年，美国拥有电视机的家庭已经有了 8000 多户。20 世纪 50 年代，彩色电视机问世，电视越发受到大众的欢迎并得到快速发展。20 世纪 60 年代，美国拥有电视的家庭已经猛增到 4480 万户。由于电视集声、像于一体，能够形象、具体地表现商品的外观、功能、使用方法等，更由于电视广告可以运用多方面的艺术手法来感化、劝诱观众，可以取得较好的效果，因而电视一跃成为最大的广告媒体。

进入 20 世纪 90 年代以来，互联网的发展，缩小了世界的空间，使世界成为一个地球村。随之而来的网络广告的兴起，则完全打破了四大传统媒体一统天下的格局，也打破了原有的广告经营方式，广告受众从原来的不得不看广告转到选择性的主动看广告上来，"眼球经济"被越来越多的人认同。

除了电子传媒外，广告的其他形式也在不断创新。礼品广告、包装广告、直邮广告、空中广告、交通工具广告、大型实物模型广告等花样翻新，不一而足，甚至味道、色彩等也成为广告传递信息的媒体。尤其令人振奋的是微博广告、微信广告的出现，更是让人眼花缭乱。借助于多样化的广告媒体，广告已经渗透社会生活的各个角落。

2013 年 6 月，由郭敬明同名小说改编的电影《小时代》借助微博铆足了劲儿地进行了大规模的宣传，每一个相关消息的爆出都获得了广泛的关注。正是借助微博这个平台，《小时代》获得了空前关注，票房也是在短时间内超过了 5 亿元。

（二）广告经营走向现代化

随着生产规模的日益扩大，竞争的日益加剧，广告活动逐渐成为企业营销的重要组成部分，企业在广告活动中开始注重广告策略的运用。广告公司不再仅是一些厂家的附设机构和附属物，而成为一种可创造巨大价值的产业，并且增长速度很快。

计算机在市场调研、媒体购买和企业管理等各方面的广泛应用，大大提高了广告的工作效率，同时也使得现代广告公司发展成为一种集多种职能于一身的综合性信息服务机构，向企业提供从市场调研、新产品开发到售后信息分析的整体策划工作。

（三）广告管理日趋严格

由于广告对社会经济活动的影响日益广泛和深刻，不可避免地出现了一些虚假广告，它们受到了社会的谴责。美国《妇女家庭之友》杂志社对当时市场上的成药进行了调查，结果发现许多成药含有 40% 的酒精，有的甚至有毒，这引起了美国报社联合会对报纸广告进行调查。美国联合广告俱乐部（美国广告联合会的前身）领导了一场"为广告的真实性和道德性而斗争"的运动。1911 年，该联合会为广告制定了道德法规，并提出了"广告就是事实"的论断。《印刷者幽默》杂志发行人聘请律师制定了一套规范性广告法规，即著名的"印刷油墨法规"。1945 年修改后，被美国 27 个州确定为广告法，并被另外 17 个州部分采用。世界其他国家尤其是发达国家也都相继建立了广告法规。

（四）广告理论研究趋于成熟

美国的历史学家大卫·波特曾指出："现在广告的社会影响力可以与具有悠久传统的教会及学校相匹配，广告主宰着宣传工具，它在公众标准形成中起着巨大的作用。"所以，一些杰出的广告理论家开始极力探索有关广告的原则和理论。1900 年，美国学者略洛·盖尔即在多年调查研究的基础上写成了《广告心理学》；1903 年，美国西北大学校长、心理学家瓦尔特·狄尔·斯科特写成了《广告原理》一书，为广告学的建立奠定了基础。20 世纪 50 年代，美国特德·贝茨广告公司的罗瑟·里夫斯倡导了独特的销售主张的广告观念；20 世纪 60 年代，美国广告又进入了大卫·奥格威倡导的品牌形象为主要策略的时代；20 世纪 70 年代定位观念在世界上得到迅速推广。其他许多学者从社会学、经济学、统计学、市场学、传播学、语言学等角度对广告进行了深入的探索，并出版了多种广告理论著作。广告学作为一门科学逐步走向成熟。

第二节　中国广告的发展

广告业在中国虽然年轻，但广告在中国的应用已经拥有了非常悠久的历史。研究我国广告的发展过程，是推动我国广告事业发展的基础之一。尤其是改革开放以来，中国经济逐步从计划经济向市场经济体制转变，不但企业越来越重视广告的作用，学者们也开始重视起对广告史的研究，尽管目前还比较薄弱，但已经取得了不小进步。广告史是现代广告学的一个组成部分，它的研究对于广告业的完善与发展起着至关重要的作用。

一、中国古代广告

中国是一个有着 5000 年悠久历史的古国，经历了长达 2000 多年的封建社会。在这期间，虽然以自给自足的自然经济为主，但商品经济也有一定的发展。因此，我国古代的广告不仅历史非常悠久，而且存在着多种形式，比较常见的包括叫卖广告、实物广告、幌子与招牌广告、音响广告、印刷广告等。

（一）叫卖广告

叫卖广告是我国古代最原始、最简单，也是最流行的广告形式之一。叫卖广告往往与实物广告相配合，即售卖商品者在陈列物品的同时，通过叫喊来吸引买主，卖什么吆喝什么。以叫卖来兜售商品，不同行业的吆喝叫卖往往声调不同，使人一听就知道在卖什么。与之相联系的是音响广告，有时二者相互配合。

在《楚辞·天问》中记载："师望在肆……鼓刀扬声。"《楚辞·离骚》中记载："吕望之鼓刀兮，遭周文而得举。"师望和吕望都是指姜太公，他在被文王起用之前，曾在朝歌做买卖，鼓刀扬声，高声叫卖，以招徕生意。

即使在今天，叫卖广告依然很流行，尤其是在一些农贸市场，卖主通过叫喊吸引行人注意并驻足，从而增加其购买的可能性。

（二）实物广告

有些商人把实物挂在店前，作为所卖货物的标志，如卖扫帚的门前挂一把扫帚，卖灯笼的店铺前挂灯笼。中国古语有"挂羊头卖狗肉"的说法，即源于《晏子春秋》："君使服于内，犹悬牛首于门而卖马肉于内也。"可见当时实物悬挂广告已经很普遍。

但古代的广告和现代的室内陈列不同，尽管都是为了让潜在顾客看到商家售卖的商品，但前者的主要作用是招徕，而后者是展示。但毫无疑问的是，二者对促进商品的销售都有积极的作用。

（三）幌子广告与招牌广告

在实物陈列的基础上，后来又发展出了招牌、幌子等广告形式。

韩非子在《外储说右上》中记载："宋人有酤酒者，升概甚平，遇客甚谨，为酒甚美，悬帜甚高，然而不售。"

招牌主要是用来指示店铺的名称和记号，可称为店标。招牌广告是从先秦的悬帜广告发展起来的，到唐五代时还只是集中于官府统一管理的市场内，至宋代时期已经遍布城乡，都市商店几乎每家都有自己的招牌名称，招牌广告是元明清时期主要广告形式。宋代张择端的《清明上河图》不仅展现了当时汴京的繁华，也展现了众多商店使用招牌和悬物、悬帜为幌子的情景。

在我国古代，招牌实际上也成为经营者的品牌标识，而且很多招牌都保留至今。例如，北京的"全聚德""六必居""都一处"等，得到经营者的珍爱和传承。不少招牌还蕴含着丰富的人文故事，成为我国特色文化的一部分。

招牌广告和幌子广告都是广告，因此它们在本质上是一样的，但制作上有所不同。招牌广告多是雕刻于硬物上，如木板、金属板上，古代多是木板，并固定在墙上或门楣上方。幌子广告则主要采用手绘或印刷于软体上，主要是布料上，并悬挂于旗杆上，随风而动。

（四）音响广告

音响广告是在叫卖广告的基础上产生的。西周以前，经商者以走街串巷、贩运叫卖为主，由于吆喝不但费口舌，声音又传不远，于是"音响广告"就应运而生，音响广告主要是借助某种器具发声代替人声或配合人声来吸引人们注意。

在西周的时候，卖糖食的小贩就已经懂得以吹箫为音响媒体，引起人们的注意而招揽生意。行商不同，采用的器具也不同，摇、打、划、吹，以各种特殊音响来代表不同的行业。货郎打"小铜锣"，摇"拨浪鼓"；卖油郎敲打的"油梆子"；磨刀人拿的4块刀形铁片串成的"铁滑链"，让铁片相互撞击。这种音响广告，有些至今还流传于全国各地。

（五）印刷广告

随着印刷技术的发展，在宋朝庆历年间，还出现了世界上最早的广告印刷实物——北宋时期济南刘家针铺的广告铜版，现在保存于中国历史博物馆。刘家针铺的广告铜版上雕刻着"济南刘家功夫针铺"的标题，中间是白兔捣药的图案，于图案左右标注"认门前白兔儿为记"，下方则刻有说明商品质地和销售办法的广告文字："收买上等钢条，造功夫细针，不偷工，民便用，若被兴贩，别有加饶，请记白。"整个版面图文并茂，白兔捣药相当于店铺的标志，广告化的文字宣传突出了针的质量和售卖方法。这幅广告既可以作针铺的包装纸，也可以作广告招贴，都起到广告宣传的作用。这块广告铜版比公认的世界上最早的印刷广告——1473年英国的第一个出版商威廉·凯克斯顿为宣传宗教内容的书籍而印刷的广告还早三四百年。

另外，我国古代还有年画式广告、对联式广告等中国独具特色的广告形式。并且，当时人们对广告的宣传技巧和心理效果也有了一定的探索。据《战国策·燕二》记载：有人在市上卖马，三天无人问津，他厚礼将相马大师请去，只是让他在走过自己的马时回头望了一眼，再到马前端详一下，仅此一遭，马价就立即上升了10倍。

二、近代广告

随着帝国主义的军事入侵，西方资本主义国家展开了对中国的经济和文化的侵略，大批外国资本和商品流入我国。与此同时，大批商人、政客、传教士、冒险家也纷纷来到中国。这些人的到来，不仅为中国带来了各种各样的商品，也带来了西式的报馆，而"广告"一词也正是在这时候传入我国的。现代形式的报纸在中国的出现，客观上促进了中国广告向现代形态的演进。可以说，中国现代意义上的广告起始于鸦片战争以后报纸在中国的应用。这一时期广告媒体、广告组织以及广告的教学和研究也都日益繁荣。

（一）广告媒体的发展

1815年8月，英国传教士米怜在马来西亚创办了《察世俗每月统记传》，这是最早的中文定期刊物。在创刊号上，登有主编的《告贴》，宣传该刊为"奉送"的非卖品。1833年，德国传教士郭士立在广州创办商务性中文杂志《东西洋考每月统记传》，每月出版一期，内容有社会新闻、宗教、政治、科学、商业等动态和议论，这些杂志均刊登中文广告。

鸦片战争以后，外国人在中国的办报活动日益增多。到19世纪末，外国人来华创办的中外文报刊已经近200家。其中在中国广告发展史上具有特殊意义的或者有代表性的报纸有《遐迩贯珍》《孑剌报》《申报》《新闻报》等。到1853年，由英国传教士马礼逊和麦都斯在中国香港地区创办并发行销售到广州、上海等地的《遐迩贯珍》，首先刊登了诚招广告商的启示："若行商租船者等，得借此书以表白事款，较之遍贴街衢，传闻更远，获益至多。"1858年，由外商首先在香港创办了《孑剌报》，增出了中文版的《中外新闻》，最早刊登商业广告。1861年后，《孑剌报》成为专门刊登船期、物价的广告报。在《孑剌报》之后，一些报刊相继开辟了广告专栏，其中，《申报》和《新闻报》在广告经营方面具有一定的代表性。

1872年4月20日，由英国人安纳斯脱·美查和菲尔特力·美查兄弟二人在上海创办的《申报》，在第五号刊登了诚招广告商的启事："招刊告白引。"最早在《申报》上出现的广告是"戒烟丸"和"白鸽票"。而后各行各业的广告相继在《申报》上出现，其中洋行和银行的广告比较多。1872年9月28日，《申报》刊登了我国报刊史上最早的一条戏剧广告。广告在版面中所占的比重逐渐增多，一般都在50%左右。创办于1893年上海的《新闻报》在外商报刊中也有重要的影响，它的广告收入和经营情况，在《新闻报》30周年纪念册中曾有记载："今年广告几占篇幅十之六七，广告费的收入，每年几及百万元。"西方报纸的广告活动为中国从事报刊广告活动提供了经验和方法。

19世纪末，中国人开始自办报纸。第一份报纸是1858年创刊于香港的《中外新报》。自1895—1898年，华人办了32种报纸。这些报纸多刊登国货广告，和外商展开商战。同时，一些外国人办的报刊，如《申报》《新闻报》等陆续转为中国人主办，开始增加广告篇幅，讲究广告编排与广告形式。到1922年，我国的中外文报纸即达1100多种。报纸广告的广泛出现，标志着我国近代广告发展进入一个新的时期。

随着报刊的分工，杂志开始走上独立发展之路，这其中杂志广告为刊物提供了独立于发展的经费。《生活周刊》《东方杂志》《妇女杂志》等在读者中影响较大，它们都刊登较大篇幅的广告。

无线电台的诞生使广告的发展有了新的飞跃，其传递信息之迅速与无孔不入是印刷媒体无法比拟的。1923年1月23日，中国第一座广播电台在上海开播，它是美商奥斯邦的中国无线电公司创办的。随后又出现了美商新孚洋行和开洛公司开办的广播电台。中国人自己创办经营的电台是1927年开播的新新公司广播电台。当时，这些电台都是为客户播送广告，收取广告费。

此外，霓虹灯广告、交通广告、橱窗广告、日历广告等都在这一时期出现。

（二）广告业的发展

20世纪三四十年代，我国广告业发展较快。在民族工商业反战的同时，许多大企业设立了广告部，如生产美丽牌香烟的华成烟草公司、生产三星牌牙膏的中国化学工业社，以及信谊药厂、上海新亚药厂都成立了广告部。

与此同时，广告公司也在迅速增加。中国最早的专业广告公司是以外商在华设立的广告公司为开端的。1915年，意大利贝美在上海设立了贝美广告公司；1918年，美国人克劳在上海开设了克劳广告公司；而英国人美灵登1912年在上海成立了美灵广告公司。在中国人自己开办的广告公司中，规模较大的有成立于1926年的华商广告公司和成立于1930年的联合广告公司。广告公司的兴起是我国广告发展史上的一个里程碑。

为了争取共同的利益和解决同行业之间的纠纷，1927年，上海维罗广告公司等6家广告社组织了中华广告公会，这是广告同业最早的组织。1933年形成了上海市广告业同业会，1946年改为上海市广告商业同业会，会员有40家。

（三）广告学的研究和管理

我国广告学的研究、教学，在五四时期开始起步。起初，把广告作为新闻学的一部分来探讨。早在1913年，我国引进翻译了美国人休曼的新闻学专著《实用新闻学》，其中第12章"告白之文"，对我国广告学研究有较大启发。1918年成立的北京大学新闻研究会，就把广告作为其中的研究内容。

1920—1925年，上海圣约翰大学、厦门大学、北京平民大学、燕京大学相继设立了报学系，开设广告方面的课程。当时，已有专门论述广告的书籍出现，1919年北京大学新闻学研究会出版了徐宝璜所著的《新闻学》一书，其中对广告做了探讨。

随着广告业的发展，广告管理和社会对广告的监督也被提上日程。有些报馆就对有碍社会风化的广告做出不予刊登的规定。在社会舆论的呼吁下，当时全国报界联合会还通过了《劝告禁载有恶影响于社会之广告案》。

三、现代广告

我国的现代广告是指中华人民共和国成立到目前为止这一时期的广告。新中国成立后，经济逐渐恢复，广告业有所发展。改革开放之后，传统广告再上台阶，在市场经济发展规律的推动下，广告业的发展速度之快前所未有。

（一）广告恢复期

此阶段指的是新中国成立到20世纪60年代初期。在中华人民共和国成立之后，党和政府首先对旧的广告业进行了社会主义改造，以使其适应经济恢复和发展的需要。

从传播媒体来看，《北京日报》《解放日报》《文汇报》《大众日报》等253种报纸从新中国成立初开始创刊、复刊，并陆续刊登广告。北京、上海、南京、天津等83座广播电台在新中国成立不久就开设了广告节目。各地传播媒体业的发展客观上促进了广告的恢复和发展，但发展速度较慢。这一时期的广告特点是突出"真实、美观、实用的社会主义观"，商业广告中的政治宣传、时事宣传的色彩较浓。广告形式多样，传统广告形式都存在，橱窗广告大放异彩。

从广告实务来看，1956年6月刘少奇同志视察中央广播事业局，肯定了广告对于经济建设的积极作用，对轻视广告的思想提出了批评。1957年，商业部派观察员赴布拉格出席由 13 个国家参加的国际广告工作者会议，这是新中国成立之后政府第一次与外国广告界的业务接触。1958 年，商业部在北京组织介绍了国际广告会议的情况，介绍了国外广告业的发展状况，并对我国广告业发展进行了讨论。

（二）广告发展时期

我国的广告理论和广告活动的腾飞发展是从党的十一届三中全会开始的。1978 年 12 月，党中央召开了十一届三中全会，提出了"对外开放和对内搞活经济"的政策，社会主义商品经济得以迅速发展，广告业也再上台阶。1979 年，被称为中国广告"元年"，许多标志性事件被载入史册。

1 月 4 日，《天津日报》刊登天津牙膏厂广告；

1 月 28 日，上海电视台播出了我国第一条电视广告——"参桂补酒"；

3 月 15 日，上海电视台播出我国第一条外商电视广告——"瑞士雷达表"；

8 月，北京广告公司成立；

11 月，中宣部下发文件《关于报刊、广播、电视刊登和播放外国商品广告的通知》。

1980 年 1 月 1 日，中央人民广播电台播出建台以来第一条商业广告。

此后，我国广告业驶入持续发展的快车道，1993 年 7 月，国家工商行政管理局和国家计划委员会共同制定了《关于加快广告业发展的规划纲要》，明确广告是知识密集、技术密集、人才密集的高新技术产业，提出我国广告业的发展战略和重点目标，进一步推动了我国广告业的发展进程。

在广告管理方面，除了《广告管理条例》和各级政府的广告管理办法之外，1994 年 10 月还颁布了《广告法》，形成了中国广告协会以及各省市广告协会等广告行业组织，对规范和促进广告业的发展起到了重要的作用。

在此期间，中国广告业取得了瞩目的成就，形成了一定的行业规模和分工比较细致、齐全的广告门类。在服务质量方面，由为客户提供简单的广告时间、版面，逐步转向以广告创意为中心，以全面策划为主导的全方位优质服务，广告运作水平和专业化程度普遍提高。在广告教育和人才培养方面，初步建立了院校专业教育、行业管理机关职业教育以及社会培训等多层次、立体化的人才培养体系。同时，在广告学研究领域，积极实践广告理论的本土化，出版了许多理论联系实际、国际规范与本土实情相结合的广告学专业书籍和杂志。

第三节　当代广告面临的挑战

如今的消费者比以往任何时候都拥有更多的媒体选择、更多的信息获取渠道和更多的主动选择权。媒体以及消费者需求的变化对传统的广告制作以及运作都提出了前所未有的挑战。当代广告面临的挑战可以概括为以下五个方面。

一是互动广告的广泛应用为广告的制作和设计提出了更高的要求。

二是竞争的激烈和全媒体的出现使得广告必须融入企业的整合营销过程。

三是消费者主动权的增加迫使企业的广告必须更能吸引消费者的注意力。

四是经济全球化要求企业广告必须和受众者当地的文化相匹配。

五是分众化趋势要求企业必须根据不同的受众制作出不同的广告。

面对上述五个方面的挑战，广告主体必须及时应对才能立足广告市场，否则就可能被淘汰而退出历史舞台。

一、互动广告

广义的互动广告是指所有互动形式的广告，包括传统媒体中的互动形式的广告。而狭义的互动广告则是指一种新型的网络广告。近几年来，随着互联网的快速发展，网络广告需求日益增长。尤其是移动终端的应用和普及，网络广告已经渗透到人们生活的方方面面。但正是互动广告的出现，大大增加了消费者广告选择的主动权。传统媒体广告多为强制性、单向"填鸭式"的信息传递并急于迫使消费者接受。特别是广告总是随时随地出现在各种时空中，对消费者形成极大的信息干扰。而互联网是个开放的系统，个性化是区别于传统媒体的主要特点。在网络传播的框架下，消费者接触到的广告信息多为与自己的兴趣和愿望相关联，是在自主检索的前提下形成对广告中产品的偏好和信赖。所以，网络广告不再是一厢情愿的单向发布，而是要求得与消费者的心灵"共鸣"。弊端繁多的传统广告，已跟不上新网络时代的节奏。

互动广告不但应用了先进的互动传播技术，而且采用了更加合理的互动传播模式，因此能够突破时间和空间的限制，并大大提升信息传播的数量和速度。同时提升了消费者接受或传播广告信息的便利性、低成本性和时效性。尤其是互动广告全新建构的传受双方主体间性关系，无限释放了消费者的广告参与热情，激发了他们创作广告、传播广告的欲望。由此，也形成了互动广告相对于传统广告的诸多优势。

当然，互动广告的诸多优势也使得人们对互动广告的制作和设计提出了更高的要求。互动广告不但表现要要更加生动，还要比传统电视广告给消费者提供更生动的视觉和听觉刺激，从而让消费者记忆犹新。相比传统媒体广告而言，互动媒体的广告时效性更强，效率要更高，也能更加精确地识别个体消费者的兴趣，然后设计有针对性的广告内容与形式，精确地投向对之感兴趣的目标消费者。而消费者尽管原本不喜欢广告信息，但这些个人化的，在适当的时间、适当的地点、适当的情形下出现的，投其所好的广告却往往能触动其神经末梢细胞。

二、整合营销传播

随着科学技术的进步，全媒体频频出现。从早期的网络媒体，到今天的移动终端（智能手机、平板电脑）等，都为广告的传播提供了新的机遇与挑战。与此同时，全球性市场地位上升，企业间的竞争更加激烈，消费者更精明，更挑剔，更个性化。在此情况下，企业各部门如果仍然各自为政，只顾实现本部门的目标而不顾消费者的需求和企业的整体目标，企业的竞争就很难获得优势。为了实现传播活动的完整性以产生协同效应，企业必须将各部门和消费者的互动协调起来。整合营销传播是一个过程，在这个过程中，传播变成了营销组合中的一个驱动性力量，并贯穿于整个组织之中。

广告作为一种有效的传播工具，也是整合营销传播过程中的一种营销工具，发挥着重要的作用。但是，在一段时期内，广告局限于自身的运作，广告策划、广告文案、广告表现……较少与其他营销工具相配合。然而，由于20世纪后期营销时代的到来，单一的广告形式已经不能满足于市场和消费者的需求。整合营销的提出，将广告归纳到营销传播范畴中，将广告作为整合营销传播活动的工具服务于消费者。

根据美国西北大学广告学教授唐. E.舒尔茨的理论，整合营销传播始于消费者的需求。他认为，现在营销人员有能力收集消费者的数据，这使得将以往从内到外的广告计划方式改变为从外到内的方式成为可能。从内到外的计划方式意味着，营销人员按照他们认为重要的信息来规划广告。例如，一家企业总是使用相同的创意格式而不管目标受众是否不同或已经发生了变化。而从外到内的计划则意味着，营销人员先分析来自消费者的数据，然后再计划广告信息。

三、消费者的力量

网络的普及和更多商品信息的轻易获得使得消费者在和商家的博弈中占据了更多的主动权。如那些正在考虑购买商品的消费者，他们可以轻易地找到先前购买了该商品的消费者的相关评论，只需单击按钮就可在在线零售商的网站上对不同产品的特点及价格进行比较，还可以加入"虚拟社区"来分享某些人的共同兴趣。他们充分应用"智能代理"来寻求产品或服务的最佳价格，对各种营销提供物进行出价，绕过分销渠道和中间商以及根据他们家庭生活的便利全天候地在全球购物。

以大众媒体作为主要载体的广告模式边际效益日渐下降，导致这种下降的原因包括以下几个方面。一是媒体和信息的多元化降低了信息不对称的程度，使得消费者在产品选择上更具主动性；二是传统的广告都是以承诺和创意为特征的广告，但这种广告创意承诺与实际行动之间存在巨大差距，导致广告可信度大大降低；三是中国市场经济的进一步完善使得众多品牌在同一市场上处于平等竞争地位，品牌与品牌之间的恶性干扰也减少了消费者的认同度，从而导致消费者对广告信息普遍报有怀疑心态，品牌忠诚度降低等。

面对以上情况，企业必须学会应对，否则就会处于不利的竞争地位。首先，企业要学会了解消费者的真正行为，他们是新的消费者还是老消费者？他们是如何消费？需求有什么新的变化？只有这样我们才能对每一个现实消费者或潜在消费者在财务效果上进行有效评估。其次，企业要学会把营销信息有效地传播到目标消费者的脑海中去，这不仅需要传统广告发挥作用，更需要利用新技术创新广告形式。最后，企业需要的是一种以消费者为核心的思维构架，现在的问题是如何培养所有价值链上的环节或部门都要学会从目标消费者的角度出发，思考营销与传播。这样也许更能够帮助企业考虑到消费者的层面，让整个企业都来考虑营销的问题，而不是某个部门的事。

四、全球化

随着全球化进程的加快，企业所面对的市场环境日趋复杂，国际市场环境相比国内市场环境的差异性更加大。不同的国家由于经济体制、经济发展形态、市场化程度、竞争状况、市场容量等各个方面的不同，企业在进行跨国广告时就必须考虑各自的特殊性，并采取具有针对性并行之有效的策略。另外，广告也是一种文化，和商品世界一样浩如烟海，而一种商品到异地去营销，必须带去该商品原产地的文化，这势必同商品新的营销环境文化发生碰撞。因此，开展跨国广告传播不仅要注意广告创意的新颖独特、简洁明快、通俗易懂，更应该在不违反当地文化规范的前提下，尽可能地利用当地的文化情景和文化观念，消除品牌的文化隔阂。

除此之外，全球化对广告的挑战还必须解决好全球化和本地化的冲突。也就是说，广告主是应该在不同文化中实行标准化的广告，还是应该为每一种文化制定相应的广告，这都是企业在面对全球化中面临的挑战。

五、分众化

随着社会经济的进一步发展，人们的生活水平不断提高，生活方式及意识形态也发生了明显变化，消费者的消费方式和消费选择也随之发生了改变。传统观念中利用人口统计特征进行分类已很难把握愈加捉摸不定的受众市场，即使是年龄、教育、收入基本相同的消费阶层内部也可能由于态度观念的不同，呈现出逐步分化离散的"碎片化"状态，拥有相似生活形态的受众逐渐重新聚集，最终形成分众群体。媒体泛滥的时代，特别是网络化新兴媒体的崛起，事实上造成了媒体和受众的易位，现在不是媒体选择消费者，而是消费者选择媒体。这就要求媒体或者投放信息的客户，不能再盲目依赖媒体的轰炸作用，而是要掌握各种阶层、知识背景、生活习惯的人群的生活形态，创造他们和媒体的最佳接触点。

在这一形势下，分众化传播成为优化信息、规避信息同质化、实现传播效果最大化的重要手段，即通过集中媒体优势，整合传播内容，对信息进行分类加工，以特定的渠道传播到目标人群中，充分满足受众的需要，从而实现传播效果最大化。

第四节　广告未来发展趋势

20世纪90年代末，国际经济活动的全球化和数字化两个特征越来越明显，经济活动的这两个倾向自然而然地影响到对新变化无比灵敏的广告活动，广告活动的变动反过来又促进经济活动朝全球化和数字化发展。因此，二者之间相互促进，实现良性循环。概括而言，广告未来的发展趋势可以概括为以下几个方面：广告内涵日趋外延，广告主营销观念发生变化，广告产业的经营出现整合和分化，全媒体不断出现并发展壮大。

一、广告内涵日趋外延

广告向来被认为是营销策略组合中促销的重要部分，并被界定为通过大众媒体向特定目标受众传递商品或服务信息的付费传播形式。因此，广告一般被限定在电视等四大媒体以及户外广告上。广告公司的经营除了整体策划外，就是媒体代理。但是 20 世纪 90 年代以来，消费市场和媒体都发生了很大变化。首先是市场总体上供过于求，消费者选择余地更大，选择主动权增强，在此情形下，仅仅单向性的说服性广告效果开始大打折扣。因此，广告主必须认真了解消费者的需求和反馈，并做好和消费者的良好沟通。其次，可供广告主选择用来传递信息的媒体形式日益增多，仅仅四大媒体已经无法满足广告主的需求。于是，人们谈到广告，其所指的内涵已经比原来大大扩大了。这主要表现在以下几个方面。

（一）从消费者到生活者

以前，广告业使用消费者这个概念，消费者一般指购买或使用某产品或服务的人。广告要影响的对象是消费者，于是，人们努力研究作为消费者的个体或群体的各种消费行为、消费心理，以及媒体接触习惯等，以期找到其消费活动规律，从而制定相应的策略，最终提升销售表现。

生活者概念的提出是一次巨大的观念转变，消费者被还原为实际生活中的人，消费活动仅仅是人们的日常生活中的一个小小组成部分，除此之外，还有娱乐、学习、交友、休息、社区活动等不同的生活方式，还有人们的生活态度、价值观等，这些活动显然与消费活动密不可分。

基于从消费者向生活者的转变，广告要达到良好的信息沟通，就必须深入人们的生活，研究生活者的生活方式、生活态度、行为方式，才能有良好的沟通效果，才能卖出自己的产品或服务。因此，广告显然已不是传递产品或服务信息那么简单了，而已经深深地融入人们的日常生活。

（二）从单向说服性传播到全方位信息沟通

随着人们生活方式及接触信息的方式发生改变，广告已经不再是广而告之一定的商品或服务信息就够了。在当今大数据时代，每位生活者获得的信息渠道都在增多，信息量也在增大，传统四大媒体仅仅是其获得信息的一小渠道而已。面对越来越多的信息，生活者只能凭主观感觉对接收到信息进行非常迅速、浅层的处理。在此情形下，作为信息发送者，广告主的信息很容易被生活者所忽略或误解，沟通也无从谈起。因此，广告主只有根据目标生活者的实际生活形态，采取全方位的信息沟通策略，也就是利用一切可能利用的信息渠道，尽可能地把同一信息传递给生活者。在这个过程中，还必须了解生活者的反馈，以便做出调整。这样，广告主可以利用的媒体就远远不止四大媒体，凡能够传递信息的载体，如体育、文艺、社会活动、SP（Service Provider 的缩写，是指电信增值服务提供商）、公关宣传等，都成为广告主与生活者沟通的有效媒体。

（三）互动广告的出现与发展

与广告内涵的变化紧密相关的是互动广告的出现与发展。互动广告使得生活者能够及时与广告进行深入的双向交流，使其与品牌的对话随心所欲。一方面，互动广告能够让生活者减少无用广告的骚扰，从而只对他感兴趣的内容深入接触；另一方面，广告主也可以通过互动广告，搜集对其产品进行过深度了解的生活者的情况，以便与这些具有购买意向的生活者培养一种更加密切的关系，从而提升企业的营销投入回报比。

二、广告主营销观念发生变化

在竞争日益激烈的市场，广告是否有效，广告公司固然负有重要责任。但广告毕竟只是营销活动中的一个环节，而且任何广告方案最终都由广告主决定。因此，广告主对营销态度及对广告代理商的选择是广告效果的决定性因素。近年来，广告主的营销观念正悄然发生变化，这种变化主要体现在以下三个方面。

（一）重视品牌资产

在产品高度同质化的今天，消费者很难区分不同企业同类产品的差别，或者即使能够区分，这种差别实际上也并不重要，消费者更多地根据品牌来选择产品。例如，市场上比较流行的两个凉茶品牌，王老吉和加多宝，其实很多消费者根本无法喝出二者的区别，更多的是依靠自己对两个品牌的情感或者心理上感知的二者差异。因此，品牌成为企业的竞争优势，是企业的资产。这一点虽然早已得到公认，但是由于竞争激烈，为了提高销售额，很多广告主忽略了对品牌的培育，追求短期利益，结果损失更大。在这种情况下，不少广告主开始重新坚定信念：要从战略层面采取措施来培育和保护自己的品牌以图长期效益。以品牌专家著称的宝洁在走了弯路之后，宣布自己的各种品牌正重新获得应有的重视和培育，重新强调品牌经理要以消费者研究专家的身份与宝洁产品开发和营销人员协同工作。

（二）尝试联合营销

近年来国际上采用联合营销方式的广告主越来越多。联合营销，也被称为合作营销，是指两个或两个以上的企业为达到资源的优势互补、增强市场开拓、渗透与竞争能力联合起来共同开发和利用市场机会的行为，如共同发布广告、联合进行促销等。

例如，Haier 集团下属的海尔家居集成有限公司与"房地产大亨"大连万达集团结成战略联盟，共同推介"万达—海尔"联合品牌，在大连万达开发的住宅房地产项目上，由海尔家居提供菜单式装饰、装修集成和室内电器等配套设施，并统一冠名"万达—海尔"房，这种强强的联合营销模式提高了住宅的性价比和知名度，也更容易获得目标消费群体的认可。

（三）代理业作为经营伙伴

过去，代理业只要做好分内的代理工作，如广告策划、创意、媒体计划与购买等，就可以立足市场。但今天的市场竞争更加复杂，也更为激烈，广告主希望代理公司能够成为真正的经营伙伴，帮助提供企业发展方向、企业战略方面的咨询服务。也就是说，代理公司不但要做好分内的工作，还要时刻准备积极参与企业经营层面的决策，做好企业的智囊。反过来，代理公司积极参与到企业经营层面的决策，也更有助于维系和已有客户的关系。因此，广告主与广告代理之间的这种新型关系被更多地强调。那些不适应新型关系的代理公司，将逐步被市场淘汰。

三、广告产业的经营出现整合与分化

（一）经营范围不断扩大

为了适应市场的变化和广告主的需求，广告公司已经不再局限原来的四大媒体加户外广告的经营范围，他们迫切需要拓展新的业务。根据客户满意理论，许多广告公司认为，只要客户需要，公司就应该努力满足。因此大广告公司的业务范围不断扩大，如以"卓越信息沟通"为准则的电通公司，其经营领域远远超出一般广告公司的范围，涉足的领域包括体育产业、文化产业、电影、公关、建筑空间开发、知识产权、博览会、大型活动等，它认为只有这样才能满足与消费者沟通的需求。

（二）广告公司集团化

为适应经济全球化的发展趋势，广告代理公司必须向跨国公司客户提供更具全球影响力的促销活动，这进一步加快了当前世界广告业的集中发展趋势。基于这样一种趋势，全球广告业掀起兼并、收购热潮，许多大型广告集团也就应运而生。在此情形下，有些跨国公司倾向于选择一两个广告代理集团，而不是通常那种同时选用多个代理商，这样选择的好处一是具有价格谈判优势，二是提升了该广告集团针对本公司业务的专业化水平。同时，广告主的这种选择倾向又反过来鼓励了广告公司之间的合并。

（三）广告业的专业分工

在大型广告公司不断整合并组建大型广告集团的同时，广告业的社会分工也越来越细，一些规模较小的利基市场则为小型广告公司提供了生存空间。这些小型广告公司通过从事专业化的工作，如广告调查、创意、咨询以及广告设计等工作，弥补了大型广告公司忽略的业务。

四、全媒体不断出现并发展壮大

作为广告的载体和广告业的重要组成部分，媒体的一举一动都牵动着广告业的神经。无论是现有媒体的发展变动，还是全媒体的产生和壮大，抑或是媒体经营形态的变革总会伴随着广告产业或大或小的变化。21世纪初，媒体正在发生的如下变化值得广告业注意。

（一）媒体企业集团的扩张

媒体企业集团最早产生在欧洲，其特征是经营业务多元化、经营区域跨国化、企业规模巨大化。媒体企业集团从地区性媒体经营开始，通过合作、参股、兼并或者收购的方式，逐步吸收合并同行业或其他行业的企业，成为巨大的企业集团。这种集团化和规模化的发展模式，使媒体企业集团的实力和规模迅速扩大。雄厚的资本优势使媒体企业集团可以通过资本运作手段大规模地对其他媒体进行收购、合作，进一步发展。丰富的媒体传输内容和充沛的媒体资源使得此类媒体企业集团更易获得竞争优势。这是因为，由于资源优势明显，媒体企业集团在广告市场的议价能力大大增强，必然要求有与其实力相当的广告代理商或媒体购买公司，促进广告业经营的集中化。媒体交易方式将趋于一揽子买断，而非个案式的单个讨价还价。因此，一方面，广告代理业将不仅仅限于从广告主的角度，而是更注重从媒体的角度，来进行媒体代理作业；另一方面，大型广告主也会直接介入媒体的购买。

（二）泛媒体的发展

泛媒体是指有同一编辑内容或节目内容，但是覆盖了几个国家和地区的媒体。泛媒体随着媒体企业集团的扩张而发展。根据覆盖范围的不同，泛媒体可以分为泛世界媒体和泛地区媒体。前者如《时代》《读者文摘》等；后者根据语言、经济等不同而形成自然区域，数量很多，如《亚洲周刊》STAR TV 等。根据媒体的形态，泛媒体的主要类型有杂志和卫星电视频道。泛媒体使得广告主能够以较少的费用在不同国家但具有相同特征的市场开展整体广告活动。虽然经过一段时间的发展已经取得了一定的进步，但随着经济全球化、跨国企业的发展，以及媒体集团的扩张，泛媒体会迎来更加美好的春天。广告代理业如何充分发挥这种媒体的效用、如何与地区媒体互相配合，都是需要深入研究的问题。

（三）全媒体正悄然壮大

传统上四大媒体占据了广告营业额的大部分，但是由于全媒体的不断出现并日益壮大，传统媒体所占的市场份额呈下降趋势。因此，大到如互联网、数字媒体等全媒体形式，小到诸如展览会、电话广告等对传统媒体的补充，媒体世界呈现五彩缤纷、花样繁多的繁华局面。除互联网外，比较重要的全媒体是数字电视、卫星电视，目前已在欧美、日本等西方国家掀起一股热潮。经过数字化压缩后，电视频道数量大大增加，能够达到几百个频道。在人们生活时间一定的情况下，这些经过对收视群的精心细分而播放的频道，使传统电视的收视人群被大大分流，再加上有线电视的迅速普及，目前以地上波电视为主导的电视媒体版图在不久的将来将有重大的变化。

三网融合是指电信网、广播电视网、互联网在向宽带通信网、数字电视网、下一代互联网演进过程中，通过技术改造，三大网技术功能趋于一致，业务范围趋于相同，网络互联互通、资源共享，能为用户提供语音、数据和广播电视等多种服务。

第三章 广告学理论基础

第一节 广告学与传播理论

广告学是一门研究广告活动的过程及其规律的科学。尽管相对其他学科而言，广告学还是一门年轻的学科，但其内容体系却综合了多门学科，而传播理论、市场营销学和消费者心理学更是广告学的三大理论基石。当然，除此之外，广告学还和管理学、经济学、社会学、艺术、法律等多个学科具有密切的关系。

本节主要论述广告学和传播理论的关系，后面两节则分别论述广告学和市场营销学、消费者心理学之间的关系。

一、广告学的传播属性

广告是一种营销手段，同时也是一种信息传播方式和传播形态。传播是个人或团体主要通过符号向其他个人或团体传递信息、观念、态度和情感的过程。尽管本质上讲，广告只是企业营销的促进推广要素，但又区别于企业其他的营销手段，它是一种以特定的传播方式应用于商业营销的。因此，广告学与传播有着极为密切的关系。

广告学在其发展的过程中是以整个传播学体系作为自己的依据的，因为广告本身就是一种信息传播的过程，必须依靠各种传播手段，广告信息才能传递给一定的受众，但是广告传播的目的要狭于一般传播的目的。广告现代化的过程也是和传播技术现代化的过程并驾齐驱的，而作为广告效果的评定而言，其在相当大程度上也取决于其与信息传播学规律的吻合程度。所以，广告学在发展过程中借鉴了传播学的相关理论和成果。

二、传播的类型

了解传播学的理论可以帮助我们了解广告是如何发生作用的。根据不同的分类标准，传播的分类结果也不同。目前，广为大家所接受的分类标准是把传播分为四种类型，分别是人的自我传播、人际传播、组织传播和大众传播。

（一）人的自我传播

人的自我传播也称内向传播、内在传播，是个人接受信息并在人体内部进行信息处理的活动。人的自我传播既是出于人的自我需要，也是出于人的社会需要，是人为了及时对周围变化了的环境做出适应而进行的自我调节。它通过人的视觉、听觉、味觉、触觉的协调，对客体进行回顾、记忆、推理、判断。一切发生于人体内部的信息交流都是人的内向交流，在这种交流过程中，"我"和自己进行自由沟通以达到自我的内部平衡调节，通过这种思维活动进行正常的信息编码，以保证人类其他传播活动的正常进行。

在人的自我传播层次，我们关心人们怎样选择广告传达的信息并加以注意、人们的记忆怎样发生保留信息的作用。为了达到传播的目的，广告的传播要符合诱导性原理，而要实现这一过程，一种情况是在较短的时间内直接通过广告制作的奇特的画面、语言、音响、色彩等要素激发受众的强烈兴趣；另一种情况则是通过潜移默化逐步诱导而达成的。诱导受众逐步接受广告宣传的内容，包括接受广告中主张的消费观念、价值观念和生活方式，以一种无形的力量使受众对广告传播者的观点意见趋于认同。

广告播出后第一时间产生的效果主要取决于人的自我传播。尤其是我们每天都泡在广告的海洋里，到底哪个广告能首先占据消费者心智阶梯中第一位、第二位的位置，取决于广告对人的自我传播的影响。

（二）人际传播

人际传播指个人与个人之间的信息交流。人际传播的形式可以是两个人面对面地直接传播，也可以是以媒体为中介的间接传播。前者主要以语言表达信息，或用表情、姿势来强化、补充、修正语言的不足，它可以使传者与受者直接沟通，及时反馈信息，并共聚一堂，促膝交流，产生亲切感，从而增强传播的效果。后者使用的媒体主要有电话、交互电视、计算机网络、书信等，它可以使传者与受者克服空间上的距离限制，从而提高了传播的效率。

广告虽然不是一种人际传播，但是广告能够带来人际传播的二次传播。在广告传播过程中，传播客体或客体中的一部分自动成为传播主体，这个主体再次向目标受众传播广告信息的行为属于二次传播。广告要期望带来二次传播，就要保证广告创造出符合大众口味、易于传播的流行广告语、广告歌曲、动作表情等。广告要从人们的习惯行为、常见场景中寻找广告表现元素。或者广告要结合新近的热点问题，围绕大家共同关心的话题提出争议性的观点，从而激发受众兴趣，提高传播效果。

（三）组织传播

组织传播是指组织成员之间、组织内部机构之间及组织和外部之间进行的信息交流与沟通。组织传播包括内部传播和外部信息交流两部分内容。其内部传播是为了协调关系，提高内部运行的效率；其外部信息交流是为了适应环境，满足社会对其的需要，实现组织的目的。组织传播的规模大于人际传播，它与后者的明显区别在于前者的传播活动都是有组织目的的。

（四）大众传播

大众传播是由一个有组织的机构或群体，通过一定的媒介，向广大无法预知的受众进行的信息传播活动。大众传播是现今最流行也最具有影响力的传播形式。广告的媒介，主要是大众传播媒介，所以其传播行为主要是大众传播行为。

大众传播具有广泛的覆盖率和强大影响力，企业选择这种方式能够对消费者产生强大的影响。但这种方式也有其固有的缺点，就是目标群体不够精确，互动性差等。例如，企业投放的广告到底谁看到了，受众看后反应如何等信息广告主却往往无法看到。基于上述缺点，要求广告主在广告投放过程中要尽量考虑大众媒体受众与广告目标市场的一致性，否则，广告投放的效果与效率就会大打折扣。广告传播客观上要求传播者与接受者有共同的文化基础，广告信息的制作者、传播者与其接受者应具备共同的价值观念，类似的行为模式以及其他文化方面的共同性。这种共同性越多，传播的效果就越佳。

三、广告传播要素

广告从传播的角度来看，就是广告主向广告受众传递产品、服务或其他相关信息的过程。因此，学习广告应该对传播要素有着清晰的了解，并通过考察广告传播过程中的影响因素来控制广告的传播效果。

概括地说，广告传播中的基本要素共有八个：信源、编码过程、信息、传播渠道、译码过程、受众、反馈、噪声。信源和受众是传播过程的参与者；信息和传播渠道是参与者借助的传播物体；编码、译码和反馈是传播过程的功能；噪声是妨碍传播效果的因素。

（一）信源

在广告传播活动中，广告信源就是广告信息的源头，也就是广告信息的传播者，主要指广告的制作者和经营者，如广告客户（广告主）、广告代理公司、广告制作公司、广告设计公司等。

广告的信源识别是个特殊的范畴。一方面，广告主是广告活动的发起者，对广告活动起主导作用。广告主根据自身需要或市场营销环境及自身实力来确定对广告的投资决策，是广告信息传播费用的实际支付者。另一方面，广告代理公司、制作公司、设计公司等是广告文本信息的编码者，要有较高的专业水平，其广告创意和广告文本的设计制作要能够准确体现广告主的意图，这是广告信息传播取得成功的前提。

一般来说，广告制作者和广告代理公司不会被当作真正的信源，而他们所编码的广告信息内容如品牌、商品才被认为是信源。通常信源越可靠，广告也就越有说服力。

（二）编码

编码的实质是考虑如何将传播方的思想转化为信息符号，从而能够更加精确地被广告受众理解和认同。广告的编码就是广告创意人员对企业产品和品牌信息进行提炼，并将其转化为可以通过媒体传播、易于广告受众理解的信息的过程。

（三）受众

广告受众就是接受广告信息的潜在消费者，包括两层含义：一是通过媒体广告接触的人群，被称为广告的媒体受众，因为广告是一种非人际的信息传播种类，需要运用一定的媒体，由媒体种类定义广告受众则可以被分为报纸广告受众、电视广告受众、户外广告受众等不同类型；二是广告主的目标受众及广告诉求对象，也被称为广告的目标受众、广告的选择特性决定了其要根据广告目标的要求，来确定某项广告活动特定的诉求对象。

（四）信息

广告信息是指广告中所要传达的内容，广告信息包含直接信息和间接信息，直接信息是指由通用符号传达的广告信息。文字、语言、企业与商品名称、包装及外观识别等大家一看就懂、一听就明白的信息都属于直接广告作息。简单地说，广告所要直接传达的关于产品、服务或企业、品牌形象方面的信息是构成直接信息的主要内容。间接信息是指广告作品具体的表现形式所带来的感觉上的信息。从最原始最古老的叫卖广告开始，到综合运用声、光等多种高科技手段大制作的现代广告，每个广告都通过一定的表现形式和承载物质来传递直接信息。虽然形式本身似乎并不构成什么具体信息，但它们却能形成某种感觉信息，影响广告直接信息的传达。例如，房地产广告为了突出楼盘的高质量特征，通常会聘请成功人士作为形象代言人，并常常与名车、高尔夫球场等贵族生活场景联系起来，以期吸引受众的注意，引发崇拜与仰慕，进而影响他们的消费心理与消费行为等。

（五）传播渠道

传播渠道是架起信源和受众之间进行沟通的通道。广告传播渠道是指广告传播通过特定的媒介或渠道，把信息或变成文字、图像，或变成语言等符号形式，被传播对象所接受。广告传播渠道的选择必须与信息相匹配，同一信息通过不同的传播渠道，效果却大不相同。目前，很多地方卫视台，如湖南卫视、东方卫视等，在收视率上与央视的差距已经变得不大，但是央视作为国家层面的媒体，却能够给产品或品牌带来光环效应，这是其他相关渠道所不能带来的效应。此外，采用视频媒体传播的信息比使用平面媒体传播的信息在多数情况下更具冲击力，因此效果也不同，但在便利性上，平面媒体也有自己的优势。所以，广告主或代理公司到底要选择什么样的媒体或媒体组合，要结合企业自身的资源状况和产品特征进行灵活选择，如此才能达到更高的广告投资回报比。

（六）译码

译码的过程就是接受方对信息发送方传播的信息进行加工处理的过程。了解广告受众如何加工信息，广告就能够针对受众的译码过程和特征来设计相应的传播方式。有效的广告传播需要发送方与受众之间有共同的背景，使得受众在译码过程中与发送方编码过程相匹配，这样才能使二者之间产生共鸣，从而获得最佳的传播效果。

（七）噪声

所谓噪声，是指在广告传播过程中，未能使广告受众对广告信息进行全面理解从而造成不良广告效果的各种主、客观因素。广告噪声来源包含媒体因素、广告传播者因素以及广告受众因素等多种因素。传播者有时因为自身文化素养和周围环境的影响使广告定位不准确、选择媒体不恰当、对广告受众的了解不深入，甚至做虚假广告，这些都直接影响着广告信息的传播效果。例如，A品牌牙膏率先推出用浸泡在酸性溶液中的贝壳做演示展示牙膏效果的广告后，B品牌牙膏也推出了类似的鸡蛋壳浸泡在酸性溶液的广告，结果导致看过两则广告的许多消费者认为B品牌牙膏是A品牌生产。还有一些广告需要广告受众具有特定的背景才能理解，而那些缺乏此类背景的人往往不能真正理解广告所要传达的信息，这也会造成广告效果的流失。

（八）反馈

这里讲的信息反馈主要是指广告信息反馈，是指广告信息接收方看到、听到或者读到某广告信息后做出的举动。信息反馈的范围很广：既可以是无法直接观察的过程，如在记忆中储存信息；也可以是直接的行为，如自己或劝说别人购买产品。

尽管现有测定广告反馈效果的技术还不够完善，但是如果能够通过某种手段真正测得广告信息反馈效果，将会对广告主或代理公司的后续广告产生巨大帮助。

四、广告传播的特点

广告传播既是一种信息传播，又是广告主的一种投资行为，具有逐利目的。除此之外，以企业为主体的广告主所进行的有关商品、服务、劳务、观念、企业及品牌形象塑造等方面的广告信息传播具有如下特点。

（一）有明确的传播目的

无论是为了经济目的进行的商业广告传播还是为了公益目的进行的公益广告传播，都拥有非常明确的目的。例如，发布商业广告的广告主追求的是要把企业的信息尽快地传播给潜在的目标受众，促进商品和服务的销售并获得盈利，维持企业生存和发展，其目的性是非常明确的。也正是为了实现企业的经济目的，广告主才对广告创意给予高度重视，对广告文案字斟句酌，制订周密的广告传播计划，并要求广告制作要有效地准确地传递信息，要求"广告上的每一个字，每一个图表，符号都应该有助于你所要传达的信息的功效"。

就是那些经常在电视上看到的公益广告，其目的也非常明确。例如，以提倡环保、提倡孝敬父母为主题的等一系列广告，都是为了树立一种正确的社会风气和价值观，从而为社会的良性发展传递正能量。

（二）具有可重复性

广告信息总是力求所有的目标受众都能接受到。对于以盈利为目的的商业广告而言，广告主总是针对潜在消费者策划传播活动。在第一次刊播以后，不可能被每一个目标受众接受，一次传播到达率是极低的，那就需要第二次播出，第三次播出，因此，广告传播一定要具有可重复性。这种可重复性除了让更多的受众接收到广告信息之外，广告的重复播放还可以对受众强化印象并产生足够的影响力，从而产生认知、感情、态度乃至行为方面的影响，最终达到广告传播的预期目的。

（三）复合性传播

广告传播不是通过单一渠道进行的，大多数广告主常常通过多种渠道展开复合性、立体式传播。常用的复合性传播方法有两种，一是以大众传播媒介为主体，同其他媒介相配合。也就是利用报纸、杂志、广播、电视向分布广泛，人数众多，互不相识的受众进行的信息传播；二是以付费的传播为主体与不付费的传播相结合。大众传播媒介需要付费，这是现代广告的基本特点之一。广告主也可以通过自办媒介物开展广告传播活动，虽然其规模较小，传播有限，但可以针对特定受众进行有效的传播活动，并且费用较低。

（四）具有信息筛选性

无论是企业、品牌、商品还是服务或观念，广告主都希望把尽量多的信息传递给广告受众。但实际上，一则广告实际所能传播的内容总是十分有限的，因此，把最重要的信息传递给广告受众是广告主努力追求的，这就要求广告传播必须具有信息筛选性。

由于商业广告的传播都是有偿的，是要付费的，对广告主来说，他所购买的刊载广告的版面和播映的时间是极为有限的，因此要求在有限的条件下传播尽可能多的能吸引消费者的信息。另外，由于每一个广告主都要面对着一个严酷的传播竞争环境，即信息接受者的信息取舍。消费者生活在广告信息的汪洋大海中，他们无暇关心、所有的广告信息，他们只对那些新颖的，有趣味的，与自己利益相关的商品信息采取接受的态度。因此，无论哪一个企业对广告传播的信息总是惜墨如金，反复思考，精心筛选，以增加有限信息中的"含金量"。

第二节　广告学与市场营销

一、广告学与市场营销学的关系

小查尔斯·兰姆等人认为：市场营销学是指对一种观念的策划和实施过程，还指对一种思想（或是一件商品、一项服务）进行定价、促销并将其传递到个人或组织手中进行交换，使该个人或组织得到满足的过程。上述定义说明，市场营销学是研究"以满足人类各种需要和欲望为目的,通过市场把潜在交换变为现实交换的活动过程"的一门学科。由此可见,广告活动和市场营销都是商品经济发展到了一定程度的产物。作为一门学科,广告学的建立,也是市场经济孕育的结果。市场营销学是在 19 世纪末 20 世纪初,资本主义经济迅速发展时期创建的,广告学也在这一时期兴起。从一开始,这两门学科就紧密地结合在一起,因此,二者之间存在着许多相似之处。

一是从研究内容上看,二者都是属于经济学范畴。市场营销是以满足人类的各种需要、欲望和需求为目的,通过市场把潜在交换变为现实交换的活动,它涉及需要、欲望和需求、产品、效用、交换、交易和关系等核心概念。一方面,广告是一种信息传播活动,但它的起点和落点都是在经济领域,传递什么样的信息内容以及如何进行传播,需要研究市场,了解营销环境,研究消费者,从满足消费者的需要和欲望出发;也需要研究产品,应适应不同的市场环境,制定相应的广告策略,争取较好的传播效果。另一方面,市场营销策略组合包括四个要素——产品、价格、渠道、促销,其中促销要素包括广告、公共关系、新闻宣传、营业推广。从这个角度看,广告只是市场营销的要素之一,是市场营销一个重要组成部分,是市场营销的一种工具;市场营销是广告的方向指引,是广告的高层次策略。因此,研究广告学,离不开对市场营销理论的应用,换言之,广告学是以市场营销学为理论基础的。

二是从活动目的看,二者也是一致的。市场营销可以理解为与市场有关的人类活动。广告业可以看成是针对消费者的需求和欲望,刺激消费热情,调动潜在消费意识,最终促进购买行动的传播活动。因此,了解市场营销学的有关原理对于把握、认识广告学的基本理论和运作方式是很有帮助的。

当然,作为两个不同的学科门类,广告和市场营销之间也存在差异,同样表现在两个方面:其一是直接目的不同。市场营销直接的目的是销售产品,从而进一步扩大盈利;广告的目的是传播产品、形象或观念等信息,激发消费者购买欲望,对产品产生好感。当然,由于广告是服务于市场营销的,是市场营销的组成部分,广告最终的目的还是销售产品。其二是手段不同。市场营销所采用的手段是价格、促销、包装、商标、产品设计、分销等,这些手段都是紧紧围绕着产品销售为目的。而广告所采用的手段则是通过研究消费心理需求,主要通过大众传播媒介将产品、形象或观念等信息传播给消费者,告知消费者信息并刺激消费者购买欲望,最终产生购买行动。

为了更好地认识广告与市场营销的关系,读者还需要注意以下两个问题。

一是必须明确广告是市场营销的一个组成部分。广告要和其他促销手段配合,与产品、价格和渠道等要素一起实现企业的营销目标,即应将广告置于整个市场营销背景下来探讨其规律。舒尔茨针对这点写道:"从事广告的人员似乎忽视,事实上他们不过是企图通过大众媒介推销产品与劳务的推销员而已。他们也似乎忘记,广告的目的只是替产品或劳务对大量潜在顾客或顾客在同一时间送达销售信息。而公司之使用广告而不用面对面推销的唯一原因,是以时间及成本而论,广告远超过人员推销的效率。"

二是广告也有自己特有的规律和运作程序。广告的传播规律、广告的创意和策略、广告媒介的特点等，都有自己特殊的性质，不同于营销的其他要素。也就是说，广告在营销背景下有着相对独立性。广告策略的形成，固然需要对产品和市场的研究，但要将"说什么"变为"怎么说"，从而更好地与消费者进行信息沟通，这就需要创意。因此，广告从市场营销中分离出来，形成一门独立的学科，也证明它需要专门的研究和专门的运作人员。广告还要结合运用多种学科的知识，使其更加有效，除了市场营销学外，还需从传播学、心理学、社会学等学科中吸收营养。那种因为广告是营销的一部分，因而轻视广告自身运作规律的观念，只会损害市场营销的效果。

二、广告与营销战略

在现代经济环境中，广告在企业营销战略中扮演着重要的角色。一方面，随着人们对现代科学与技术开发和利用效率的提升，产品生产能力大大提升，区域市场正逐步演变为全国市场，甚至全球市场，生产与市场的距离越来越大。另一方面，产品更新换代的速度越来越快，产品生命周期越来越短，生产与消费的沟通成为企业营销管理的重要课题。要解决上述课题，广告传播发挥着尤为重要的重用。近年来，大众传播业和专业广告机构发展迅速，为企业提供了更为高效、低成本的沟通手段，也使得广告在企业营销战略中的地位越来越重要。

（一）营销组合与广告

要想切实理解作为商业活动的广告，我们必须认识广告在企业的营销活动中所扮演的角色。作为市场营销的一部分，广告要和其他促销手段配合，与产品、价格和渠道等要素一起实现企业的营销目标。脱离企业的营销目标，去创作所谓自成一体的广告，肯定会遭到失败。但是广告与企业其他营销手段又存在运行机制和规律上的差异，广告的以下功能特点决定了广告在营销中的重要地位。

一是告知功能。告知功能是广告的基本功能。企业选择一个目标市场，为这一目标市场提供一个特定的营销组合，实现与消费者之间的交换，就必须首先让消费者知晓企业，了解企业，了解产品利益，有关产品和企业的信息成为消费者购买决策的信息基础。

二是情感功能。消费者的消费购买决策既包含理性决策的因素，同时消费者作为人，又是感性的动物，其消费决策必然也包含情感因素。尤其是那些低参与度的低值消费品，情感因素在消费者购买决策中的影响作用更为突出。

三是刺激功能。由于无法获得购买决策所需要的所有信息，因此，消费者的购买决策总是存在或大或小的风险。并且，消费者的任何一次购买过程都必须付出时间、精力以及货币。所以，对消费者来说，除非迫不得已，他们的消费行为往往是犹豫的、矛盾的，这时必须有一些其他的力量刺激和鼓励他的行动。促销活动在这一阶段是非常有效的，广告在这一阶段往往与特定的促销活动相配合，通过提供某种刺激促使消费者果断采取消费行动。

（二）市场细分与广告定位

市场细分这一概念在 20 世纪 50 年代被提出，它不仅仅是分析市场的一种方法，而且是企业应该具备的对待市场的一种态度。即使是在最无差异的药品市场，企业也开始采用细分的营销战略，如白加黑感冒药的"白天吃白片，晚上吃黑片"，某牙膏品牌甚至推出了"牙膏也分男女"的理念。市场细分的普遍应用，以至于"市场营销"可以改称为"目标市场营销"了。市场是异质的，企业不可能用同一组营销组合面向不同的细分市场，并在竞争中占据优势。尽管在营销战略中仍然有无差异营销战略的一席之地，但这一战略更多是在少数特殊的市场起作用，如垄断市场，或仅限于产品生命周期中的导入期市场。

与细分联系最为紧密的营销概念就是"定位"。当企业选定一个目标市场，并为该市场准备了一系列特定的营销组合来满足该市场的时候，企业实际上就是在执行着定位战略。营销中的定位与广告中的定位从概念上并不完全相同。营销定位侧重的是营销组合的目标性，具有客观、具体、有形等特点，而广告学中的定位强调品牌在消费者心目中的形象，具有主观、抽象和无形的特点，但两者在本质上应该是一致的。营销定位是广告定位的物质基础，但广告定位仍然具有自己独特的发展空间，甚至在某种程度上超越营销定位。例如，在营销组合上类似的产品可以通过广告定位演绎不同的品牌个性，因而可以面向不同个性的人群。例如，可口可乐推出了昵称瓶，其实也是一种定位，它在不同的瓶子上印上"技术男""月光族"等个性标签，就是为了满足不同个性群体的需要。

（三）产品生命周期与广告策略

产品生命周期是指产品从进入市场，经历发展、衰退直至被市场淘汰的全部持续时间。产品生命周期理论对于许多营销专业的学生而言尽管并无新意，但对于理解并运用到广告实践却有着重要的意义。这是因为，一方面，广告主可以根据产品所处的不同阶段调整广告费的投入。例如，在导入期，广告费的投入最大；进入成长期，广告投入稍稍减少；进入成熟期后，广告投入再度增加；直到衰退期，广告投入逐步减少。另一方面，广告主可以根据产品生命周期的不同阶段发挥广告的不同作用。例如，在产品导入期，广告的作用是告知产品功能，并提升产品或品牌知名度。在进入成长期和成熟期之后，广告主要为"差别化战略"和产品的"多样化战略"服务。而在衰退期，广告的作用主要是减少损失，确保品牌形象，为新产品的上市打下基础。

综上所述，我们可以发现：产品生命周期理论最集中体现了广告与市场营销之间不可分割的关系，体现了广告是营销的一部分。

三、广告与整合营销传播

整合营销传播理论的出现和应用是营销领域近年来的发展成就之一。由于研究者视角和立场的不同，关于整合营销传播（IMC）的定义也有所差异。20 世纪 80 年代末，全美广告业协会（AAAA）对 IMC 做出了以下定义："IMC 是一个营销传播计划概念，它注重以下综合计划的增加值，即通过评价广告、直接邮寄、人员推销和公共关系等传播手段的战略作用，以提供明确、一致和最有效的传播影响力。"由于这一定义出现得比较早，因此，很多学者都引用了这个定义。

整合营销传播理论的发源地——美国西北大学的研究组则把整合营销传播定义为："整合营销传播把品牌等与企业的所有接触点作为信息传达渠道，以直接影响消费者的购买行为为目标，是从消费者出发，运用所有手段进行有力传播的过程。"之后，该研究小组的先驱舒尔茨教授对此做了补充说明："整合营销传播不是以一种表情、一种声音，而是以更多的要素构成的概念。整合营销传播是以潜在顾客和现在顾客为对象，开发并实行说服性传播的多种形态的过程。整合营销传播的目的是直接影响听众的传播形态，整合营销传播考虑消费者与企业接触的所有要素。概括地讲，整合营销传播是为开发出经过一定时间可测定的、有效果的、有效率的、相互作用的传播程序而设计的。"

舒尔茨的看法代表了一种更为普遍的观点：整合营销传播是发展和实施针对现有和潜在顾客的各种劝说性沟通计划的长期过程。整合营销传播的目的是对特定沟通受众的行为产生实际影响或直接作用。整合营销传播认为现有的或潜在的客户与产品或服务之间发生的一切有关品牌和公司的接触，都可能是将来信息的传递渠道。总之，整合营销传播的过程是从现有客户出发，反过来选择和界定劝说性沟通计划所采用的形式和方法。

整合营销传播对于广告提出了新的要求。在整合营销传播时代，广告不仅仅是营销的尖兵，广告还是整合传播营销的血脉和经络。在现代商业社会中，广告的内涵和功能正在发生变异。广告传统的主要功能是传递产品信息。新形态的广告是进行双向沟通传播，在广告中应该力求与消费者"共谋"，在未来，广告将和各种营销工具融合为一体，并且将越来越难以分出明确的界限。

整合营销传播体系中，整合广告传播和各种营销工具处在交叉混合状态，所以需要营销策划人和广告策划人非常谨慎和细致的执行。企业在进行战略思考与策划时，先明确整合广告传播这一子系统内的整合，然后在此基础上再考虑将这一子系统与其他营销传播功能相整合。整合广告传播的观念和方法将有助于在现实执行中顺利而清晰地执行整合营销传播战略。

第三节　广告学消费者心理

一、广告与心理学的关系

心理学是一门传统学科，广告学的形成离不开心理学的奠基。心理学是研究人的一般心理现象和心理规律的科学。人的心理活动可以概括为心理过程和个性心理两大方面。心理活动过程又分为认识活动过程与意向活动过程。各种心理活动在每个人身上表现又各有不同，因此形成不同的兴趣爱好、气质能力和性格，这就是个性心理的特征。广告活动是一种视听活动，就是通过视觉和听觉刺激引起人们的心理感应，而消费者的心理历程与广告活动的成功与否密切相关。要提高广告效果，实现广告目标，就要使广告符合人的心理活动规律。从这个角度来看，广告学可以说是研究消费者心理活动及其变化规律的科学。广告如何与消费者的心理活动发生交互作用，这是广告学与心理学的交互点。

广告学借鉴了大量心理学的研究方法和心理学的理论。所谓广告心理学就是指广告受众在接受广告信息时所产生的一系列心理活动（包括感性的、理性的、情感的、意志的、个体性的或社会性的等）及心理现象、心理规律。广告心理学是随着广告的兴起、发展而逐渐发展形成的一个心理学分支。它的基本任务是分析、研究和掌握广告对象的心理特征，为广告宣传提供心理学依据。广告心理学研究对于广告实践活动有着十分重要的意义，整个广告策划活动中，几乎每一个环节都需要对广告对象心理特征的分析、研究和把握。

二、消费者心理

广告对消费者作用的过程就是通过消费者一系列心理活动产生的，广告中涉及影响消费者心理活动的因素主要包括以下几个方面。

（一）感觉与知觉

感觉就是当外界事物作用于人的感觉器官时，大脑对特定对象个别属性的直接反映。如看到色彩、听到声音、嗅到气味等都是感觉的反映。广告受众个体在对广告进行了解的过程中，通过眼睛看到广告画面，通过耳朵听到广告声音，通过鼻子闻到广告样品的味道，通过舌头品尝到广告样品的味道，通过触摸广告样品感到其软硬温冷，从而得到视觉、听觉、嗅觉、味觉、触压觉及温觉，也就是运用感觉器官得到感觉。因此，就广告而言，在设计、制作广告作品时必须注重对商品各方面细节进行精益求精的表现。

知觉是大脑对作用于感觉器官的客观事物的整体反应。因为在现实中，物体的个别属性并不能脱离具体的物体而独立存在，它总是与整个事物结合在一起引起人的反应。消费者对商品知觉是在感觉的基础上形成的，没有对某种商品个别属性的感觉，消费者就不能形成对这种商品的整体知觉。但是知觉并不是被动地接受感觉的映像，相反，它是一个积极能动的反映过程。例如，当消费者带着既定的购买目的去选择某种商品时，这种商品就会成为符合其知觉目的的刺激物，它会很清楚地被感知，成为消费者知觉的对象，而其他商品或刺激物，就可能显得比较模糊，成为知觉对象的背景。当然，随着消费者知觉目的的变化，知觉对象与背景是可以相互转换的。

由于消费者的知觉是各种心理活动的基石，能有力地刺激消费者的需求，促进其购买活动。因而，在广告宣传和制作中，我们应力求使消费者对广告内容产生更好的知觉，把他们的认识和理解推向更深的层次，形成对广告商品良好的主观态度。

（二）记忆

记忆是指人不仅通过感觉器官在活动中感知当前的事物，得到相关的信息，还要把这些信息输入到大脑保存起来。在必要时当所感知过的事物再次出现时还能确认，并能按要求回忆起过去经历过的有关事物。在离开了刺激物的作用之后，由于记忆，原来听过的广告语，看过的广告图形画面、接触过的广告样品仍能够在需要时再现和再认。

（三）想象

想象是人脑对已有表象进行加工改造而创造新形象的过程。广告的内容常常使人不仅能通过记忆把经历过的广告回想起来，而且还能根据广告的内容设想出自己从未经历过的事物。

广告对象或消费者在评价广告商品时，经常会发挥他们的想象能力，进入角色，设想拥有广告商品时对生活、对事业、对爱情等带来的好处。例如，看到关于西装的广告时，年轻的小伙子就会想象穿上它，信心十足地去与女朋友约会时的浪漫情景。可见，对商品的想象是消费者意识行为和购买行动的内部推动力，它对激发消费者的购买动机与购买决定具有重要作用。所以，广告作品如果能够根据商品的特点激发、诱导广告对象的想象，就能够取得较好的效果。

（四）需要与动机

需要是指人脑对生理需求和社会需求的反映，是指没有得到某些基本满足的感受状态，是个体缺乏某种东西所产生的一种主观状态。当个体由于缺乏某种生理或心理因素而产生内心紧张时，就会形成与周围环境之间的某种不平衡，为恢复这种不平衡状态，消费者就会努力寻找并购买某种商品，从而消除原来的心理紧张。广告应研究人的需要，并利用广告使消费者产生或发现自己的需要，促进产品的销售。例如，广告使消费者发现自己即时通信的需要，促进手机产品的销售。

动机是指引起并维持个体活动，并使之朝向一定目标和方向进行的内在驱动力。个体在动机的作用下产生行为，并使其指向一定目标，在行为进行过程中不断调节行为的强度、持续时间和方向，使个体最终实现预定的目标。动机在广告设计中的作用十分巨大，如针对人们寻求丰富人生经历的动机，许多旅行社的广告同时播发多条旅游线路供旅游者选择，如美丽的西藏、神秘的云南、温柔的苏州、多泉的济南，以及山水甲天下的国际旅游胜地桂林等，以强化消费者的动机，最终销售旅游产品。

需要是动机产生的基础，动机是为实现一定目的而行动的原因。例如，具有去西藏旅游动机的消费者，对"离天最近的地方"——西藏地区的旅游广告十分关注，在修通青藏铁路之后，交通成本的下降引起消费者的注意，人们为达到亲身前往西藏欣赏那里的自然风光和人文景色的旅游目的，往往会收集大量关于青藏铁路情况的报道以得到丰富多样的信息。消费者的西藏旅游动机促使消费者做出西藏旅游决策，增加赴西藏旅游的人次，使得西藏旅游业获得大发展。

（五）消费者个性

个性是表现在人身上的经常性的、稳定性的和具有本质特点的心理特征。个性心理特征具体体现在一个人的能力、气质和性格等方面的差异，它影响着人们的言行与举止。

能力是一个人能够顺利完成某项活动并直接地影响其活动效率的个性心理特征。一个人的能力包括观察力、记忆力、想象力、思维能力和注意力，以及听觉、运算、鉴别能力、组织能力和决策能力等方面。这些不同类的能力彼此有所联系，相互促进，共同发挥着作用。当然，不同的活动具有不同的能力活动结构，所需的能力强度也不同。人的能力的形成和发展是同人的素质、社会实践、文化教育和主观努力等条件相关的。在购买活动中，消费者的购买行动的多样化，也在一定程度上反映出了其对于商品的识别能力、评价能力和决策能力，有时候甚至还有他的支付能力。

气质是人的典型的和稳定的心理特征。个体间气质的差异将导致每个人在进行各种活动时表现出不同的心理活动过程，形成各自独特的行为色彩。按照气质分类的话，一般可以将人分为兴奋型、沉静型、活跃型、安静型四大类型。不同气质类型的人对广告的反应也不一样，因此，面向不同气质的广告受众，广告的制作也应该有所不同。

性格是人对客观现实的态度和行为方式中最经常表现出来的稳定倾向。它是人的个性中最重要、最显著的心理特征。一个人对某些事物的态度反应，如果在其生活中巩固起来，形成了一种经验与程序的话，就会变成他在一定场合中习惯了的行为方式，也就构成了他的性格特征。

消费者的能力、气质和性格等个体心理特征对消费者的购买行为的影响是非常巨大的，是构成不同的购买行为的心理基础。在广告的创作上应该通过对于消费者的心理特征的分析，做到从实际出发，使广告宣传针对宣传对象的心理活动直接发生联系，有的放矢，以提高宣传效果。

三、消费者决策过程

消费者对产品和服务的偏好是不断变化的。企业为了应对消费者偏好变化这一特点，就必须对消费者的行为有一个全面的了解。而在消费者的诸多行为中，其购买决策过程是非常重要的内容之一。消费者购买决策就是消费者通过购买活动及购买结果满足某种未满足的需求的消费行为，而消费者购买行为的全过程就是不断进行决策的过程。

消费者在购买产品或服务时，一般遵循消费者购买决策过程。该过程由五个阶段构成，分别是认识需求、信息检索、选择评估、实际购买和购后行为。这个过程因消费者所要购买的商品种类、价值以及消费者的经济条件、个性因素的不同而不尽相同。消费者购买商品决策过程有时几秒、几分钟可以完成，有时却要花费几个月甚至几年或更长时间才能完成。当然，消费者并非在购买每件商品时都要经过这五个阶段，某些商品的购买过程则非常简单，消费者可能跳过其中的某几个阶段或倒置某个阶段。该模式所展示的是消费者面临新的或比较复杂的购买情况时所进行的一系列的考虑和活动，是一个较全面的购买决策过程。研究消费者购买决策过程，对了解消费者的消费心理变化过程十分重要。

（一）认识需求

认识需求是消费者购买决策过程的第一阶段，是购买行为发生的基础。当消费者面对实际需求和欲望需求之间的不平衡时，需求就产生了。例如，当你和同学们在足球场、篮球场或健身房进行了激烈运动后，是否会感到口渴，如果有，那么你的对解决口渴产品的需求就产生了。

当然，不同的环境下，人生的不同阶段，人的需求是不断变化的，也是多种多样的，认识并满足需求才能完成消费活动过程。人们在维持生命、改善生活的过程中形成了丰富多彩的需求，而努力发现消费者的需求并满足他们则是企业存在的责任。消费者只有认识到购买某一商品的必要性和紧迫性，才能采取购买行动，广告人员必须通过市场调查，通过不同的广告方式，去激发和诱导消费者的需求，才能扩大产品销售。

（二）信息检索

信息检索是消费者购买决策过程的第二阶段。消费者认识到自身的需求后，就要搜索市场上有关各种可供选择的产品信息，以满足其需求。消费者通过不同渠道获得有关产品的信息，不同来源途径的信息形成消费者购买决策的基础。信息的搜索可能是外部的，也可能是内部的，也可能是二者兼而有之。内部信息搜索是在记忆中回想已存储的信息，这种存储的信息可能是消费者自己以前的消费体验，也可能是某则广告给其留下的深刻印象。外部信息搜索则是在外部环境中搜索信息。外部信息搜索一般有两种渠道，一种渠道和商品的营销者无关，可能来自自身的消费经历、家人或朋友的推荐、公共信息来源；另一种则是来自营销者的商业来源信息，这是广告所能支配和控制的信息。这种商业信息来源可能包括大众传播媒体、商家的促销信息、销售人员的推销、产品标签和包装以及互联网等。

（三）选择评估

选择评估是消费者购买决策过程的第三阶段。消费者有了需求，并经过信息检索之后，就会收集到大量的相关信息。这时，消费者就会利用存储在记忆中的信息以及外部渠道获得的信息构建出自己的一套评估标准。评估标准构建之后，消费者就要对多个购买决策方案进行评估，依据自己的实际情况，确定比较有利的方案。

不同的人会因为不同的原因去购买同一种商品，广告主必须按利益细分的原则去做广告，使它对不同类型的消费者都适用。购买行为在同一消费者中也是不同的，同一个人可能出于不同的原因去购物，这取决于每个人的欲望不同或产品适用环境的不同。对广告主来说，最重要的一点是要考虑顾客在购买时会选什么样的产品，了解影响顾客对产品做出选择的因素是什么。

（四）实际购买

实际购买是消费者购买决策过程的第四阶段，在这一阶段中消费者需要做出最终的购买决策，从选定的几个方案中选取最佳的一个，实现购买意图。广告主在广告中应提出在允许的范围内包换、保修、免费维修产品，增加售后服务的内容，应尽量减少消费者承担的风险，使消费者正确认识产品风险水平。通过一系列可行的承诺，从某种程度上消除消费者的顾虑，增加消费者的购买决心，促使消费者做出最后的购买决策并付诸行动。

（五）购后行为

消费者在购买产品时，总是期望从购买这一产品中获得一定的利益。那么他们的期望在多大程度上得到了满足，决定了消费者对其购买产品是否满意，也决定了消费者的购后行为。购后行为作为购买决策的第五个阶段，决定了消费者对该产品或品牌是忠诚留下还是离开。消费者购买并使用产品，在实际使用过程中了解产品的益处，当产品益处大于消费者的期望时，消费者会感到满意并会再次购买相同产品；反之，当产品的益处小于消费者的期望时，会促使消费者修改购买方案，避免购买与上次相同的产品。广告中不要再作出夸大产品利益的承诺，避免消费者购后对产品做出不良评价，影响产品的品牌形象和销售。

第四章 全媒体广告传播中视觉呈现发展变化的理论支撑

第一节 场景理论与视觉心理学提供理论基础

一、场景理论

谭天教授提出："互联网的场景包括虚拟场景和应用场景"。其中虚拟场景以游戏场景和新技术支持下的场景最为典型。应用场景则是互联网应用中用户所处的场景。场景理论的提出，让我们开始思考场景中所包含的环境空间与氛围、人的行为与心理要素、人与环境的关系。

随着全媒体时代的到来，场景不再受时空制约，不仅仅作为物理场景影响消费者的现实生活。场景融入互联网技术，通过大数据分析出每个人的兴趣爱好和个人需求，为受众营造出独一无二的消费场景。隐藏在场景背后的文化意义、情境意义、价值观等发挥作用，作为媒介内容开始传播。例如在圣诞节第一次作为外来节日与中国传统节日相碰撞时，中国大量的年轻人被圣诞节浪漫新奇的仪式感和节日场景所吸引，甚至忽略了我国现存已久的传统节日。但我国相关部门将中国传统节日纳为法定节假日，利用互联网新兴技术将传统节日与线上线下文化场景玩法打通，联动传播，创意出新的节日场景玩法。年轻人内心深处的爱国仪式感和神圣感重新被唤起，开始重视本国文化。场景影响受众实践的文化价值从中凸显。

在以移动互联网场景为主要消费场景的全媒体时代，充分发挥移动互联网场景的移动化和社交化属性是广告制胜的关键。

基于近些年离婚率攀升、初婚率下降的社会现象，开口说爱逐渐成为一种现代病在人们心中蔓延开来。五月二十日是中国情侣领结婚证最多的日子。腾讯视频选择这一天联合浪漫的云南香格里拉为新人打造"移动民政局"户外场景体验。领证的新人乘坐洒出爱情宣言的定制大巴，由杨颖担任"局长"为他们颁发结婚证和腾讯视频，鼓励大家勇敢表白、为爱发声。该活动中时间场景的设定将时间属性放大，品牌在"520"这一特殊的时间条件下激发受众的参与兴趣，逐步培养消费习惯。云南香格里拉作为线下地点式场景，其本身具有的浪漫属性，在这次广告传播过程中吸引了广大受众参与活动。活动主题与目标受众的兴趣相契合，增强了参与者的互动场景体验。微博、微信等全媒体媒介作为线上虚拟场景引发了全民讨论，将这次活动的传播范围扩大化，进一步推动了广告传播目的的实现。

广告业的更迭发展得益于近年流行的场景营销。场景理论通过强化场景的意义，影响受众消费实践的文化价值。广告从业者通过理解场景理论的价值，适时把控线上线下不同场景中的视觉呈现效果，能更好的发挥场景的作用，提高受众的综合体验感。

二、视觉心理学

视觉心理学是基于理论和实践，以人眼为主体形成的视知觉规律影响人类思维的理论学说，是一门综合了客观规律和主观想象的学科。钱家渝在《视觉心理学》一书中将视知觉原理定义为："所谓视知觉原理，是视觉与抽象的关系。抽象代表思维的组织形式，视觉是图形的构造。视觉心理学涉及到的是特殊概念和特殊的思维方法"。

"视觉是瞬间活动，视觉中的瞬间变化是眼睛调节艺术的形式。由于事物在人的眼睛里出现瞬间变化，这时眼睛的刺激物不是物体本身，而是物体表现出来的形式，这样加快了物体的表现，所以视觉活动是人类心理特点的一种表现"。当受众通过眼睛接收广告信息时，受众的视觉活动会自动过滤掉一成不变、司空见惯的信息，一个不会变化的视觉呈现只会削弱受众的关心度。只有当广告的视觉呈现较普遍现象发生一定的变化时，才能重新吸引人们的注意力。

"事实上，人的眼睛不仅能看到变化的东西，同时眼睛还限制了事物的变化，这也是为什么人既需要形象的认识事物，又需要抽象的认识事物。人类喜欢更抽象的视觉形式，这是人的一个最重要的心理特点"。作为广告从业者，在呈现视觉语言时，要注意事物的具体性和抽象性并存，否则无法形成一种好的视觉语言传播形式。广告画面作为一种语言形式，需要特殊的抽象语言配合具体的表现形式构成画面。只有这样，受众才能通过画面的视觉呈现获取语言和符号，从而进入特殊的抽象活动。若受众只是把这个广告作品看成一般的形式，受众就不可能对该广告形成印象，更别谈被广告打动，产生购买行为了。

然而要表现出广告视觉的特殊性并不容易。要说服受众把一个普通的事物当作特殊性事物，唯一的方法是通过外在事物给人的感觉进入受众大脑的特殊形式。特别的区域在人的大脑进化过程中形成，比如有的区域是用来欣赏曼妙的音乐的，有的区域是用来感悟艺术的。好的广告作品会多方位思考对受众产生的影响，通过独特的创意表现形式，融入个性化的视觉语言来承载信息，从而唤醒受众大脑中的各个特别区域，令受众对广告产生特别的记忆。

随着全媒体时代的发展进步，受众的视觉选择越来越多，逐渐进入更深的层次。视觉世界丰富的同时，受众对视觉世界的要求也越来越高了。琳琅满目的商品和多样的广告视觉呈现在受众面前，单靠新技术的新鲜感和花样的视觉呈现，是很难吸引受众的注意力的。换言之，激烈的市场竞争实则是心理竞争。成功的广告作品多是广告从业者深谙视觉心理学的原理和法则，有效地指导广告实践，挖掘受众心理更深层次的需求，迸发出的精彩纷呈的广告洞察。

第二节　跨学科兴起提供可能

随着信息化时代的飞速发展，社会问题日益复杂化了，单一学科面临复杂问题时略显乏力。正是基于这样的社会发展环境，促成了各学科间的交流融合。刘仲林和张淑林将跨学科定义为"两门或者两门以上不同学科之间的相互联系，从思想的简单交流到较大领域内教育与研究的概念、方法论、认识论、数据以及组织之间的相互联系"。

跨学科兴起的社会背景下，全媒体广告通过融合新旧传播形式，将不同学科有机地与广告传播连接起来，并通过四种主要表现形式推动广告信息传播中的视觉呈现找到了新的突破口。

一、跨科技领域的体验式传播

全媒体广告传播为了给受众提供真实情境的多感官体验，将虚拟现实技术、A工智能技术、增强现实技术等新兴技术与广告创意、策略相融合，通过全新的、震撼的视觉呈现触动受众的情感，引发受众的审美想象，从而形成品牌记忆。

二、跨艺术学科的传播

在碎片化的媒介环境下，传统广告直白地表达商业目的的方法已经难以引起消费者的注意了。全媒体广告时代，艺术与商业的碰撞令广告的视觉呈现迎来了全新的发展。艺术中的绘画、雕塑、现代装置等形式与广告信息的结合增加了广告的视觉吸引力，覆盖的受众领域也因此扩宽。外加受众对艺术的抵触情绪相较商业广告小很多，受众在接收广告信息时以欣赏的角度进入广告塑造的情境，有利于受众接受传播中附含的广告信息。

三、跨新闻学的传播

跨学科融合媒体的第三种表现形式是品牌通过制造公众参与性新闻事件，吸引受众主动参与，并进一步引发受众的自主讨论和分享。这需要广告从业者深谙新闻学学科，挖掘大众媒体的优势吸引受众的注意。此类全媒体广告成功的原动力在于事件是否具备情感融入和情感说服。如果只是炒作事件，会引发受众的反感。

四、跨电影领域的传播

近年来，全媒体广告中电影和微电影的形式层出不穷。广告从业者利用明星效应和内容情节攻占受众心理的方式变得常见。全媒体广告利用电影的内涵性主题，通过抽象性关联，艺术化地向受众缓缓地传递信息的方式博得了受众的好感。用心的微电影广告还能树立正面的品牌形象记忆、为广告注入新的生命力。

此处以腾讯动漫的广告为例，阐述全媒体广告中包含的跨学科现象。腾讯动漫品牌希望借助情人节的节日势头推广《狐妖小红娘》动漫手机游戏，设计师在提炼出爱情主题后，并没有将思维局限于大众广泛使用的传播媒介中，而是从受众出发，发挥审美想象力，将艺术装置——棵真实的会发光的树放置在了爱情圣地杭州西子湖。设计师将爱情红线绵延到九曲桥上，配合灯光视觉效果点亮祝福。这一广告活动吸引了跨越年龄、地域的众多受众的积极参与。此时的全媒体广告的视觉呈现不再是一般的广告行为了，而是作为一件公共艺术作品供人们赏析。在发挥广告宣传作用的同时，爱情树与西湖相互呼应和融合，让广告成为城市视觉规划中美好且自然的有机组成部分。设计师跨越了以往传统广告的舒适区，把眼光转移到雕塑学、材料学、城市景观学等领域，融合新材料、新装置、新技术为受众带来超越视觉感官的审美体验。这也为全媒体广告带来了新的视觉呈现启发，扩大了全媒体广告的审美想象空间。

全媒体广告随着社会需求的发展变化，开始向着信息、文化、科技、网络等领域拓展。全媒体广告视觉也协同创新，不断打破、调整、融合、发展出新的道路。未来，广告包含的知识体系会越来越庞大，跨学科间产生的新关联能为广告的视觉呈现带来更加多元化的可能。跨学科不仅能解决复杂的品牌问题，还能拓展广告从业者的认知边界。

第三节　受众审美的变化

一、受众审美心理变化的过程

受众审美心理变化过程是指受众在观看广告作品时，内心审美经验变化的过程。广告从业者利用受众真实审美状态下的反应，通过设计连续、秩序、节奏感的视觉呈现使受众产生视觉转换，引发通感。这里笔者按照受众审美感知、情感联想、三观共鸣三个阶段的审美心理变化进行阐述。

首先，当广告传达给受众时，受众靠自身注意力和感知力决定是否执行下一步行为。荷兰视觉实验室的研究数据显示，人们只有当感官受到短暂刺激时才会被吸引。而当他们接收广告信息时，受众决定是否关注广告的时间是 2 秒钟，其中 80% 的关注度受视觉感官的影响。所以为了调动受众的注意力和感知力，需要广告从业者在广告作品的视觉新鲜感和冲击力上下功夫。

受众的审美注意和审美感知几近同时发生。就此现象，笔者给出以下建议：一是广告从业者可以通过"对比"的方法激发受众对广告产生兴趣，这一方法已经在多数成功广告案例中使用和验证。例如滴露作为一个衣物除菌液品牌在北京地铁站举办了一场"衣服的真相"艺术展。以衣服为纸，细菌为字，做成一件可传播的艺术作品来提醒人们，看似干净的衣服其实隐藏着很多细菌。"地铁站"与"艺术展"两个几乎毫不相关的概念被设计师联系到一起，这一对比成功的引起了受众的注意。二是广告从业者可以通过简化广告文案，适当减少受众的记忆工作量，合理编排广告的内容和设计元素的位置来传达品牌信息，甚至可以在广告投放的策略中，引入人类大脑的记忆曲线规律，巧妙地使受众自然地记住广告信息。

然后进入受众情感联想阶段。审美情感伴随着审美感知而来，审美情感还能进一步引发受众的审美想象。当广告传达给目标受众时，广告视觉呈现中的设计元素能触发受众对相关记忆的联想。受众记忆中的感觉和体验再次浮现，并产生相关的感情甚至产生新的联想。情感的作用能直接影响受众对品牌的态度和评价，甚至决定受众是否选择该品牌。

最后是受众与广告传达的三观共鸣阶段。受众在这个阶段会充分发挥自身的主观能动性，产生自我对广告的理解。这就要求品牌建立自己的品牌价值观和立场，真诚的与受众进行沟通。在审美共鸣阶段，品牌应当保持自身的透明性，确保所传递的价值观与品牌行为相一致，否则定会起反作用。例如美国的资产管理公司 Wall Street Global Advisors 通过在华尔街安装"无畏女孩"的雕塑赢得了不少受众的支持，但其公司内部却因女性薪资歧视遭到罚款，最终受众拒绝选择该品牌，为其戴上虚伪的帽子。

二、受众审美变化的原因

不同的物质条件和经济发展水平，给广告的美学形式留下了不同的时代烙印，人们的审美变化直接反映在人们的消费习惯、广告媒介和广告策略的实践中。广告的策略和视觉呈现应当随着社会审美风尚和文化的变化作出适时的调整。深入地了解受众的审美主张和生活态度变化的原因，从而拉近与受众的关系。

2019 腾讯营销洞察报告以全媒体时代背景下的主力消费人群 18 至 35 岁的年轻人的成长背景为例，探讨分析了受众审美变化的原因。中华人民共和国国家统计局的数据显示，中国城市化率从 2000 年的 36.1% 提高到 2018 年末的 59.6%，国民拥有了更好的生活条件与更高的消费能力。2018 年社会消费品零售总额达 2000 年的近 11 倍。互联网飞速发展的这 20 年，让主流消费人群从小养成了新的生活方式，屏幕社交成为他们的主要社交方式。

社会文化、经济发展水平、主流消费人群的成长环境对行为特质的影响等都是受众审美发生变化的原因。年轻人掌握着社会主流的话语权，了解他们审美的倾向、把握他们的注意力资源能进一步的帮助受众释放消费势能，这对广告领域的针对性布局具有重要意义。

第四节　全媒体广告传播中视觉呈现的设计探索

一、视觉呈现设计的必要性

（一）视觉呈现目前存在的设计问题

我国广告的发展正从商业目的导向向艺术审美导向过渡。在这一过程中，受众对广告的印象大都停留在消极层面。这其中的原因包括虚假广告的肆意盛行、千篇一律的视觉呈现等。

1. 视觉语言雷同，同质化现象严重

广告作品的独具创意性和敏锐的洞察是决定广告作品是否具有说服力的关键。现代生活处处皆全媒体广告，如此大的体量出现了视觉呈现质量参差不齐的现象。许多广告甚至直接相互抄袭，导致受众的消费行为滞后性严重，减少了受创意视觉驱动的消费冲动。此处以化妆品品牌欧莱雅的广告《时间雕刻师》与化妆品品牌百雀羚的广告《时光魔法师》为例。两个化妆品品牌的受众都是 24 至 35 岁的女性，两个品牌都洞察到了女性害怕长皱纹的痛点，并都将广告视频中男主角的角色设定为可以利用该品牌的产品帮助女性消除皱纹的魔法师。两支视频不仅创意想法雷同，视频画面的表现也十分相似。开篇的复古室内装潢风格营造出的神秘氛围、精心设计的布景和道具，其视觉效果引人入胜，成功地勾起了受众继续探秘的好奇心。将两支广告分开来看，不得不说是两支视觉精美、打动受众的好广告。但作为竞品的两个品牌运用雷同的视觉语言，不仅丧失了自身品牌创意的优越性，还令两支广告的品牌口碑都降到谷底。独具个性的受众对抄袭实施零容忍的态度，对品牌产生的失望感加剧，更别谈选择该品牌了。

2. 视觉信息泛滥，扰乱视觉注意

设计师在接到广告需求、分析信息的层级关系时，通常会遇到需求中第一层级信息过多，画面的视觉呈现缺乏重点的问题。受众在视觉环境混乱的情况下极易引发陌生感，进而导致受众做出不利于品牌的行为，比如点击跳过广告按钮。

3. 视觉表现过于夸张，夸大产品功效

相比传统广告时期，以 Z 世代用户（1995 年至 2009 年出生的人）为主流受众的全媒体广告时期更趋个性化，人们越来越追求独一无二的新奇体验。在这个关注力稀缺的时代，吸引受众的注意力就是夺取了受众的时间。各大品牌为独具个性的受众提供差异化的视觉

呈现是品牌获取成功的关键。但是互联网广告在追求新奇的同时‘，存在着未把握好尺度的问题，导致广告视觉表现过于夸张，进而对受众的心理和广告信息的传达都造成了消极影响。

例如泰国华夫饼品牌 Voiz 拍摄了一支视频广告《恋人的秘密》，想表达华夫饼美味可口的产品卖点。广告从"有没有什么喜欢的东西是无法与最亲密的人分享的？"洞察出发，描述了一个女孩向恋人袒露自己有第三只眼的秘密。视频中的剧情转折点在于男孩欣然接受了女孩的秘密，却隐藏了一个自己更大的秘密：在他的脖子后面存在着第二张嘴，正难抵诱惑，偷吃着美味的华夫饼。但这一过度夸张和扭曲的广告视觉呈现，一定程度上加重了受众内心的恐惧，进而产生视觉疲劳。视觉受到消极刺激时给受众带来心理压力的现象表明，视觉过于夸张化的表现只适用于小众审美，而广告往往是针对某一特定范围的大众人群投放的。作为广告从业者应当在发挥自身想象力和创造力的同时，感同身受地站在大众角度，把控好大众的审美容忍度。

4. 视觉审美水平低，广告可信度降低

不同时期的广告反映了不同时期社会的不同文化内涵和艺术风格，是现代文明的体现。社会发展到今天，广告传播已经不仅是一种商业行为了，更是商业与艺术交织的综合表现。我们可以透过广告的特性了解当下社会的流行文化、消费文化和大众文化，也可以了解到社会主流年轻人的特点。

但现今社会很大一部分的全媒体广告的视觉呈现存在缺乏美感、内容生硬而空洞，甚至向受众传达了不良价值观等问题。例如一些医美广告在画面里过度渲染整容的好处，配合误导人的广告文案，导致我国年轻人不惜牺牲自我健康追求所谓的完美脸庞。有些广告为了在受众心中留下品牌印象，不惜剑走偏锋，以低俗无脑喊口号的形式呈现。这些消极的做法不仅降低了视觉审美水平，还降低了广告的可信度。

5. 视觉呈现与投放场景相适性不高

笔者一直秉持着一个观点：谈及广告的视觉呈现就应当谈及与之相对应的广告投放。在一定的投放条件和品牌需求限定下，评定广告视觉呈现的效果才有意义。传统广告是基于成熟的管理机制和结构主导受众的模式，而全媒体广告是受众主导且管理机制相对模糊。因而在进行传统广告创意时，广告从业者只需考虑内容的创意，而不用考虑媒体创新与否。一些广告从业者将这一陈旧的观点带入了全媒体广告，导致全媒体广告的视觉呈现与投放的媒介不匹配，未将创意充分地表现出来，还造成广告效果生硬，全媒体的优势被埋没的现象。

一些互联网广告就存在着这一问题。目前，我国互联网广告的主流形式是线上广告与线下广告同时投放，来完成一套完整的整合营销流程。线上广告在不同的平台有不同的视觉设计规范，且所有的设计都是以屏幕为载体。因此设计师应当从屏幕特点出发进行视觉设计。线下广告的呈现形式多样，例如线下快闪店的广告形式涵盖了装潢设计和平面物料设计。一些广告从业者忽视了线上线下不同载体的呈现特征不同，采用一刀切的形式展示

广告，甚至出现将符合印刷品视觉规范的广告投放在手机客户端的问题，严重影响了广告的传播效果。

6.过分依赖技术，忽略广告创意本身

技术的进步为广告的有效传播提供了支持，但一些品牌滥用技术忽略了广告作品本身的内涵和想象空间。一些广告主甚至为了追求广告点击量、流量变现率等数据指标，以牺牲广告作品的主体性、审美性和创造性为代价，实在是本末倒置、得不偿失的行为。技术只会随着社会的进步不断革新和衍变，不变的是广告独特的创意对受众的吸引力。例如一些3D全媒体广告依靠3D技术呈现了震撼的视觉效果，这确实能在受众审美的第一步骤中吸引受众的注意力，但是这些3D广告忽略了广告受众的分众需求，与受众的关联性甚少，从而导致3D技术的优势未能充分发挥，导致绚烂的技术只是昙花一现，失去了广告传播的价值。

（二）合理的视觉呈现能使广告效益最大化

优秀的广告作品往往具备以下三个特点：一是引起受众的注意和重视；二是引导受众顺着广告思维，将广告呈现的产品看作是自己非常需要的东西；三是受众观看之后并没有转瞬即忘，反而对广告作品传达的信息形成了很强的记忆，为广告的创造力所触动。优秀的广告作品往往将视觉语言看作是一种特殊的语言，广告从业者充分利用视觉语言中"看"的功能，抽象出特殊的表现形式来呈现语言的特殊性，从而引导受众的思考方式。期间，受众的形象思维和抽象思维共同发挥作用，使受众的视觉产生一种相对活动，深层次领悟到广告传达的理念，最终产生购买决策。

基于以上全媒体广告视觉呈现中存在的问题和发挥的作用，广告从业者应当不断提高创新意识和创新视觉语言的能力，带领全媒体广告传播走创新发展之路。广告从业者还应当科学地分析广告受众行为和全媒体投放搜索模型，从而实现全媒体广告的定向性和精准化。只有这样才能带领全媒体广告在符合社会发展趋势的道路上不断前行，满足受众不同诉求的同时实现广告效益最大化。

二、视觉呈现的设计要素

设计要素是传达视觉信息的语汇。视觉语言是人们利用图形、色彩、文字等视觉符号，通过一定的设计原则和设计形式进行组合创造出来的。不同的设计要素经过多种样式的设计，组成具有丰富内涵的视觉语言。

这里，笔者从全媒体广告视觉呈现的场景出发，将全媒体广告分为静态场景、动态场景和空间场景中的广告，分析不同场景下的视觉呈现包含的设计要素的特点。

（一）静态场景中的视觉呈现

静态场景中的广告包括Banner广告、电子邮件广告、弹窗广告等。其视觉呈现主要是通过处理视觉要素间的关系和表现手法来传达品牌信息、形成品牌记忆点。文字、色彩、

图形作为基础的设计要素在静态场景中应用时，最大化发挥各自的优势，有助于广告达成画面调和、画面充满节奏感与韵律感、画面稳定均衡的效果。

1. 文字要素

文字是传达广告信息的主要构成元素。文字可以记录语言、传递思想。在有限的静态场景中，对细节的严格把控，有助于发挥各设计要素的积极作用。在全媒体广告传播中，广告从业者应当重视文字传达语义的作用，运用装饰手法来美化文字。增强静态场景中视觉效果的同时，还能提高广告作品的诉求和赋予画面审美价值。

文字的功能既包括文字的识别性又包括文字中体现的文化内涵。在进行字体设计时，可以运用变化、裁剪、装饰、添加等方法进行创作，表达主题风格寓意。颜色、特效、装饰物、背景等设计方法置入使用场景，有助于塑造文字的个性。广告从业者还可以根据不同字体的不同个性与风格，从文字的语义出发来设计广告画面、传达信息和表达情感。

2. 色彩要素

色彩通过光作用于人眼，尔后触动大脑感知。色彩作为第一视觉语言，在全媒体广告传播中发挥着重要的作用。当视觉神经受到色彩的刺激时，受众开始分泌体内激素，受众的情绪在潜意识里受到影响，使得受众与色彩相关的感情被唤醒，进而直接影响受众的"消费欲念"。例如绿色清新，使人平和、放松，兼具未来感，象征着生命力；蓝色代表着安宁和宁静，深沉且舒缓。大众更倾向于富有节奏感和韵律的色彩搭配，混乱的色彩搭配会引发他们的消极情绪。因此，设计师在呈现广告画面时，应当考虑受众初探广告时的色彩感觉，通过色彩的渐变、重复、交替、虚实等表现方式为受众带来视觉享受，激发受众产生视觉刺激。

根据色彩的语言特征，色彩在全媒体广告静态场景中的应用包含以下四个作用：

（1）传情达意

全媒体广告视觉呈现中的色彩具有相应的确切含义，能表达品牌的观念态度。色彩的合理使用和搭配，能让复杂抽象的广告信息变得易于理解，能将品牌营造的品牌调性传达给受众。设计师应当根据产品不同的特征和属性，选用适宜的色彩来传情达意。比如化妆品品牌针对受众女性梦幻、爱幻想的特点，常将粉红色与浪漫设计元素结合，激发受众关于粉色的浪漫情绪与记忆，从而进一步推广品牌产品；药品类品牌则常选用冷色来传达品牌的权威性。

（2）增强识别记忆

品牌有意识地在广告传播中统一品牌的主色调，有助于受众通过颜色识别、记忆商品。比如红色已经成为可口可乐的代名词，黄色的"M"符号能瞬间引导受众想起麦当劳。

（3）使画面具有真实感

静态场景中的广告较其他场景中的广告更应发挥色彩的优势，在有限的广告画面中，利用色彩中的明暗规律表现产品的质感、量感等特征，在二维画面塑造生动的空间感，吸引受众购买商品。

（4）增强画面的感染力

色彩能将观念、情绪和想象联系起来，在受众心中形成特殊的意念。把握好色彩的象征意义能增强画面的视觉感染力和视觉张力。

3. 图形要素

日本语言学家时枝诚记说："通过语言得到的印象是抽象的、易逝的，可能只具有一般价值，掌握它需要时间。而通过图像得到的印象则是具体的，能够看到确定的例子，瞬间就可以记住"。图形要素中具象图形和抽象图形在全媒体广告中呈现出的形式感和语言意境具有特殊的文化意义。具象图形利用可感的形象与其他视觉要素的合理搭配给人以直观的感受，能增强广告的视觉张力。抽象图形往往蕴含多重理念，通过丰富的表现形式吸引受众。

例如印度的 TB WA 广告代理公司首创了眼科语言——Blink to Speak，帮助数百万丧失表达能力的瘫痪患者与他人沟通。Blink to Speak 将 50 个简单的眼睛动作图形化，集成各种信息于一体，跨越全球语言的鸿沟，最直观、生动地抒情表意。

综上所述，静态场景中视觉呈现的基本要素的设计对广告传播的意义重大。设计师协调好三者在广告画面中的关系，掌握视觉语言的特点和规律，能为广告画面塑造特定的视觉空间，能更准确地表达广告理念，为受众带来和谐的视觉心理体验使全媒体广告在静态场景中的呈现拥有更多精彩的变化。

（二）动态场景中的视觉呈现

动态场景中的广告包含互动游戏广告、视频广告等。全媒体广告在动态场景中的视觉呈现是利用计算机技术、光感技术、动画技术、感应技术等技术手段，以数字化声音、图像等动静结合的形式，借助数字媒介传播的方式呈现广告画面。其视觉呈现具有可逆性，并能通过数字媒介无限次复制，从而实现广告内容传播方式和渠道的多元自由化。动态场景中的视觉形态丰富多样，其中包括动态色彩、动态文字、动态图形等要素。

1. 文字要素

文字在动态场景中的应用表现为，设计师根据文字原有的结构，通过动态处理和形变夸张的设计手段，使文字在传递广告主题的同时，配合动画效果凸显文字的动态美。动态文字通过塑造空间纵深感，使得广告画面变得新奇而富有趣味。受众在获得快捷便利的信息接收体验的同时，逐渐融入全媒体广告的传播环境中。文字在全媒体广告动态场景中的应用应当注意以下三点：

第一，标点符号的作用被弱化，其使用不具有必要性。因为静态场景中的标点符号的作用在于表示停顿、惊讶、疑问等语气和情感，动态场景中的标点符号则通过动态的节奏感和文字出现顺序来传达情感和语意；第二，动态场景中文字的出现方式、呈现速度、位置排版、运动效果等是与场景相结合表现的，受众可以通过动态场景中的韵律和声音理解设计理念；第三，动态场景中的文字不仅注重空间和时间上的表现，还从视觉设计的角度出发，结合平面构成原理以及动态文字和动态场景中包含的颜色、材质、肌理等元素共同构建视觉和谐感。

2．色彩要素

全媒体载体层出不穷，从车载电子屏幕到智能手机终端的发展，为全媒体动态色彩的呈现提供了必要条件和发展空间。色彩在动态场景中的应用具有可变性和连续性的特征。例如在一些视频广告中，动态色彩根据广告的主题风格定义色彩基调，贯穿视频的始终，通过美妙绝伦的色彩变化呈现视觉，或跳动、或渐变消失、或溢出屏幕。精心设计的色彩变化无不调动着受众的视觉感官、情感和态度。

全媒体广告中视觉呈现的效果，对动态色彩的要求较静态色彩更加详细、准确和标准化。因为相比静态场景中的广告来说，受众视觉停留的时间更短，其色彩的清晰度和饱和度等对受众的阅读体验产生直接的影响。虽然色彩是有限的，但是通过设计师的重组和搭配能呈现出色彩的无限性。设计师在保持广告信息易读性的同时，对色彩交互的控制能给受众带来视觉享受。

3．图形要素

从动态图形途径获取的内容能刺激受众的视觉、听觉感官，引发深层次的记忆。动态图形比动态文字更有表现力，可以表现人的情绪、理念和想法。数字化图形的创造性表现和风格的创新，能为全媒体广告提供更加精彩的视觉空间和表现方式。动态场景中全媒体广告图形要素的设计特点如下：

（1）秩序性

不同的人，其自身的视觉顺序不同。个体的差异使人们无法都以设计师期望的顺序阅读信息，因而产生了视觉的紊乱。动态图形则通过设计师艺术化的处理，使广告信息秩序井然的出现。设计师设定好信息出现的时间和方式，受众仅仅通过简单的"看"的动作便能有序地接收信息。故事性好的广告需要构建动人的品牌故事，诉说广告背后的感受，会直接影响受众对图形所包含的信息的认可度情感。受众接收广告画面。动态图形在全媒体广告中的运用应当遵循动画、影视作品中的设计艺术，将品牌的故事娓娓道来。

（2）生动性

动态图形的故事性使得广告信息的呈现具有生动性。枯燥、商业化的广告信息通过轻松有趣的动态图形呈现给受众，能为整个广告视觉注入新的生命力。

（3）传播性

动态图形语言的传播依赖于全媒体媒介。互联网的普及扩大了动态图形的传播范围。研究表明，相对于静止画面，运动的画面给受众带来的触动更深。受众的多种感官在动态图形传达信息的过程中被调动起来，进而增强了信息传播的有效性。

（4）交互性

人类天生的社交属性，让人类与周围环境持续保持互动。受众沉浸在广告情境中时，能通过多感官体验，全身心地进行认知、感受、反馈，直到完成与全媒体广告传达的信息的交流沟通。

全媒体广告的交互性作为全媒体广告较传统广告的优势之一，在动态场景中更趋明显化。其本质在于人的娱乐本能与科技的互动。动态场景中的广告充分利用视频、音频、游戏、动画等形式让受众直接参与到广告场景中，亲身体验广告营造的氛围，直接拉近了广告与受众的情感距离。

综上所述，动态场景中的视觉呈现在传播的过程中始终保持着下一步未知的新鲜感，持续引发受众的猎奇心，引导受众顺着创作者的逻辑进行思考，广告目的实现的同时，受众也收获了特殊的视觉体验。

（三）空间场景中的视觉呈现

古希腊哲学家亚里士多德曾提到过一个观点，"一切运动都以空间位置和时间为前提，运动和空间是不可分割的。空间并非空无一物的'虚空'，而是一个被围绕的物体和围绕它的物体之间的'界限'"。这一观点在全媒体广告领域同样适用。受众在进行视觉体验的过程时，往往先感受到广告塑造的空间的存在，才会进一步的去关注画面中元素的运动与变化。

空间场景中的广告包含 3D 广告、户外广告等。广告从业者在思考广告画面的空间时，会基于一定的时间维度，将文字、图形、色彩等传达信息的视觉要素放在空间维度上思考探究，丰满二维画面的同时与三维场景相融合。视觉要素在空间延续中的视觉感，注重要素间位置的空间移动以及要素与空间的比例。视觉要素构成空间场景时遵循形式美法则，引导受众审美，从而让受众充分体验到设计与情感、环境、自然、空间、人文等的关系。

三、视觉呈现的设计要点

奥美知名广告文案东东枪说："广告变了吗？变了。一切静止，也就无所谓未来。未来，就是由各种改变构成的"。媒介随技术的革新改变，广告随时代环境改变，商业、营销、品牌、传播都发生了巨大的改变。广告的传播依附于媒介，媒介的变化会直接影响广告的样貌。因此，广告的视觉呈现应当根据媒介所涵盖的互联网内容平台、社交平台的交互模式和创意逻辑特点，针对性地进行设计。

全媒体广告从形式来看，可以分为平面展示类广告、信息流广告、电商广告、视频贴片广告、户外全媒体广告、搜索广告。全媒体广告的种类繁多，在传播中的视觉呈现方式也各具特色。此处，笔者从全媒体广告的分类出发，探讨不同种类的全媒体广告在传播中各自的视觉呈现设计要点。

（一）平面展示类广告

平面展示类广告一般包括通栏广告、开屏广告、电子邮件广告等。全媒体时代下，平面展示类广告的信息实现了实时交换和直观化展示，开拓了广告设计的创作方式，作品的表现力也更加强大。

平面展示类广告在互联网广告中的使用多用于展示产品信息和推广产品活动。基于此类广告制作成本低、可逆性强、更新速度快的特点，进行设计时应当遵循以下要点：

（1）文字元素应当注意信息层级的主次关系，利用字体的大小、颜色、形变、排版等方法凸显文字的准确性和独特性。让用户能在第一印象里抓取关键信息。不同的需求和不同的产品特性应当选用不同的字体和字体排版方式，这样才能让字体在平面展示类广告中更具生命力。

（2）图片元素的选取应当与文字主题的含义相符，以最适合的方式呈现出产品的特点。图片的条理性是该类广告设计的重点。

（3）色调的选择与文字的含义、图片的调性应当设定在同一个主题风格内。相同色相的颜色能增强画面的统一感。设计师还可以通过色彩区分视觉层次，使画面更有秩序感。

（4）整体版面应当遵循对齐原则，即相关联的内容对齐；聚拢原则，即同层级内容布局在同一区域内；留白原则，即在特定的尺寸内通过留白增强视觉的透气性；简单原则，即设计元素不宜过多，突出主要内容简化次要信息；对比原则，即不同元素间的对比能增强画面的活泼感和冲击力。

（二）视频贴片广告

时长在视频贴片广告中的设定一般为15秒、30秒和60秒，是将广告内容插入平台节目中的开头、中间和结尾处的视频广告。广告主可以根据视频节目中目标受众的兴趣爱好特点，针对性地投放视频贴片广告。

虽然视频贴片广告投放场景的针对性强，可以通过大数据的分析达到目标精准投放的目的，但是贴片广告自身强有力的广告属性和强干扰性易让用户产生抵触心理。用户处于被动接收状态，广告主对于投放效果也较难把控。提高视频贴片广告故事情节的创新度，结合所投放节目的特点优化广告内容，能使视频贴片广告更好地为受众所接受。此处以2019年竞技类音乐选秀节目中国新说唱的广告为例，来详细阐述视频贴片广告的设计要点。

1. 突破以往陈述式贴片广告强硬的呈现方式

品牌挑选出节目中人气旺盛的参赛选手，将其设定为广告情景主角，将广告词谱写为说唱歌词，创作互动创意中插入视频。不仅如此，受众还可以通过点按屏幕按钮选择自己想看的明星的广告。这一互动选择设置，不仅让受众拥有了被品牌尊重的好感，另一方面还会激发受众的好奇心，选择看完两种选项的广告。

2. 突破贴片广告文案的固有印象

在广告文案的视觉呈现方面，传统贴片广告往往采用台词滚动字幕的形式呈现文案。清扬去屑洗发水品牌则采用歌词的形式逆向谱写广告词，一改以往花式夸赞自家品牌的方式，采用倒带的形式让Rapper唱出内心的焦虑："我想封闭在自我的世界""我想拼命去理会那些流言蜚语"。受众在接收广告信息时，内心燃起好奇的火苗，不敢相信不服输的Rapper会写出与以往态度大相径庭的歌词。这时，品牌产品清扬洗发水出现，扭转歌词走向，引出品牌"不屑质疑，无懈可及"的品牌态度。这一情节上的反转，加深了品牌在受众心中的印象，品牌好感度随之提高。

（三）信息流广告

信息流广告是当前最常见的全媒体广告形式，依赖大数据的支持，一般出现在含有内容产出的 APP 客户端中。具体的表现形式、内容信息与投放的平台一致。其原生性、内容性、延展性、可玩性以及投放的针对性使得信息流广告独具魅力，有助于触发用户的二次传播行为。

1．微信广告

信息流广告中以拥有 11.5 亿月活用户的微信朋友圈广告最为典型。我国全媒体广告向来追求视觉的个性化和差异化，力图通过对受众视觉的冲击达到商业目的。但是，投放于微信平台的广告延续了微信惯有的克制调性，将品牌内容通过颇具质感、新颖创新的视觉形式呈现给受众，实现了广告效果的激流勇进。加之广告内容与媒介环境的融合——以用户朋友圈的方式将广告呈现给受众，不改变朋友圈界面设计的同时，为用户带来了沉浸式的用户体验。其设计要点如下：

（1）融入社交属性的信息流广告能提升品牌的好感度

据心理学调研结果显示，社交媒体中的用户一般都存在"害怕错过"的社交心理。即使微信平台提供了广告屏蔽功能，不少用户因其社交属性仍然不会主动屏蔽广告。

微信广告针对强圈层人群链接投放，为目标受众提供了评论、点赞、和好友互动的功能，受众甚至能选择拒绝接收广告。微信好友间的每一次互动都可能为传播带来裂变式的改变。强社交属性提高了微信广告的真实触达效率，降低了用户内心对广告的抵触情绪，符合用户个人对广告的需求。

（2）融入趣味互动性的创意玩法更能为受众所接受

微信广告的互动逻辑包含足够的自由度，能促成用户与品牌的互相成就。比如微信朋友圈广告中的明星互动模式能激发用户的表达欲，朋友圈的私密性和明星公众效应形成对比，使得朋友圈广告带来的视觉刺激极大地激发了大规模粉丝效应下的群体互动。

彩妆护肤品牌雅诗兰黛在微信朋友圈广告中设置了浮动手势的互动模式，"给幂幂擦眼泪"的配文提示引发了受众的好奇心，擦眼泪的动作与粉底液持妆持久的功能特点巧妙契合。梅赛德斯——奔驰则玩转品牌 LOGO，在圆形车标的旁边配文"画圈解锁，奔驰秘籍"，通过图文视觉呈现模拟方向盘的转动。

这类带有行动暗示的文字与动态图形的视觉指引相互配合，以及颇具格调的表现形式和广告创意玩法的相互配合，进一步激发了受众与广告互动行为的完成。年轻幽默好玩的品牌属性在有趣的互动中巧妙体现，增加了受众对品牌的好感度。

2．短视频广告

信息流广告中短视频广告因其原生性和传播力强，广为大众所接受。短视频广告分为视频信息流广告和内容定制广告，其中视频信息流广告多为官方品牌设计和投放，内容定制广告是由用户创意主导生成的广告。2019 网络短视频数据显示，短视频用户规模已达 6.48 亿，用户规模和黏性仍呈上涨趋势。短视频已经成为品牌主实现品效合一的主要传播手段。对短视频广告设计要点的归纳总结显得尤为重要。

（1）弱化广告界限的短视频能增强广告的影响力

短视频广告的视觉呈现较其他硬广不同，因其平台的原生性，短视频广告更加注重故事性的表达。广告内容的故事性能使短视频广告与短视频平台视频内容的界限弱化。在广告传播上，原生内容与广告内容都具有播放时间短、传播速度快的特点。二者对于内容创意性的要求十分高，广告与原生内容呈现深度融合的状态，受众对于广告的辨识度和反感度因此降低。

（2）创意内容多样的短视频广告能吸引更广泛的受众群体

突破以往广告内容表达界限的短视频广告，采用丰富多样的形式展示广告内容，对受众的吸引力更大。短视频广告的内容呈现包括生活情景剧、说唱、模拟课堂、小品、舞蹈等创意方式。其视觉呈现风格各异，例如说唱类短视频广告往往选用酷炫灯光效果的滤镜呈现内容，生活情景剧类广告的视觉呈现往往选用与内容高度一致的场景，配合道具演绎广告内容。爱好各异的受众更易被创意内容多样的短视频广告所吸引。

信息流广告基于自身的媒介优势不断创意新玩法、新的视觉呈现抓取用户的注意力，能进一步推动信息流广告效益最大化。

四、搜索广告

搜索广告也称触发式广告，是用户在搜索引擎中搜索关键词后，伴随搜索结果同时出现的广告，以百度广告最为典型。搜索广告能够形成用户搜索——广告引导——完成转化的完整流程闭环，但搜索广告的效益取决于搜索基数和用户对该网站的信赖度，应用门槛很高。其设计要点如下：

（1）搜索功能的主要目的是为用户提供搜索服务，搜索广告作为搜索功能的附加，应当减少对用户的视觉干扰。适当控制单屏页面的承载内容。

（2）由于搜索类广告采用的是竞价排序的方式展示产品，平台在筛选广告时，不应当完全以价格为导向。平台和广告主还应该重视广告的真实可靠性，因为这是品牌社会责任感的要求，也有助于塑造积极向上的品牌形象。

五、电商广告

电商，即电子商务，是利用网络信息技术以商品交换为目的的商务活动。电商广告是指品牌主以网络为媒介，通过图像、文字、视频等多种设计方式传播商品信息的传播活动，多出现于电商 APP 或电商网站。此处以京东电商平台的双十一广告营销活动为例，阐述电商广告的设计要点。

（一）从目标受众的特点出发，推导广告的主视觉符号

电商平台的受众从在意性价比的基础购物需求转化为更在意自身幸福感的满足；关注点从平台促销的折扣力度转化为平台推送的商品是否戳中受众的喜好，以及互动的方式是否打动受众；对品牌的要求不仅限于正品了，商品的设计感、创意、工P、售后都是受众群体的新要求。一个辨识度高、容易记住、符合潮流趋势的主视觉符号能帮助电商平台更好地传达经验理念，可以更好地让用户理解和共情，通过强链接用户诉求达到较好的传播效益。

基于对目标受众的分析了解，京东将创意广告的核心文案定为："让好物发声，与世界共鸣"。设计师将"共鸣"的概念转化为具象的视觉符号，提高广告合理性的同时，也方便了后续品牌视觉呈现的延展。

（二）从品牌活动的运营节奏展开

呈现相应的视觉设计京东双十一电商活动分为预热期——共鸣、专场期——呐喊、高潮期——声波风暴三个阶段。预热期的声波采用了更平面化的表现形式，通过一圈一圈往外扩散的图形，表达出声波共鸣的品牌寓意。专场期的声波采用了立体扩散的表现形式，模拟呐喊迸发的状态，声波从圆心往外一圈一圈扩散，视觉感官也随着活动节奏变得更加热烈。高潮期的声波加入了风暴动态的表现元素，商品优惠券等围绕圆心旋转扩散，如同旋涡的排列组合，推动整体活动视觉达到最高潮。

（三）视觉规范体系的制定是保证视觉系统有效传达信息的前提

在确定广告主视觉后，制定出活动视觉概念的规范有利于在不同应用场景中视觉形式的统一化，能增强主视觉设计的可操作性。

六、户外全媒体广告

户外全媒体广告是广告艺术形态在户外空间中的展示，新技术和新设备为户外全媒体广告带来的传播互动性已经成为城市环境中一道亮丽的风景线。户外全媒体广告以城市交通场景为主，包括地铁广告、移动端电视广告、LED 广告等。笔者以受众体验为基础，结合创新性思维，总结出以下户外全媒体广告的设计要点：

（1）在单一、缺乏互动性的传统广告难以满足受众需求的社会背景下，户外全媒体广告通过分析户外环境的特点引入新技术，将广告信息拓展到视觉维度和载体上，共同塑造现实环境与虚拟环境。这一巧妙的创意设计方法有助于受众在身临其境的体验下实现心灵上的互动沟通。

（2）户外全媒体广告对新载体的合理运用能帮助设计师扩展设计思维，使广告所传达的信息与传播载体相契合。强关联、生动的视觉呈现方式更能被大众所接至内。

（3）户外全媒体广告的趣味性设计、情感化设计与人性化设计密切相关，在以用户体验为中心的体验经济时代背景下，品牌对受众体感的重视，是实现广告主与受众双赢的有效设计方法。

第五节　全媒体广告传播中视觉呈现的应用价值

一、受众体验价值

1998 年美国经济学家 James H. Gilmore 和 Joseph Pine 在哈佛商业评论上发表《体验经济》，为人类开启了体验经济的大门。James Gilmore 将体验经济定义为"以人为本，对人性、对人的深层动机与行为、对人的'体验'这一心理感受与精神范畴的关注"。在体验经济时代下，人们不再满足于媒介的基础性传播，开始关注接收信息过程中的感受、感想和感官场景体验。

体验经济对全媒体广告的影响表现为：广告主开始重视受众通过多样传播的方式接收和接受广告内容的体验，开始重视广告信息与受众互动的品质，开始重视为受众提供真实、趣味的沉浸式场景，从而引发受众产生共情。因为全媒体广告传播中视觉呈现的目的就是为了让受众获得独特的广告体验。在不断满足自身审美、娱乐需求的同时，自主参与到广告传播的环节中，调动全身感官获得娱乐和情感的积极体验。

（一）多感官体验

在加拿大麦克吉尔大学，Bexton, Heron, Scott 在大学实验室进行了感觉剥夺实验。他们通过切断志愿者的所有感官对外界的获取途径，把志愿者放置在一个限制图形知觉、触觉和听觉的环境中，使他们处于高度隔绝状态。志愿者从最初安静的睡眠发展到失眠再到注意力无法集中、思维不受控制。实验过程中，一半的志愿者出现了视幻觉，少数人出现了听幻觉和触幻觉，直至被试者的全部活动严重失调。实验结果表明：丰富多变的环境对人类的多感官刺激，是人类得以生存的必要条件。

全媒体广告传播过程中的多感官体验，是以视觉感官为先导，融合听觉、触觉、嗅觉的感官刺激提升广告传播效果。广告从业者往往营造一个被视图和声音围绕的视听空间，恰当地运用声音特性增强受众对品牌的记忆，让受众在感受声音魅力的同时激发购买欲望；全媒体广告中对触觉、嗅觉的激发多出现于线下广告传播场景中，触觉的调动能补充说明广告营造的真实空间的体验感；受众对嗅觉的记忆度在多感官体验中占比最高，嗅觉能激发人们的情感、记忆、对事物的联想，甚至能触动受众的潜意识，维持对品牌的特殊记忆。综上，多感官体验能为广告作品注入新的活力，逐渐改变受众的情感、理念、思想，让受众在移动化、数字化的接触上获得维度更高、更深刻的真实体验。

此处以气味图书馆的跨界广告《来点孩子气》为例。10 岁的气味图书馆和 60 岁的大白兔奶糖品牌为了博回年轻人的关注和喜爱，联名推出了奶糖味香水、奶糖味香氛、奶糖味沐浴乳、奶糖味身体乳六大跨界产品，利用嗅觉触发受众童年情感记忆的联想，唤醒受众的孩子气。线下还投放了孩子气抓糖机，融入基于传播特性的听觉技术和触觉技术，受众可以通过手指点击参与游戏，通过赢得游戏，获取体验奖品。屏幕中的动态图形与色彩的交织，冲击了受众的视觉。孩子气抓糖机的选址也是十分讲究的，当受众的听觉、视觉、触觉在游戏中被调动时，不知不觉地沉浸在了奶糖味的香氛中——旁边 10 米现场布置的商店里时不时散发出奶糖香氛的味道。店内新奇的产品一应俱全，能在受众产生情感共鸣时，激发受众的购买欲。广告的宣传效果也因多感官的场景体验得到了很大的提升。

情感体验情感是人在面对客观事物得到自我满足时的态度体验。积极情感表现为爱、赞誉、认可、幸福、美感、价值认同等。消极情感表现为仇恨、憎恶、悲伤等。基于受众情感的体验和选择，广告对受众的感知刺激会直接影响受众的决策行为。

全媒体广告在进行视觉说服时，视觉快感的满足能为受众带来自我认同感和社会价值实现的情感愉悦。因此，广告从业者应当从视觉设计作品的整体构建和思考出发，注重广告视觉形式中情感的表达和强烈的视觉刺激带来的情感震撼，从而进一步增强广告的影响力。

（二）娱乐体验

霍金斯在《消费者行为学》一书中结合营销策略和心理学，提出"消费者的自我认知和生活方式同时受内部因素和外部因素的作用，并在此基础上产生了个人需求和欲望"。全媒体时代，消费者倾向于通过娱乐来满足自我欲望的实现，这也正是游戏行业发展得越来越好的原因之一。全媒体广告基于受众的行为和心理分析，开始往娱乐、体验、享受的"3E主义"发展。

娱乐是人们通过感官的参与和调动获得身心愉悦的体验。全媒体广告传播中的视觉呈现利用新材料和新技术为受众构建了线上线下的虚拟现实体验场景。受众在享受视觉带来的刺激感的同时，也主动的接受了充满互动性、娱乐性的广告信息。此时的广告不再是单纯的有利于广告主的商业行为，而是商业目的通过艺术的表现形式为受众带来充满趣味性和娱乐性的体验享受。

二、广告传播价值

广告主力图通过传达产品信息影响受众的消费意识，从而进一步推动受众购买行为的产生，但这个传播过程中包含的商业策略和艺术性并不简单。稍做留心便可以发现全媒体带来的消费环境的改变：社会节奏过快导致人们的闲暇时间呈碎片化特征，媒体接触习惯也随着消费者的生活方式改变。线下场景中人流量减少，呈现对线上网络生活的依赖。在这样的消费环境下，受众的猎奇心和想象力得到进一步的提升，同时希望拥有更多的选择空间。

全媒体广告打破了时间和空间的束缚，呈现多样化、灵活化的特征。传播者和受众身份的自由转换，使得信息的传播范围扩大，进一步加深了信息与人之间的沟通，增强了信息传播的有效性。从人类传播最初使用的声音、手势到图形符号时代，再到书籍、广播、电视时代，再到今天的虚拟现实、互联网时代，全媒体颠覆人们生活方式的同时，也带动了广告业的革新与进步。

全媒体广告传播中的视觉呈现丰富了全媒体广告的表现力，独特、鲜明的视觉元素使广告充满了吸引力。全媒体广告传播中的视觉呈现依托新材料、新技术，不断创造多角度、深层次、多元化的呈现形式，打破了传统广告固有的思维模式，体现了自身设计的敏锐性和对时代潮流前沿的掌握度。跨学科的融合为全媒体广告的视觉带来了更加逼真、更加立体、更加新颖、更加丰富的呈现。全媒体广告传播中视觉呈现特有的互动性提升了广告传播过程中的艺术感染力和信息传达力，在满足广告市场需求的同时，为受众带来了一场独特、新颖的视听盛宴。广告的传播价值也因此得到了最大化实现。

第五章 社交媒体广告传播特征及传播模式分类

在信息化高速发展的时代，社交媒体作为信息传播的重要载体，其作用越来越重要和突出。从全球范围来看，2016 年至 2019 年，社交媒体广告的收入正以每年 20% 的速度飞速增长。根据 2019 年 1 月 10 日中关村互动营销实验室发布的《2018 中国互联网广告发展报告》数据显示，2018 年中国互联网广告收入达到 3694 亿元人民币，同比增长了 24 0 2%，占 GDP 的比重约为 4.2 %。无论是在全球广告市场还是在中国的广告市场上，社交媒体广告的投入越来越多，社交媒体广告的收益也正日益超越着传统广告社交媒体广告正成为最受欢迎的广告投放形式。这种结构性的变化，促使我们必须更加深入地了解社交媒体广告。

第一节 社交媒体广告传播内涵与表现形式

据艾瑞数据检测显示，截至 2019 年 3 月 14 日，我国互联网活跃设备数为 9.26 亿台，其中，移动设备活跃数占 47.1，这说明，在我国的 13 亿多人口中，有接近一大半的人在使用移动设备进行着上网行为。在智能手机的应用和普及背景下，社交媒体广告的传播内涵和表现形式也发生了翻天覆地的变化。

一、社交媒体广告传播内涵

社交媒体广告是在社会化媒体技术诞生的基础上发展而成的新型广告形式，国外的 Facebook, Instagram，国内的微博、微信，甚至是以电子商务为主要特征的淘宝、小红书等都属于社交媒体，基于这些社交媒体而传播的广告内容便属于社交媒体广告。近些年来，社交媒体广告正以一种势如破竹的态势，在广告传播领域大放异彩。2018 年，微博第三季度财报显示，截至 9 月 30 日，微博营收达 31.39 亿元，同比增长 48%，其中广告营收达到 27.92 亿，同比增长 52%。腾讯 2019 年发布的 Q4 财报显示，2018 年第四季度的广告收入为人民币 170 亿元，同比增长 38%，去年同比增长 44%。以微信朋友圈、微信公众号为主的广告收入涨幅达到了 61%。通过这些数据我们可以看出，社交媒体广告的发展情况喜人，正成为广告业发展的大趋势。

在社交媒体广告传播的要素上，根据美国学者 H·拉斯维尔在《传播在社会中的结构与功能》论文中提出的"五 W 模式"，可以概括出社交媒体广告传播的五个要素，分别为广告的传者、广告的受众、广告传播的媒介、广告内容和广告信息的反馈。广告这五个要素相互作用，便构成了一个完成的社交媒体广告传播过程。广告的传播者由传统媒体时代话语权的核心，转变为产品和观念的传播者，他们和受众之间建立了一种平等的互动关系，信息的传输方式也由单向传输变成了双向传输甚至是多向传输。广告受众由以前的被动接受信息变成了具有情感和需求的能动选择者，他们会根据自己的需求进行广告内容的选择，还会受到生活经验、社会环境、经济水平、区域文化和自身心理等各种因素的影响，产生对广告内容的不同认知结果。基于广告传播者与广告受众属性的转变，在社交媒体广告传播过程中，广告的传播媒介、广告内容与广告信息的反馈也产生了很大的不同，可以说，在社交媒体时代，广告的传播有了颠覆性的改变。

二、社交媒体广告表现形式

传统媒体是二维的，在表现形式上相对来说比较单一，而社交媒体则是多维的，它能将文字、图片、声音有机组合在一起对受众进行多感官刺激，让受众如身临其境般感受广告产品或服务。社交媒体广告以多媒体、超文本格式文件等为载体，使受众能根据自己的需要和兴趣了解广告内容，并亲身体验广告产品或服务。

（一）文字及图片表现形式

在社交媒体广告传播中，文字和图片是最常见、也是成本最小的一种表现形式。广告主可以在官方微博、官方微信等社交媒体平台上发布文字信息或配图片的广告内容进行产品宣传。文字也就是我们一般所说的广告文案，在社交媒体广告传播中，广告文案和广告图片是受众了解产品和服务信息的重要部分，也是彰显广告创意的关键环节。一般来说，微信、微博等社交媒体平台由于限制字数和图片的数量，所以非常考验广告主的广告营销技巧。

由于广告文案配广告图片的静态广告缺乏吸引力和刺激性，所以很容易被受众选择性忽略。也就是说，在直接帮助受众和品牌建立交互行为方面，文案配图片的表现形式作用很小，并无法引起受众很大的共鸣感和关注度，它仅仅只能起到一个知会作用。因此，要想通过简单的广告文案和图片达到理想的传播效果，广告主在设计图文的时候要充分考虑到社交媒体平台的阅读环境，文案内容应该新奇、有趣、易读、易理解，同时要具有话题性和互动性。例如，可口可乐在进行文案营销时，它会通过将歌词、姓名印在包装瓶子上的方式进行宣传;网易云音乐 APP 在进行广告营销时,也有过在地铁上印歌词进行宣传的方式。所以说,社交媒体平台上的广告宣传也可以在广告文案和图片的表现形式上,丰富传播方式。此外,明星等"意见领袖"的代言和转发,也能够增强广告文案的传播效果。

(二) 音频表现形式

社交媒体广告传播的表现形式多种多样,利用音频传播也是其中一种。2012 年,随着社交媒体平台的兴起,罗振宇开始布局微博、微信等社交媒体平台,最开始是每天早上在微信公众号上发布 60 秒的语音信息,以此来吸引受众的关注。由于社交平台的高频率互动,为他进一步增加了粉丝粘性,为之后的变现打下了坚实的流量基础。2015 年,罗振宇以"罗辑思维"为 IP,在音频广告的基础上开始发展电商,光凭卖书就制造了一个亿的流水。2016 年 1 月,"罗辑思维"正式入驻天猫,8 月入驻京东平台,开始了电商渠道之路。

为什么罗振宇可以通过每天早上 60 秒的语音信息就聚集到大量忠实又有购买力的粉丝呢?首先是他的音频知识涉及面广,能从不同角度展示商业、艺术与科学的发展规则,这样可以吸引到大量不同行业和层次的消费者。其次就是高效的知识胶囊。罗振宇团队在聚集到最初的粉丝后,立马推出"得到 APP",并打造出了主打知识付费的产品——"每天听本书",为受众从众多书籍中选出最值得品读的书籍,并以口头评书的方式分享给受众。由此可见,音频表现形式虽然没有文字、图片那样能直接刺激人的视觉感官,但在运用的过程中如果有精准定位的受众,在内容传播上富有知识性和价值性,必然也能产生良好的广告传播效果,实现流量的变现。

(三) 视频表现形式

在社交媒体广告传播的众多表现形式中,视频广告的应用范围最广。以微博广告为例,当我们通过手机浏览微博信息时,会不间断地出现各类视频广告,它们在 Wi-Fi 环境下是自动静音播放的,不会给受众带来"声音外放"的苦恼。如果想要详细了解广告内容,只需要点击视频框中的任意位置,便可以观看广告内容,享受声音、画面等多感官的体验。在不同的社交媒体平台,视频广告的时长不同,有的可以播放几分钟,有的只能播放十几秒。与图文广告类似,视频广告的发布者也可以与受众实时互动,受众通过点赞、评论或转发等方式就能即时反馈自己的想法。这种融合了图、文、声、像等多种表达形式的视频广告,通过全面调动视听感官,从用户抵达、内容理解、情感共鸣等多个纬度提升了一则广告的传播效果,大大增强了吸引受众眼球的能力。

从另一方面来说,视频广告在传播上比其他形式的广告效果更精准。受众通过关注广告视频,对该产品或服务产生兴趣,继而会基于各种不同的心理因素产生分享行为,而他们在分享过程中,会选择与自己有相同兴趣爱好的受众,这样一来,广告的受众会越趋精准,而广告的传播范围也会更加广泛。社交媒体运用大数据等技术,通过深度分析受众的浏览习惯和社交媒体互动习惯,能大大提升广告主的投放精准率,他们通过广告的定向传播,将推广信息推送给特定受众,让受众接收到真正契合自身需求的有效信息,最终实现高精准传播，也能使广告主的广告费花在刀刃上。

三、超链接表现形式

除了直观的广告文案、图片和视频等表现形式，近几年社交媒体广告开始流行一种详情页链接的表现形式，这种形式可以向感兴趣的受众呈现更丰富的信息。点击"查看详情"后，即可跳转到自定义的 HTMLS 页面。所谓的 HTMLS 广告就是指利用 HTMLS 编码技术实现的一种数字广告，是集文字、图片、视频、音乐、动画效果和一系列互动形式等多种媒体表现方式于一体的营销媒介。HTMLS 页面广告表现形式多种多样，有视频形式，小游戏，评分、测试、答题形式，社交形式等。这些表现形式容易吸引受众的注意力，还特别容易形成二次转发，产生裂变效应。HTMLS 页面广告作为社交媒体广告传播的一种，非常注重页面设计与视觉体验，同时紧跟社会、娱乐热点，并利用"游戏 + 社交"的方式传播出来，能在最大程度上抓住用户的心理，引发情感共鸣，达到最佳的广告传播效果。

表 5-1 社交媒体中超链接广告分类及特点分析

分类	特点	主要媒介形式	代表性案例
品牌宣传型	广告内容以品牌形象建设为主	文字、图片、音乐、视频等	支付宝"年度账单"、网易云音乐"你的年度歌单"等
活动推广型	大多为品牌活动推广、邀请函、抽奖等	文字、图片、动画效果等	《小朋友"画廊"》、肯德基的"炸鸡大 PK"等
电商促销型	为特定的电商节日造势和积累受众	文字、图片、音乐、动画效果等	淘宝"双十一"、京东"618"等

由表 5-1 我们可以发现，目前社交媒体平台中的 HTMLS 页面广告主要分为三种类型：

1. 品牌宣传型

如网易云音乐推出的"你的年度歌单"，通过网易大数据记录下用户一年来的听歌痕迹，为用户总结出一年的听歌记录，同类型的还有支付宝 APP 的"年度账单"，这些广告实际上都属于自身品牌的宣传类型。

2. 活动推广型

这种类型的 HTMLS 页面广告一般在活动的邀请函、抽奖或小游戏中运用的较多。如腾讯公益推出的《小朋友"画廊"》，以 HTMLS 页面的形式将自闭症儿童或智力障碍儿童的绘画作品展现出来，以最低 1 元的费用购买这些画作的电子版来募集善款。

3. 电商促销型

这类型的广告主要是在电商促销前期使用，达到预热的效果。如"天猫双十一最长邀请函"、故宫食品《联收到一条来自你妈的微信》等。同时，这些广告类型大多是综合来文字、图片、视频、音乐、动画效果等各种表现形式，使得广告的表现手法丰富，夺人眼球。因此可以说，在社交媒体广告传播过程中，借助 HTMLS 页面广告，融合多种表现形式的广告更能以新奇的形式赢得受众的关注。

第二节　社交媒体广告传播特征

当前，我国的社交媒体主要分为五大类，第一类是以淘宝、小红书等为代表的电子商务型，第二类是以微博、微信等为代表的大众交友型，第三类是以人和网、Linkedin 等为代表的职业交流型，第四类是以豆瓣、大众点评等为代表的生活分享型，第五类是以知乎、分答等位代表的知识问答型。在这种多样性和灵活性兼具的社交媒体环境下，无论是广告的传播者还是广告的受众，其身份都不是固定不变的，而是在传播的过程中不断进行着传受主体的转换。社交媒体环境的自由化，使得广告信息传播更加具有个性化、精准化的特点。

一、大众传播到精准传播

大众传播是指媒体组织采用现代机器设备，通过大批复制并迅速地传播信息从而影响庞杂的受众的过程。美国学者梅尔文·L 德弗勒认为："大众传播是一个过程，在这个过程中，职业传播者利用机械媒介广泛、迅速、连续不断地发出讯息，目的是使人数众多、成分复杂的受众分享传播者要表达的含义，并试图以各种方式影响他们。"

大众传播具有组织性、快速性、广泛性等特点，它可以通过传播媒介有组织、有计划地广泛、迅速传播信息，让信息传播更加透明化。然而，大众传播也有其局限性。大众传播面向的是不知名、不统一的受众群体，信息的传播者对于信息的接受对象一无所知，由于受众的不确定性，往往会造成传播者与受众之间对信息理解的偏差。同时，由于大众传播的过程是单向性的，受众无法当面对传播者表达自己的观点、提出自己的疑问，这使得大众传播的传播效果大打折扣。最后，大众传播过程中会产生诸多噪音，这也会削弱受众接受信息的效果。在这种情况下，精准传播应运而生。

北京大学的陈刚教授将精准传播划分成三个不同的阶段，即媒体精准、需求精准、数据精准。根据这三个阶段，可以这样理解"精准传播"：它是指在传播活动之前，传播者先按照已经确定好的目标，广泛地收集有关受众对媒体的应用数据，然后根据其不同的媒体应用特点划分目标受众，根据受众的不同特点，制定满足受众个性化需求的传播策略，最终实现"一对一"的传播过程。

社交媒体时代，"人人都有麦克风""人人都是摄像机"，颠覆了传统的传播模式，此外，社交媒体也颠覆了广告的传播形式，使得广告传播由大众传播走向精准传播。在精准化的广告传播中，主要表现为目标受众的精准、广告内容的精准和传播效果的精准。从前的广告是大众传播，广告主生产传播内容，借助电视、广播和报纸等媒介手段，进行广泛的、大众化的传播，传播的受众特点、属性等信息统统不明确，传播的效果也无法直观地测量。在社交媒体精准化的广告传播过程中，广告主可以在组织传播活动之前，根据大数据收集的信息，垂直化、精细化定位目标用户群，以最快的速度掌握目标消费群体的消费行为和习惯，然后根据目标受众的特定需求制定个性化的广告传播内容。在完成传播过程之后，也可以定量地分析广告传播效果。以微博广告为例，微博的主要受众群体是80后至00后的年轻人群体，根据他们在微博上留下的应用痕迹，可以很清晰地将这些用户分成不同的属性和类别，然后制定相应的广告传播策略，这样就可以轻易地将目标受众引流到广告产品和服务中。同时，由于广告传播的精准性，目标受众产生购买行为的可能性比传统广告传播要大得多。

社交媒体不仅实现了受众的精准定位，更能对受众的消费需求进行精准预测。依托于社交媒体的大数据平台推送的广告信息，可以精准地预测到消费者的实际需求。如社交媒体用户给朋友发送的信息、在微信朋友圈看到的一些小视频内容、在移动社交 APP 上读书、在社交媒体上给朋友"点赞"等，所有这些活动都留下了一连串线索，通过大数据的存档和分析，目标消费者的实际需求就能被分析出来，这样传播的广告信息相较于大众传播，会更加精准和有效。

二、"硬广告"到"软广告"

广告其实是一种注意力经济，从前，传统的硬广告主要是通过报纸、广播、电视等媒介，简单粗暴地向受众进行广告信息的灌输。这些灌输的内容大多无趣、缺乏创新，在传播上也是以铺天盖地、狂轰滥炸的形式出现，很容易让受众产生审美疲劳，甚至是排斥感，继而导致受众关闭电视、广播或者跳过广告内容。一份调查显示，即使是专心看电视的观众，也有41%的人看到广告就切换频道，有54.1%的人会利用播放广告的时间休息。在这种情况下，企业的广告无法实现广告价值最大化。

人人都喜欢有内涵、互动性强、新奇有趣的内容，显然传统的硬广告不符合这些特点，软广告的出现，恰恰满足了消费者的心理。软广告是指广告主并不直接介绍产品或服务的信息，而是通过在各种宣传载体中插入带有主观指导倾向性的文章、画面、短片，或通过赞助社会活动、公益事业等方式来达到提升广告主企业品牌形象和知名度，或促进广告主产品销售的一种广告形式。这种广告形式能影响消费者的认知和情感反应，从而产生购买行为，达到良好的广告传播效果，实现广告价值的最大化。

社交媒体平台具有移动性、分众性，形式灵活等特点。它的大量涌现，促使媒介细分，广告渠道变得多而复杂，要想在纷繁复杂的媒介市场取得良好的广告传播效果，只有进行广告创新，变传统的硬广告为软广告。因此从本质上来说，社交媒体中的广告就是要引起受众的兴趣，继而产生互动行为。

在国内不少培训机构中，会有这样一种现象：机构的培训老师会频繁地在微博等社交媒体平台上与粉丝进行互动，耐心解答粉丝们提出的问题。除此之外，这些博主还会定期发布与培训有关的知识普及帖子、转发心灵鸡汤，尽可能地扩大影响范围，让更多潜在学员注意到自己和培训机构的存在。他们这种通过在微博等社交媒体平台中与粉丝形成良好互动的行为，使粉丝对博主个人及其所在的培训机构留下深刻的印象，从而能顺利将粉丝引流到线上培训机构，增加报名人数，带来经济效益的同时增强该品牌的知名度与美誉度。

从这一例子可以看出，社交媒体因为其受众类型的聚合性，能够让广告信息以更"软"的方式得到传播。同时，这种在社交媒体中发布的软广告形式，相对于传统的硬广告来说，说服效果会更加好，在目标受众心中留下的印象也会更加深刻。因此可以说，社交媒体平台的出现，彻底颠覆了广告内容和传播方式，让广告由以前的浪费时间、懒得看变成了有趣又"可爱"的东西。

三、"一级传播"到"意见领袖"

中国有句谚语，"王婆卖瓜，自卖自夸"。通常来说，广告主自身对于产品或服务的优点进行描述，是无法取得受众的信任的，因为总会给人一种"自夸"的嫌疑。但是如果有一些具有良好口碑和带动效应的人来帮产品"代言"、引导民意，那么这个广告的传播效果将会大大提升。20世纪40年代，传播学者拉扎斯菲尔德在传播效果的研究中，发现传播过程中存在"两级传播"现象。这一现象表明，大多数人在获取信息时，接受影响的来源并不是大众传播媒介，而是一小部分人。这一部分人拥有较高的名望和权威、在知识积累和信息获取渠道上比一般人更有优势，据此，扎斯菲尔德提出了"意见领袖"的概念。在大众传播中，信息的传播模式是从大众传播到意见领袖再到一般受众。

在社交媒体的广告传播中，也存在着意见领袖，并且由于社交媒体传播的灵活性和广泛性，使得意见领袖数量众多，异常活跃，他们通过"粉丝"的积累，能够在信息传播中产生巨大的影响。社交媒体中意见领袖大多属于相关领域的权威者或有超高人气者，他们拥有丰富的社会资源和广阔的信息来源渠道，因此社交媒体中的意见领袖带有明显的个体精英特征。首先，经由他们传播出来的广告信息，影响范围更加大。其次，他们发布的内容可以在极短的时间内获得较高的社会关注，社交媒体的点赞、评论、转发等功能又可以将这些信息最大限度地传播出去，进而影响到更多的网民。最后，由于社交媒体具有实时互动的特点，意见领袖与粉丝的即时互动也可以维护两者的关系稳定，对于广告内容的传播效果可以起到正面影响。

可以说，社交媒体意见领袖在社交媒体的信息传递、网络口碑效应的打造中起到了重要的作用。处在信息交互关键节点的意见领袖，他们的行为和思想能够有效地影响其关注者的思想、行为和情感，这对于企业开展广告传播、品牌营销等活动具有很大的作用。社交媒体时代，媒介传播广告信息的环境和方式发生了巨大的变化，而人与人、人与信息、信息与信息之间的关系也发生了变化，意见领袖在信息传递和处理中的作用与影响愈发明显，因为社交媒体的门槛低、信息流大，因此任意一名用户都有成为意见领袖的可能。这就意味着人人都可能成为信息的交汇中心或核心传播者，这也促进了普通大众对于社交媒体信息传递的热衷和自我态度的表达，进而造就了社交媒体庞大的信息流，同样在这庞大的信息流通中所包含的传播价值和广告价值也十分庞大。

四、第三方策划到自主传播

正如全球规模最大的广告传播集团奥姆尼康集团旗下的世界顶级 4A 公司恒美广告公司 DDB（Doyle Bane Bornbach）创始人威廉·伯恩巴克所说："谈论人类的改变是很时髦的，但一个传播人应该注意，不变的是人性。人的语言常常会掩饰他真正的动机，但你必须去挖掘什么是人类的原始动力和行动的本能。如果你知道这些，你便能切中核心感动他。"其实，广告的营销和策划就是一个打动受众、深入内心的过程。在传统媒体时代，内容营销其实是吸引消费者注意力的不二选择，而内容营销中最关键的一环是广告策划，可以说，一个产品受关注程度的高低，关键在于策划质量的高低。好的广告策划可以带来"一加一大于二"的效果，但广告内容枯燥无味，传播方式生硬突兀，不仅无法带来理想的传播效果，甚至会让受众对品牌和服务产生反感。

2016 年，YSL 推出"星辰"口红，产品推广期间，社交媒体的声量增长 33%。YSL 社交渠道的声量排名超越 Dior，跃升为被提及最多的品牌，排名达到第一位，社交媒体声量占据唇膏行业总讨论的 5%，在短短两周的讨论中占 YSL 十月唇膏总声量的 20%。一时间，"爱她就送她 YSL 星辰"的广告语刷爆整个朋友圈，百度指数、腾讯浏览量、微指数等都大幅上涨。据数据显示，仅仅 11 天，以"YSL"为关键词的浏览热度从 1324 上升到了 16099，增长了十余倍。当年，YSL 的销售额首次突破 10 亿欧元，同比增长 40%。这火爆的广告传播效果，来自于"YSL"成功的广告策划。口红在发售之前，品牌方就做足了前期的预热和宣传，不仅在最原始的社交媒体到论坛上进行广泛的广告策划和传播，还将营销阵地转移到微博、微信等新型社交媒体平台，在广告内容上"一击即中"女性受众的心理，还采取"饥饿营销"的方式，限量发售，使得不少女性消费者从广告信息的接收者转变成为了内容的传播者，通过分享、点赞、转发给形式自发为该口红做推广。

第三节　社交媒体广告传播模式分类

美国著名社会心理学家亚伯拉罕·哈罗德·马斯洛在《动机和人格》一书中指出：消费者的任何行动通常均有一个以上的动机，在相同的行动中，要区别不同的动机如何，通常须做深入的研究。也就是说，消费者对某一个产品或服务产生购买行为绝不是心血来潮的，在其背后一定有某种原因和动机。社交媒体广告传播过程中，广告主的目的就是通过广告的传播激发受众产生某种购买动机。一般来说，受众的购买动机有三种，分别为理智动机、情感动机和惠顾动机。

人的购买动机，在很大程度上是来自社会外在的影响，即便是受众对某一产品不感兴趣，经过广告主的包装和广告内容的广泛传播，也可能促使受众产生情感动机，从而进行消费行为。因此，笔者以"受众购买行为的心理动机"为标准，将社交媒体广告传播模式分为三大类，一类是精准化广告传播模式，一类是体验式广告传播模式，一类是分享型广告传播模式。

一、基于理智动机的精准化广告传播模式

理智动机是受众建立在对某一产品或服务的客观认知上的，在产生购买动机之前，受众一般会经过理性的分析，从而决定是否产生购买行为。因此，在这一过程中，产品或服务的价格、质量、美观度、是否适合自己等都是受众充分考虑的因素。如果该产品或服务刚好符合受众客观上的要求，那么产生购买动机的可能性将大大提高，反之则不然。总体来说，理智动机是一种具有计划性的、相对客观的购买动机。

在社交媒体广告传播模式中，基于理智动机的精准化广告传播模式实际上也是一种相对客观和理性的传播模式。广告主在进行广告内容策划、广告媒介投放之前，会通过实时收集、检测目标受众的信息，并根据目标受众的实际需要进行广告内容和营销定位。在这种意义上，广告主所传播的广告信息相对来说是更加符合受众的客观需求的，因此，当受众通过广告找到一个满足自己实际需求的产品或服务时，会大大增强购买行为发生的可能性。

二、基于情感动机的体验式广告传播模式

情感动机是由受众内心发出的，更多的是一种个人情感的表达，体现的是情感上的需求和满足。如，女性想要变美，则会产生对衣服、包包、化妆品的购买动机；上班族想要获得放松，则会产生对娱乐产品的购买动机。由于人的情感是普遍的、固定的，因此一般来说，情感动机具有深刻性和稳定性，一旦受众对某种产品或服务产生特殊的情感，就会持续下去。在情感不产生变化之前，这种对特定产品或服务的情感是相对固定不会轻易改变的。

体验式广告传播模式实际上就是借助受众的情感动机进行广告传播的模式。在体验式广告传播模式中，广告主基于受众的情感表达而营造一个特定的体验空间，在满足受众情感需求的同时让受众切身体验某种产品或服务，在这一过程中，只要受众的情感需求得到了满足，就很容易产生情感上的购买动机。由此来说，广告主如何在传播内容、传播方式、传播时机上抓住受众的情感需求，对于广告效果的好坏有重要的意义。

三、基于惠顾动机的分享型广告传播模式

惠顾动机是一种理智与情感的结合，也就是说，受众经过理性的分析，而对某一类产品或服务产生购买行为，当受众对该产品或服务使用和体验之后，发现对该产品产生了情感上的依赖，这样便会产生一种经验性的和重复性的购买行为，这一动机预示着受众的忠诚度和稳定度。

分享型广告传播模式对应的便是惠顾动机，也就是受众购买了某项产品或服务后，从理智和情感等方面都感到满意而产生的购买行为，分享型广告传播模式实际上也是基于受众在参与和体验过某一产品和服务之后，形成了一定的情感依赖而自发产生的分享行为。

这种模式与人际交往中的"口耳相传"式的广告传播非常类似，都是受众在理智和情感上对某一产品或服务产生好感后，基于各种动机而向身边人推荐的一种传播模式。总的来说，这种分享行为的稳定性和可靠性也非常高，一旦受众对某一产品或服务产生了惠顾动机，这将大大提升受众的黏性和忠诚度，通过受众自主的分享和扩散，还能带来更多新的忠实用户，出现"一传十、十传百"的口碑裂变效应。

第六章　全媒体融合背景下广告传播新模式——精准化

精准化广告，在商业领域主要表现为精准广告的传播过程。即在精准传播的过程中，从广告传播者、广告内容、广告受众、广告投放媒介到受众反馈的全过程中，对其进行精准的量化投放和精准的效果测评。精准化广告通过深度挖掘和分析受众的需求，并通过适当的媒介和时机进行商品信息的发布，能使广告主的广告信息传播精准又有效。

第一节　精准化广告传播模式内涵

随着社交媒体平台的发展，受众不再是面对着单一的信息渠道，在受众和市场不断细分的大环境下，精准化广告传播模式应运而生。这种全新的传播模式借助新的传播理念和传播手段让有关广告产品和服务的信息能准确到达受众。可以说，精准化广告传播模式已渐渐发展成为广告主们"精密制导"和"一矢中的"的广告传播武器。

一、精准化广告传播模式的概念

精准化广告传播模式是在大数据精准广告的基础上诞生的，精准广告被称为网络定向广告，其核心是"运用大数据信息检索技术、信息定向挖掘技术对目标消费者的个人信息、网络行为偏好等进行实时的抓取与分析，针对消费者的特征和个性化需求，推送具有高度相关性的商业信息的一种广告传播方式。精准化广告传播模式是一个复杂而综合的系统，其传播模式既不是直线性的从广告的信息传递到信息的接收，也不是以受众反馈为主要特征的传播模式，而是在受众需求的个性化、传播内容的丰富化和传播平台的多元化背景下产生的。在这个传播模式过程中，广告主是传播活动的发起者和信息的提供者；而传播媒介是广告信息传播的渠道；广告受众是广告信息的接受者和反馈者。各种传播主体间的关系由以前的单向控制转变为了互动和联结的。

广告主按照广告接收对象的需求，通过不同的社交媒体平台，精准、及时、有效地将广告呈现在广告受众面前，以获得预期转化效果。这种精准化的广告传播模式也就是人们常说的点对点服务，特点是精准而高效。大数据背景下的精准广告传播模式包含着丰富的经济潜力，一方面，这种模式可以更好地满足广告受众对商业信息的需求，刺激消费行为；另一方面，可以激励企业不断挖掘和分析受众的个人信息、分析了解其潜在需求。

二、精准化广告传播模式的构成要素

传播要素是任何一次完整的传播活动都必须包含的因素，这些要素相互作用、不断变化的过程构成了传播过程。按照拉斯韦尔的"sw"传播模式，传播过程应包括传播者、讯息、媒介、受传者和反馈五个要素。在精准化广告传播模式中，笔者将从广告受众、广告内容和传播媒介三个要素进行阐述，对社交媒体中广告的传播要素进行具体分析，探讨它的传播规律和特点。

在精准化广告传播过程中，广告受众是最关键的一个要素，受众定位阶段的目的是要找准产品或服务的传播目标。传统广告传播时代，受众只是一个个具有社会属性的人，在进行广告传播时，广告主一般是根据媒介平台统计的受众信息来预判媒体的广告价值，从而确定广告投放的份额和预算，在这一过程中几乎很少会对受众进行精准定位，这就会导致广告传播缺乏真实有效的数据统计，使得广告无法传播到真正的目标用户，从而导致广告传播效果降低。而在社交媒体广告时代，广告主可以根据受众的消费行为和网络浏览轨迹，准确统计出受众的消费习惯和内在的关联，对受众进行精准的定位。不仅如此，广告主还可以获得受众姓名、职业、所在地、消费水平等各种社会属性的信息，在此基础上对受众进行进一步细分，此外，根据大数据技术还可以精准地洞察受众的心理。由于社交媒体平台是以智能手机、平板电脑等移动设备为依托的，广告主可以通过对移动设备进行定位，并对受众的社交媒体使用信息进行数据分析，从而了解受众内在的心理需求。

在广告内容阶段，目的是要拓展产品传播的纵深度。广告内容传播的核心是要讲好故事，随着社交媒体时代的到来，过去不注重故事内核的传统广告传播模式正在被颠覆，微博、HTML5广告、短视频、网红直播等新兴载体在广告内容营销方面的使用频率越来越高，广告内容的多媒体、跨平台、多样投放已经成为必然的趋势，这种传播环境和传播方式的转变，使得受众的消费路径被重塑，对广告内容的丰富性和多样性提出了更高的要求，带来了整个内容生产行业的巨大变革。消费方式的变革、新型智能化技术的介入、传播媒介形态的改变等都离不开一个核心要素，即"内容为王"。因此，在当前的社交媒体广告时代，如何讲好品牌故事，传递好品牌内涵，是广告主们决胜的关键。

在选择传播媒介的时候，广告主最主要的目的是要扩大产品传播的覆盖面。传播媒介是广告内容传播的中介性工具，在传统广告传播模式中，传播媒介一般是指广播、报纸和电视等大众传播媒体，而在社交媒体时代，传播媒介其实属于一种自媒体。传播媒介在广告内容营销方面的作用非常关键，一个合适的传播媒介可以在短时间内扩大产品的覆盖面，达到最好的传播效果。在前文笔者将传播媒介分为四种表现形式，分别为文字配图片广告、音频广告、视频广告和 HTMLS 广告。这四种表现形式并不是单一的，可以多种形式组合，形成丰富的传播方式。如 HTMLS 广告，其实就属于文字、图片、音频等相结合的广告形式，它可以在最短的时间内以最丰富的表现形式吸引受众眼球，并精准又详细地传递出产品或服务的核心信息。

三、精准化广告传播模式的传播过程

在精准化广告传播模式的传播过程中，广告主作为广告内容和观念的传播者承担着广告信息内容整合、发布和分析定位受众的工作。在进行广告内容传播之前，广告主需要先通过社交媒体平台了解受众的地理地域、个人情况、浏览记录、网络 1P 和网络上的互动对象等信息，根据这些信息对广告受众进行大数据分析，这样才能有的放矢地策划出受众感兴趣的传播内容。在精准化广告传播模式中，受众的地位大大提升，广告主在信息生产和传播的全过程中，都是以广告受众的需求为出发点。从这个层面来说，受众的细分是一个关键的过程，这要求广告主能够根据社交媒体平台反馈的受众信息，建立有关受众个人信息的数据库，通过对受众信息的精确掌握，按不同的属性将受众进行细分。可以说，广告受众的不同属性，是广告内容生产和广告投放决策的重要依据。社交媒体平台作为一种媒介，是精准化广告传播的"中间人"，它一方面要收集受众的兴趣和个人信息，分析其喜好，另一方面要传播广告主的广告信息。

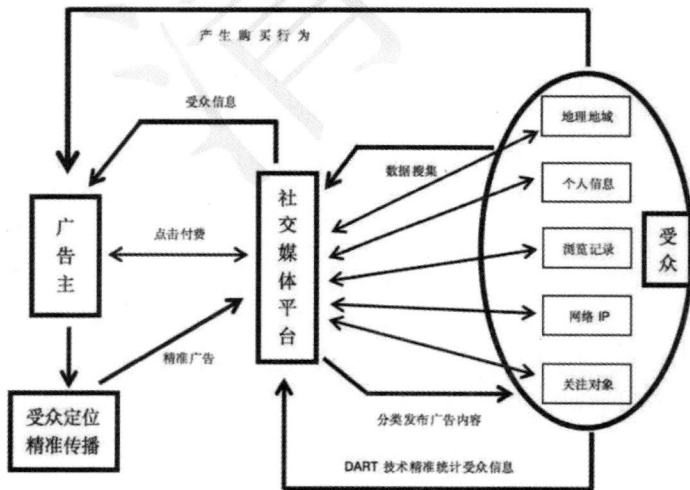

图 6-1 精准化广告传播模式图

小红书 APP 作为广告传播的平台，便是通过构建社区，精准分析受众喜好，合理制定广告传播内容的典型。QuestMobile 发布的《2018 中国移动互联网春季报告》中提到："通过构建社区，发布具有吸引力的广告内容，从而形成社交裂变已经成为增加社交媒体平台流量、增强受众黏性的主要方式。作为集生活与购物为一体的分享社区，小红书以平台用户、"薯队长"及明星账号发布相关"笔记"为切入点，吸引用户的点击阅读和内容分享，通过收集用户点击的笔记类型、品牌及用户发布的笔记内容，来了解受众的个人喜好，并在此基础上进行广告和产品内容的精准推送和营销。与微博、微信等传统社交媒体平台的传播模式不同，小红书依靠的是"千人千面"的算法逻辑，使得用户能看到个性化的定制内容。对于一些小众的或很难通过传统社交媒体平台获取流量的品牌来说，利用小红书进行内容推广不失为一种好办法。

第二节　精准化广告传播模式的特征

在精准化广告传播模式中，广告主是社交媒体平台为传播中介，进行受众信息的收集与分析，并对受众的需求进行精准定位，因此在受众细分、传播内容和传播时机上有不一样的特征。

一、传播对象分众化

传播对象分众化是在传播市场细分的基础上演化而来的，是指广告信息的传播主体通过前期的调研，根据不同受众的网络浏览行为、搜索习惯、地域特点、需求偏好等差异，把广告营销的整体市场划分为若干个子市场的过程。这种传统的市场细分和定位理论是针对一定的受众需求，然后有选择地进行投放。

当前我们所接触的社交媒体众多，如果仅仅笼统地将受众划分为几个群体，然后进行广告传播，那广告传播往往达不到预期的效果。社交媒体在进行精准的广告传播时，就是根据社交媒体自身的属性对受众进行分类，从而实现传播对象的分众化。如豆瓣是"文艺青年"的聚集地，这里面的受众大多是追求较高生活品质，具有一定的文化品位的年轻人；知乎是一个问答类的社交平台，这里聚集着各个行业的牛人，因此知乎的受众相对来说具有更高的专业水平和更好的文化教育；微博作为典型的社交媒体，其受众分类相对来说比较复杂，因为微博门槛低和普及率高等特点，这里的受众种类也非常繁多。可见，在进行传播对象细分之前，必定要完整地了解受众的属性。

有的时候，我们根据社交媒体的属性进行受众细分时，也会遇到不够精准的J情况。如网易云音乐作为音乐平台，同时具有社交媒体的功能，这里的受众都有一个共同的特点：爱好音乐。但如果我们单单将网易云音乐的受众划分为"爱音乐"这个群体中，那么是非常笼统的，因为这群"爱音乐"的受众，有的可能喜欢古典音乐，有的可能喜欢流行音乐，还有的音乐爱好者也可能是体育爱好者，可见将受众进行细分是一个非常麻烦的事情，而社交媒体平台可以通过其特有的大数据平台，对确定的传播对象属性进行细分，然后有针

对性地进行广告传播，达到事半功倍的传播效果。3.2.2 传播内容个性化

在对受众进行细分之后，广告信息的传播主体通过分析不同受众群体的特征和心理，然后针对他们不同的特征和心理需求推出满足其个性化需求的广告内容，从而更好地引导受众进行搜索浏览，达到预期的传播效果的一种手段。

通过对传播内容的个性化整合，社交媒体中的广告传播不再是千人一面的表达，而是更具特色、更有吸引力，更能满足人们特定需求的一种个性化表达。按照受众的需求进行广告内容的供给，能使得信息的传播更加具体，更加个性。独立的、具有特色的内容和服务，更加符合社交媒体中受众的胃口，而社交媒体所提供的个性化内容实质上实现的是更加个性化的广告服务。

前些年，风靡贴吧和天涯论坛的病毒广告，其实就是一种传播内容的个性化，那些病毒广告针对贴吧和论坛中，受众好八卦的特点，设计迎合受众口味的八卦内容，然后通过视频和文字的方式传播，短短时间内就可以引发大规模的转发。当前，我们常常可以在微信朋友圈看到信息流广告，通过和朋友对比，我们会发现自己在朋友圈看到的广告和别人是不同的，其实，这正是一种个性化和精准化的传播，通过大数据对受众的不同特点进行分析，然后了解他们的兴趣后投递相应的广告内容，这其实也是一种传播内容的个性化。

二、传播时机差异化

传播时机无论是在新闻信息还是广告信息的传播中，都具有举足轻重的地位在某个时间段之前或之后进行信息传播，其结果往往是天差地别，这样说明受众在接收广告内容时，所产生的态度是因时而异的。精准信息传播时机的差异化是指广告信息的传播主体通过大数据精准挖掘，分析整理出受众最需要或最愿意接受广告信息的时间，总结出受众不愿意和不需要接受广告信息的时间，从而根据这一"时间表"，选择合适的时机向受众进行精准的广告信息传播，避免因传播时机不当而影响广告效果或使受众对产品品牌产生厌恶感。

我们通过收看电视节目会发现，在"黄金时段"或者是热门节目之前，往往会有许许多多的广告，而这些广告的投放成本往往也是最大的，因为在"黄金时段"和热门节目播出之前，会有许许多多的受众守在电视之前等待，这个时候播出的广告往往最能引起受众的注意，也能最大范围地影响到受众。在社交媒体中投放广告，一般非常注重传播的时机的把握。如，我们在情人节、圣诞节、父亲节、母亲节之前，针对不同节日的特点进行广告营销，往往会吸引到众多受众，因为他们正抓耳挠腮不知道买什么礼物好，这个时候精准广告的出现往往最能引发受众的消费行为；对于没有消费需求的受众来说，在这种节日氛围的烘托和广告信息的影响下，说不定也会产生购物的冲动。

第三节　精准化广告传播模式的运用

　　精准化广告传播模式，是基于受众的细分进行产品或服务的营销，如微信朋友圈的信息流广告、网易云音乐的"年度音乐账单"，甚至是小红书 APP 的内容营销，都是建立在精准化广告传播模式的基础上的，这一方面满足了真正感兴趣的受众群体的需求，另一方面也带来了广告效果的最大化，但是在运用的过程中存在的问题也不容忽视。

一、精准化广告传播模式运用的成效

　　在传统广告传播时代，由于受众与广告主之间缺乏必要的互动与沟通，这使得广告受众具有一定的隐匿性，广告主对于他们的信息和喜好是完全不知道的，在这种情况下，广告主所传播的广告内容或观念也很难为受众所接受。有的时候，为了扩大广告传播的力度，部分广告主还会出现盲目大范围投广告的行为，这将造成广告资源的浪费，同时也无法带来预期的广告效果。在以社交媒体平台为依托的精准化广告传播模式中，受众的个人喜好和属性相对来说是透明的，基于大数据等信息技术，可以有效地收集受众信息，对每一个受众进行精准的"画像"，然后按照一定的顺序和属性进行分类。这样在广告营销过程中，广告主可以根据这些"画像"和分类精准化地生产传播内容并对广告内容进行精准化地投放。

　　如表 6-1 所示，微信朋友圈的信息流广告在进行内容投放之前，就已经精准地按年龄、性别、地域、手机系统、手机联网环境、兴趣标签等要素，将受众分为了不同的类型。2015 年 1 月 21 日，微信团队悄然推送了一则信息："广告，也可以是生活中的一部分。"自此，微信朋友圈信息流广告正式上线，几乎覆盖所有用户，微信朋友圈到处可看到广告的身影。正如清华大学教授沈阳所提到的："这是个移动互联网狂欢的时代，寂寞的个体于狂欢之中狂刷存在感。"微信朋友圈的信息流广告通过广告引擎深度发掘用户数据库，从"高活跃度""常参与广告互动"两个评分维度挑选出高质量的或者是符合产品特点的受众，并以他们为起点，找到下一批适合的投放对象，以此来扩大受众的覆盖面和广告的传播范围。由于微信朋友圈信息流广告在推送之前具有精准的受众定位，因此不同类型、属性和爱好的受众，他们收到的信息流广告也是不同的，这也就是微信在第一次推送信息流广告的时候，有的人能收到宝马广告，而有的人收到的却是可口可乐广告的原因。这种精准化的广告推送，不仅带来了巨大的浏览量，对于产品品牌宣传和产品销量的价值都是不言而喻的。

表 6-1 微信信息流广告的精准受众定位

精准定位要素	内容
年龄、性别	支持自由选择定向给 5-60 岁任意年龄段的用户、支持性别定向
地域	支持自由选择地级市以上城市用户进行定向、支持按省投放、按城市投放
手机系统、手机联网环境	手机系统包含 iOS 和 Android，联网环境包含 WIFI 4G、3G、2G，，支持自由选择组合，也可以选择不限
兴趣标签	通过整合用户行为路径的大数据，微信为每位用户进行分析定义，并加上对应标签。当前提供包括教育、旅游、金融、汽车、服饰等在内的 17 个一级兴趣标签

二、精准化广告传播模式运用的不足

精准化广告传播模式在运用中，通过精准定位受众的信息，传播个性化的广告内容，实现了不错的广告传播效果，但是在实际的运用过程中，也存在着信息真实性不足、用户信息泄露等问题。

（一）传播内容真实性待考量

一般来说，广告信息是被受众排斥的，若想取得较好的传播效果，就得投入大量的人力、物力、财力进行广告信息的策划和反复营销，对于一般的广告主来说，这投入过大。为了"花最少的钱，获得最优的传播效果"，不少社交媒体运营者开始将精力投入到广告内容上：制作耸人听闻的标题、发布渲染过度的猎奇信息。社交媒体平台上信息众多，较低的传播准入门槛和不间断的传播过程为包装过度、内容失真的虚假广告提供了生存土壤。数据显示，2017 年年度，上海工商执法部门查处虚假广告近 5500 件，其中互联网虚假广告达到 4400 件。当前社交媒体上虚假广告之多，简直令人咋舌。

以微信朋友圈中的微商为例，因为发布广告门槛低，造就了微商广告的繁荣兴盛，也导致了低质量微商广告源源不断地出现。一些不良商家和个人依托现代技术支持，通过复制、转发、截图、PS 等手段，轻松地将大量内容虚假或违法的广告发布到微信朋友圈，吸引微信用户注意，不仅如此，为了蒙骗消费者，有些微商还购买支付截图制作软件，利用这种制作支付截图的编辑器来制作虚假的成交和支付凭证，伪造火热的销售假象。更令人匪夷所思的是，很大一部分代理型微商甚至都没有亲眼见过自己所推销的商品，由于缺乏必要的审查，广告内容中对商品的描述不尽属实的情况比比皆是。cBB 团队的上家曾发布过一条关于 cBB 产品的《国产非特殊用途化妆品备案电子凭证》，声称自己经过国家检验，合法合格，后经查证，该凭证的商品根本不是 cBB 任何商品的品名，而是另一家公司的产品"欧丽妍蓝莓多效面贴膜"的商品检验报告。可见，微信上张冠李戴、瞒天过海的虚假广告何其多。

《广告法》明确规定，在广告传播中不允许进行虚假宣传，同时也制定了虚假宣传的处罚标准，但是这一规定在部分具体的广告处罚案例中明显作用不大。2015 年，佳洁士旗下某产品在广告营销中，运用技术手段过度美化使用效果，还推出了"一天美白牙齿"的夸张广告语，此虚假广告却只被罚了 603 万元，这一金额与佳洁士一个季度就达百亿元的净利润相比，简直微不足道。2011 年，美国谷歌因涉嫌发布虚假的医药类广告，缴纳了高达 5 亿美元的罚金，而 2010 年谷歌的净利润仅为 8.5 亿元。一方面，广告主为了吸引受众眼球以获得最理想的广告效果，另一方面，当前相关法律法规对社交媒体虚假广告的惩治不到位，滋生了大量虚假广告。

（二）受众互动有待提升

社交媒体上的精准广告，是一种强效果广告。运用社交媒体的多种表现形式和传播渠道精准发布的广告内容，极易使受众产生兴趣，从而引发购买行为。按照社交媒体的属性来说，在社交媒体中传播的广告实际上具有一定的互动性，受众可以在广告页面通过评论、点赞、"私信"等方式实时反馈自己的感受，但是由于传播者面对的是千千万万的受众，海量的信息留言使他们疲于应付，而且这种留言、点赞和"私信"的形式过于单一，无法形成良好的互动效果。微信朋友圈推出的信息流广告右上角都会标注"广告"二字，受众可以根据自己的喜好选择浏览还是不浏览，浏览后也能通过评论、点赞等方式向广告主表达自己的喜恶，反馈自己的看法，但是受众却得不到广告主的任何反馈，这种仅通过评论、点赞进行互动的形式太单一，不利于受众进入广告情境中与广告传播者进行实时沟通。

广告主与受众的互动力度不够还体现在受众对广告的卷入度不高。广告卷入有两种层次，分别为广告信息给受众带来感官刺激的感官卷入和受众对广告信息是否符合自身心里预估的情感卷入。然而，在大部分社交媒体广告中，受众对广告的卷入度都不高。当前，社交媒体广告的卷入度大多只集中在感官卷入阶段，只通过丰富的视觉体验来吸引受众的眼球，却很少有情感上的投入。以小红书 APP 为例，明星们发布的小视频一般都是提前录制好的，视频里面会详细介绍自己"种草"的产品有什么优点，使用之后有什么感受，却几乎没有与受众形成互动，更遑论情感互动了。同样的情况，在微博上也比比皆是，不少明星为了规避风险，在为某些产品代言的时候，仅仅简单地转发官方微博上发布的内容进行广告宣传，几乎不会与受众形成任何互动。在这种受众广告卷入度不高的社交媒体广告传播形式下，再精准的广告投放技术，也无法到达消费者的内心，最后造成的结果就是广告主投入大量金钱和精力，即使收到了特别好的点击数据，但也无法将这些点击量转化为受众的购买行为。

（三）数据造假与数据泄露问题突出

2018 年 9 月，艾曼数据在微博上随机抽测了 2000 个娱乐领域的 KOL（Key Opinion Leader，关键意见领袖），抓取他们在 8 月 20 日——8 月 26 日发布的微博数据，借助自然语言处理技术、人工智能算法及机器学习模型，从用户行为模式、发布内容特征和社交关系网络三个方面对于无效用户及无效用户行为实现精准识别。得到的数据中，部分 KOL 的水军超过五成，在监测数据的一周内，曾出现评论中 54.3% 都是水军贡献的情况。在部分电视剧、电影票房上，数据造假的情况也屡见不鲜。电影《后来的我们》电影票预售时，曾出现一票难求的情况，造成了电影热度极高的局面，而到了上映当日，退票数却达 38 万张，涉及票房金额达 1300 余万，出现这种情况，其实就是有关利益方在进行数据造假。电影《叶问 3》的票房造假问题，还引起了当时的国家新闻出版广电总局的注意，经过国家新闻出版广电总局电影局的排查，该片存在非正常时间虚假排场的现象，查实的场次有 7600 余场、涉及票房 3200 万元。

在社交媒体广告传播中，除了数据造假情况严重，数据泄漏问题也十分突出。移动互联网时代，网民们在信息网中变得无处可逃，自然也会留下很多关于个人真实身份特征的痕迹。许多应用终端在登录时都需要用户留下自己的手机号码才能获取验证码，在微博、微信、支付宝等平台，用户甚至要留下自己的真实姓名和身份证信息。在数据的价值被广泛挖掘的当下，社交媒体平台的数据具有精准、全面、真实等优势，更是成了不法分子追逐的对象。据央视新闻报道，2018 年 9 月 28 日美国社交媒体巨头 Facebook 被曝光遭遇了一次大规模数据泄漏，近 5000 万用户的账户可能遭遇入侵、甚至盗用，而这是 Facebook 在 2018 年遭遇的第二次大规模数据泄露事件。可见，当前社交媒体信息安全问题多么严重。因此，在社交媒体利用大数据为广告主们精准投递信息时，实际上也是一个将用户的个人隐私暴露在公众面前的过程，任何社交媒体平台的用户，都似乎在"裸奔"。

第四节　精准化广告传播模式运用的优化路径

精准化广告传播模式是以用户需求为中心的一种广告传播模式，通过社交媒体平台将精准的广告内容在合适的时机传递给真正感兴趣的受众，不仅能满足受众的需求，同时也能使广告效果最大化。但是在精准化广告传播模式的运用过程中还存在着传播内容真实性不足，数据造假和用户信息泄露等问题，为了营造良好的传播环境，需要探索精准化广告传播过程中的优化路径。

一、广告内容真实精准

广告内容的真实和精准，对于我国文化产业健康发展的重要性不言而喻。借助社交媒体平台、大数据技术，广告信息的传播面极广而且传播速度也极快，若传播的广告内容品质高，对于消费者有良好的引导作用，则有利于我国网络空间的健康有序发展。但是，在这个注意力经济的时代，不少广告主为了在最短的时间投入和最少的经济投入的前提下，获得最多的粉丝关注，往往会传播虚假、夸张的广告信息，误导消费者。在这种时候，就需要政府层面的跟进。首先，工商部门应该在相关法律法规的指导下，采取严厉的手段惩处虚假广告主；此外，政府还应该制定相关的广告内容审查制度，在广告发布之前，对内容进行审查，内容发布过程中，也应该时刻监测该广告与审查通过的内容是否一致。

　　把关广告内容，除了需要政府层面的努力，最关键的还是要实现行业自律，广告主要深化自我约束。广告主在投放广告的时候，要综合考虑经济效益和社会效益，只有广告主将传播真实准确的广告内容当成一种社会责任，才能从源头上避免虚假广告的出现。此外，广告主在投放广告之前，还要对所传播的媒体平台进行资格审查，在当前的社交媒体平台上，各种"大V"鱼龙混杂，有些自媒体为了博眼球，往往会虚假宣传产品，这样不仅会形成虚假广告，也会给广告主自身带来负面影响，往往得不偿失。

二、传受双方精准互动

　　在信息内容出现"井喷"之势增长的当前，受众往往最不缺少的就是内容，如何在众多的内容中脱颖而出，吸引受众的眼球，往往非常考验内容的穿衣行和社交媒体平台的传播力。要想让广告内容快速进入受众的视野，引起受众的兴趣，这就需要传播者在广告内容上多下功夫。但是，拥有有趣、有创意、有故事性的广告内容还只是第一步，要想达到良好的传播效果，还需要传播者与受众之间形成良好、精准的互动与对话。

三、数据安全管理精准

　　当前，社交媒体上广告数据造假的现象比比皆是，这不仅仅侵害了消费者的利益，让消费者产生了"这个产品好评度很高"的虚假印象，当数据造假被曝光后，对广告主及产品的负面营销也是巨大的。对于广告主来说，很可能致使广告的投入不仅无法带来收益，还会影响产品的正面形象。所以说广告信息传播中，广告主能获取真实、有效的数据，是让广告传播带来积极效果的重要前提，如果广告主使用的数据是虚假的、有误差的，不仅会造成产品形象大打折扣的后果，而且还会造成广告资源的浪费。因此，搭建精准的数据安全监测平台十分有必要。数据安全监测平台的搭建，一方面可以精准地监测广告主提供的数据是否存在安全漏洞；另一方面，也能监测在广告内容传播过程中，受众是否存在被侵犯隐私的风险。

　　此外，搭建互联网数据取证公众平台也有利于遏制数据造假。当受众发现网络上存在数据造假或者个人的数据被泄露之后，可以通过互联网数据取证公众服务平台获取的电子数据，采用三维取证，取证过程、源数据、路由等信息会全部被记录下来，打包成证据包，再通过第三方司法鉴定中心提供的存储服务，确保证据信息的安全，不被篡改。易于读懂的证据形式和内容展示使得电子数据更容易被法官采用，对于当事人来说省时省力，便捷可靠。此外，用户也可通过平台的举报功能对互联网上的违法信息进行举报，并查看举报结果和举报反馈。可以说，数据取证公共服务平台的搭建，在维护个体受众权益、保护数据安全上具有重要的作用。

第七章　全媒体融合背景下广告传播新模式——体验式

美国著名未来学家托夫勒在《未来的冲击》一书中，曾预言体验经济将逐渐成为继农业经济、工业经济和服务经济之后的一种全新的经济形态。在这种经济形态下，人们会依靠体验来创造更多的经济活动。伴随着体验经济的发展，以体验为基础的体验式广告营销模式应运而生。

第一节　体验式广告传播模式的内涵

体验式广告营销模式，与传统的广告营销模式不同，它关注的不仅仅是产品和服务，而是更关注受众的消费诉求和心理需求。也就是说，在体验式广告传播过程中，广告主是站在受众的视角上，以各类体验式活动拉近与受众的距离，使受众对产品和服务产生情感上的依赖，从而产生消费行为的一种传播模式。在当前社交媒体广告发展的如火如荼阶段，体验式广告构建了一种全新的广告传播模式，越来越成为广告主们青睐的一种重要的传播手段和工具。

一、体验式广告传播模式的概念

体验式广告传播模式是在体验式营销的基础上发展而来的，体验式营销是指让目标消费者通过体验、观察、试用等方式，使其亲身感受到广告主所提供的各种产品和服务，体验产品及服务的品质和性能，从而产生购买的欲望和行为的一种营销方式。它以满足目标受众的体验需求为目标，用各种有形的产品为载体，通过目标受众的体验，从而对产品和服务产生认同，拉近广告主和目标受众之间的距离。作为一种现代广告的表现形态，这一模式主要是以社交媒体为平台，将更多的关注点放在目标受众的体验上，将他们的消费需求用符号化的方式展现出来，并为其创造出一种符号化的场景，让其有一种"身临其境"的感觉。在体验式广告传播模式中，受众的心理是广告主们最关注的问题，如何了解受众的心理需求，并将其转换成符号化的体验，不仅是一种营销的技巧，更需要对受众心理进行研究。

社交媒体体验式广告传播模式，分为感官体验和心理体验两大类。感官体验就是通过让受众在参与的过程中，能够通过试听、味觉、触觉等感官实时感觉到该产品或服务。在设计媒体平台上的体验式传播，更多的是通过手机的触感、眼神的移动和声音的聆听来感触广告内容。心理体验一般是指受众在进行广告内容体验的时候，通过各类文本、图像和视频的不断涌入大脑，并对这些信息产生不同的心理上的反应。在社交媒体中的体验式广告传播中，心理体验应该是广告主们关注的重点，利用科学技术和人性化的设计，达到受众情感的完美结合将成为广告传播的一种趋势。

二、体验式广告传播模式的受众心理

在社交媒体广告传播时代，受众的心理动机越来越成为广告主们关注的重要因素。体验式广告传播模式，实际上是基于受众情感动机而进行的一种广告传播模式，因此充分考虑受众心理显得非常必要。

（一）情感期待性心理

心理学家马斯洛认为，人生而具有渴望情感交流的需求。在体验式传播中，受众同样拥有期待性情感。期待性情感具有持久性，人们或许会因为自己对某一个情感的期待来影响自己的决策行为，这种影响同时是持久的。例如，我们在社交网站上面看到一篇文章，觉得这篇文章"直戳我心"，仿佛是在剖析自己的内心，即便手指滑到最后，发现该文章是为一个产品做广告而铺垫出来的，而且很可能其中引起自己共鸣的故事是编的，但仍然会产生购买这种产品的念头。其实，我们要买的并不是这种产品，而是由于这篇文章给我们带来的自我纾解，因为购买了这个产品，可以给自己带来情感上的愉悦、满足。在受众期待性情感的影响下，不少广告主开始在产品情感上面做文章。

2018 年美妆品牌 SK-II 邀请了春夏、倪妮、汤唯等 6 位顶级明星参与"素肌挑战"，让平时光鲜亮丽的女明星们纯素颜、穿着最简单的 T 恤和牛仔裤在镜头前展示自我，并且以纪录片的形式拍摄了 6 位女明星挑战自我的全过程，在微博等社交媒体上广泛传播。这则广告一出，立马在微博等社交媒体平台上引起了广泛的讨论。不仅如此，受众还可以通过点击视频右下角的"参与"按，和这 6 位女明星一样参与"素肌挑战"挑战。这一活动的开展，在满足受众好心和同理心的同时，引发了大量的讨论，大大提高了品牌曝光度和好感度。

（二）从众效应

从众效应，也叫羊群效应，英国资深传媒专家马克·伊尔斯在其著作《从众效应：如何影响大众行为》中从市场营销和传播学的专业角度，介绍如何运用从众效应，利用群体自发行为开展活动，以应对信息时代下全新的市场格局和传播环境，即利用从众效应将直接的人际关系传播转变为身为公民之间的传播。从众效应通俗来说就是"人云亦云""随波逐流"，大家觉得是这样，我也觉得是这样；大家这么做，我也跟着这么做。在这一过程中，个人会丧失自己的观念和行为，使自己的一切思维活动和实际行动都朝着群体行动靠近，近些年来，随着社交媒体的发展，广告传播中的从众效应越来越明显。

淘宝"双十一"活动便是典型的从众效应的体现。第一次淘宝"双十一"购物节从2009年开始，当年的销售额为1亿元左右，到2018年，销售额达2135.5亿元，短短10年时间，销售额翻了2000多倍。

由图7-1我们可以看出，淘宝"双十一"的销售额在呈指数式增长，其背后的原因少不了网络购物的便利和在线支付平台的发展，当然有很大一部分原因是消费者的从众心理导致的冲动性消费。在日常的网络购物行为中，我们也可以发现这样一个规律：当某一商品的"好评"高或者销量高，心里就会默认这一商品品质好、值得买；当我们在微信朋友圈看到很多朋友都买了某一款产品的时候，那么我们也会产生相应的购买欲望，这就是购物过程中的从众效应，这种效应大大刺激了社交媒体中体验式广告的传播。

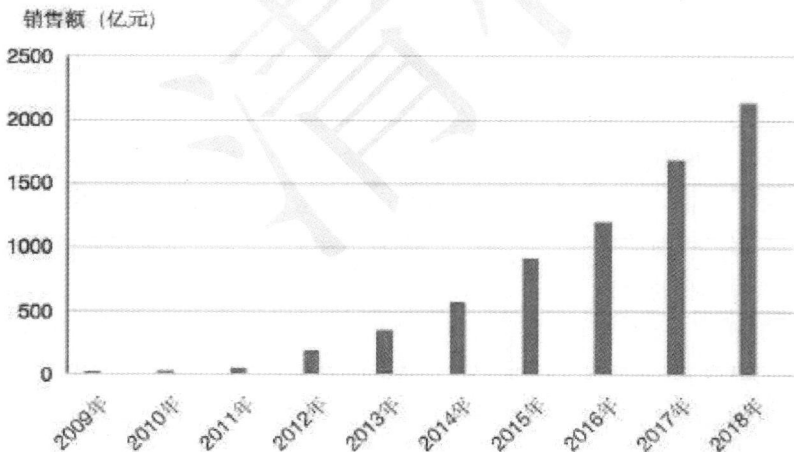

图7-1 2009——2018年淘宝"双十一"销售统计

（三）偶像崇拜性心理

偶像崇拜，从本质上来说是一种心理认同和情感依附，即个人在认知和情感上欣赏和接受另一个人的行为及外表形象等，并加以崇拜和模仿。由于偶像崇拜的盛行，越来越多的广告主会以"形象大使"，"推广大使"等名义，请当红明星为自己的品牌代言，目的就是通过该明星固有的粉丝和他的知名度与品牌建立紧密的联系，从而使崇拜者对代言明星的好感转化到产品上去。有一些明星在开店或者创立潮牌品牌的时候，会直接用自己的名字命名，比如"李宁""乔丹"等，这对于第一次进入广告市场的产品来说，无疑是借助明星的效应来达到"一炮而红"的目的。

在社交媒体中，由偶像崇拜心理引发的体验式传播也不少。我们不难发现，每当有电视剧要播出或者是电影要上映的时候，社交媒体上就会掀起一波营销热，几年前"营销鼻祖"《小时代》就是一个很好的例子。很多电影、电视剧除了大量的"剧透"和电影海报宣传之外，官方微博还会将明星在电影里扮演的角色制作成表情包与受众互动，而明星本人在微博上面也会卖力宣传，以达到最佳的宣传效果，保证后期的收视率和票房。以2018年年底新播出的《知否知否，应是绿肥红瘦》电视剧为例，电视剧播出期间，官方微博总共发布超过1400条微博，其中包括360条优质短视频，官微播放量超过3亿次，官微粉丝累计涨到173万，总阅读量达15亿次，总互动量达1000万次。作为主演之一的赵丽颖和冯绍峰也配合着剧情有节奏地进行微博宣传。

如表7-1我们可以看到，《知否》在播放期间，微博主话题、角色话题、剧情话题的阅读量分别为170亿、176亿、140亿，在相关讨论量上，主话题达8157万，关于剧中角色的讨论量更是达2.94亿。当然，该剧并不是从一开始就由这么好的收视率的。据统计，该剧播出的第一天收视率仅为0.608%，排名第9，播出的第三十天，收视率达到1.739%，排名跃为第一名。关于主演赵丽颖和朱一龙的讨论量均超过70亿次以上。除了对剧情感兴趣的"自来水"之外，赵丽颖、冯绍峰和朱一龙等主演的明星效应其实占了很大一部分，不少观众是为了自己的偶像而观剧的。

表7-1 电视剧《知否》播放期间微博话题数据统计

微博话题	阅读量	讨论量
主话题	170亿	8157万
角色话题	176亿	2.94亿
剧情话题	140亿	3.51亿

三、体验式广告传播模式的传播过程

2017年，伯德·施密特博士（Bernd H. Schmitt）在他所写的《体验式营销》一书中指出，消费者是同时兼具理性与感性的个体，广告主要想打赢广告战，关键是要让消费者在消费前、消费时、消费后全方位体验产品或服务。他认为，广告主在进行体验式广告传播的过程式，应将视角聚焦在受众的感官、情感、思考、行动和关联五个方面。

如图 7-2 所示，受众的感官体验是在视觉、听觉、触觉、味觉与嗅觉等感官系统创造出来的一种知觉体验，受这种体验可以提升产品或服务的区分度，促使消费者产生购买动机。而受众的情感诉求主要在于内在的感情与情绪，在体验式广告传播的过程中，广告主可以以引起受众某种情绪为目标，并将受众的这种情感融入到产品和服务中去。受众的思考诉求意味着广告主要以创意的方式引起消费者的好奇、喜欢，为消费者创造认知和解决问题的体验。关联式的广告营销其实是集感官、情感、思考、与行动等方面于一体的。在体验式广告传播中，越能关联受众的私人感情和心理因素，并将这种体验融入到产品或服务中，便能使受众对该产品或服务产生好感，从而建立他们的品牌偏好度。

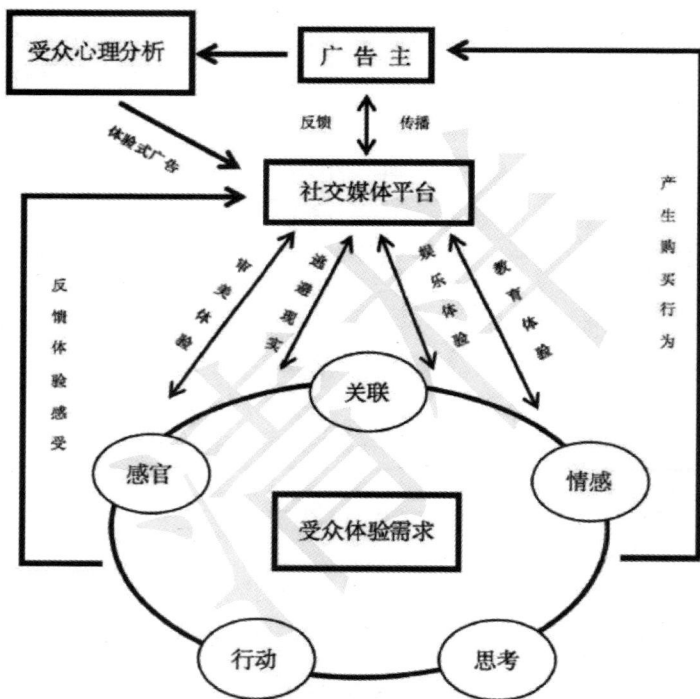

图 7-2 体验式广告传播模式图

　受众接受体验式传播，一般是出于情感需求、从众效应和"偶像"崇拜心理等情感上的需求。因此，广告主要想到达完美的广告传播效果，在进行体验式广告传播时，要结合受众的心理需求，从感官、关联、情感、行动和关联等几个方面，进行广告内容的制定和体验情景的设置。同时，在体验式广告传播过程中，由于受众的审美体验、娱乐体验、教育体验和逃避现实需要是一个关联的环节，广告主们在进行广告传播时也要考虑到这些需求的契合度。受众需求得到满足，是体验式广告传播模式成功运用的关键，也是广告受众产生购买行为的根本。

第二节　体验式广告传播模式的特征

体验式广告传播模式作为社交媒体广告传播模式的一种，与传统的广告传播模式相比更加注重受众的情感需求。产品或服务的体验的过程，其实就是受众寻求情感满足的过程。从这个角度来说，体验式广告传播模式更注重受众的体验感受、媒介间的互动和体验的内涵。

一、讲究体验感受

体验式广告传播，强调的是参与者最真实的"体验"。孟昭兰教授从情绪理论出发，认为体验是情绪的心理实体，内在体验是反映人与外界对人的利害关系，从而驱动人行动的根源。2016 年 11 月 15 日，微信公众号"新世相"，发起了一场引发全国热议的"丢书大作战"，团队将 10000 本书丢在北上广的地铁、航班和顺风车里，每一本书都有一张"丢书大作战"的贴纸和二维码，捡到书的人可以免费阅读，并帮助该书以这种形式继续传递下去。随后，明星徐峥、徐静蕾、黄晓明等现身，和公众一起参与丢书活动。在这个过程中，参与者首先是体验到了新奇的感觉，实际参与之后引发了一种自豪感和参与感，在参与的过程中强化了"体验感"，进而对活动或者产品产生了最深刻的理解。

近年来，越来越火热的"汽车体验营销"也是一种讲究受众参与感的营销方式。根据"受众购买心理动机"我们知道，消费者的购买动机有三种，一种是理智动机、一种是情感动机、一种是惠顾动机。消费者的购买行为一般是在理性需求和情感需求的共同作用下产生的。在品牌同质化现象愈演愈烈的今天，消费者的感性诉求在最终的购买决策中占据着重要的地位，众多汽车品牌借助体验式营销满足受众的心理需求，在汽车营销传播中注重消费者的"体验感"，通过"个人试驾""媒体试驾"等方式让消费者切身体验，留下鲜明印象，最终在激烈的市场环境中抢占了高地，达到了完美的营销效果。

二、注重媒介互动

媒介哲学家麦克卢汉曾预言：媒介是人的延伸，他指出了媒介在传播过程中的重要性。①社交媒体的出现，极大地调动了人们的感官系统，让人们主动或被动地接受着更多的信息。例如，我们在使用微信、微博等社交软件和人聊天、与人互动的时候，不仅可以以文字的形式、还可以以语音、视频和图片的形式，这极大地丰富了人们的视、听、触、嗅等多方位的体验与感受。在各种各样的网络游戏、聊天交友软件的体验中，也极强地增加了人与媒介的互动。2015 年，春晚首次利用微信摇一摇"抢红包"，让受众在看电视节目之余通过手机参与互动，实现了传统媒体与社交媒体的双向互动。

在体验式广告传播中，也非常注重与媒介的互动。我们在美妆类 APP 小红书就是一种体验式广告传播与媒介相结合的典型。在传统的广告传播中，"体验"与"媒介"是很少并存的。例如在大部分电视广告中，明星都是以一种"代言人"的身份出现，广告主将产品的特点与明星结合在一起进行广告宣传，实际上是一种将产品与明星"捆绑"在一起的广告营销，在这中间是看不到任何"体验"关系的；而在一般的体验营销中，我们看得最多的是广告主通过"试用装""试用品"等方式让消费者去体验，觉得产品不错可能会带来消费行为，但这并没有与媒介结合。而社交媒体中的体验式广告传播就尤为注重媒介互动。以小红书 APP 为例，大部分美妆博主或者明星，都是通过媒介的形式向用户分享自己对某一产品的使用感受，这种方式不仅更有说服力，而且传播面会更广。

三、注入体验内涵

受众不仅是理智的，更是感性的，一则广告无论它的内容多么精彩、形式多么丰富，要是无法通过注入品牌内涵，引发受众的情感共鸣，该广告就是失败的。因此如何让受众对企业和品牌产生感觉、感受、思维、行动和关联是体验式传播的关键。对于体验式广告传播来说，通过注入体验内涵，使产品能够区别于其他竞品，给受众留下深刻的印象才是关键。因此，在广告传播过程中，传播者要创造出一定的体验内涵，让受众主动参与到体验活动中，从而产生难忘的体验经历。

在实际的操作过程中，大多数品牌会通过讲述品牌故事、设计品牌 logo、举办主题活动等方式，为品牌注入内涵。以美国体育品牌耐克为例，为了突破青少年市场，该品牌专门针对青少年"热爱运动""川追星意识强烈"等特点，相继与一些大名鼎鼎、受人喜爱的体育明星签约，如 C 罗、德罗巴、小罗等。之后耐克通过定期举办各类联赛，并在官方微博等社交媒体发布耐克篮球赛的精彩资讯，包揽了全国各地的篮球运动青少年爱好者。青少年在穿着耐克的运动鞋，参加线下的篮球联赛的时候，其实就是一种对品牌内涵的体验，而且还会将个人情感与这种体验感受相结合，在获得精神满足的同时，也会增强对该品牌的认同感。

第三节 体验式广告传播模式的运用

近些年来，体验式传播模式在社交媒体平台中运用广泛，以公益形式为主的"地铁丢书大作战""冰桶挑战"等都吸引了受众的广泛关注与参与，取得了不俗的传播效果。为此，不少商家运用体验式广告传播模式，进行产品或服务的推广。随着传播范围的扩大，带来了大量忠诚、有黏性的广告受众，但是也出现了一些问题。如，为了吸引眼球而导致内容低俗和过度娱乐化等，这些不足，将削弱传播的效果，不利于提升品牌格调。

一、体验式广告传播模式运用的成效

体验式广告传播模式是基于受众情感满足下的一种场景体验，在传播过程中，通过议程设置、娱乐化的内容和明星效应等手段，能给受众带去一种身临其境的参与感和体验感，使其获得心理上的满足之后，才能激发受众对产品或品牌的好感度，从而促使受众产生购买动机。

（一）议程的设置吸引受众关注

1968 年，唐纳德肖（Donald Shaw）和麦克斯威尔麦克姆斯（Maxwell McCombs）通过对总统大选进行调查，测试媒介议程对公众议程的影响，1972 年提出了议程设置理论，该理论认为大众传播不能决定人们对某一事件或意见的具体看法，但可以通过提供给信息、安排相关的议题来左右人们关注哪些事实和意见，或决定他们对某一事实或意见谈论的先后顺序，也就说是大众传播可能无法决定人们是怎么想的，却可以决定人们想什么。①这一理论为人们认识传播与社会提供了一个新的视角，在社交媒体迅速发展的当前，议程设置也被广泛应用于广告营销中。体验式广告传播过程中，广告主通过设置产品或服务宣传的议程，营造一个具有内涵的体验环境，受众的切身体验将大大增强对该品牌或服务的认同感，从而将这种认同感转化为购买动机。

社交媒体时代，每个人都是信息的生产者，对于广告主来说，他们不缺乏传播的内容，最缺乏的是受众的注意力。在体验式广告传播中，广告主要在林林总总的信息中以最少的投入抢占最多的注意力，一样需要进行"议程设置"。一般来说，广告主会为自己的产品赋予一定的内涵，在做体验式传播时以"官微"发布广告信息，吸引受众的注意，同时借助新浪微博的"超级话题""讨论小组""热门搜索"等聚集大量受众，使话题进行大规模的传播，产生广告热度，这是"议程设置"的一般形式。还有的广告主在进行"议程设置"的时候往往比较隐蔽，早期在"论坛""贴吧"中比较常见，一般是针对产品品牌，设计具有吸引力和容易引起好奇心的内容，然后在多平台进行病毒式传播，但是不直接透露品牌，这种"议程设置"极大地勾起受众的好奇心，使得他们主动去挖掘品牌信息，从而产生强烈的购买欲。

（二）内容的娱乐提升受众兴趣

尼尔·波兹曼在《娱乐至死》中指出，娱乐已经成为电视上所有话语的超意识形态，成为表现一切经历的形式，从新闻到政治，甚至是宗教活动都在全心全意地娱乐观众。可以说，娱乐的确成为了现代生活的标志，它已经溢出电视，弥散到整个社会之中。在当前社会快速发展的转型期，各种生活、工作的压力让人们长期处于身体疲累精神紧绷的状态，而在在社交媒体建构的媒介环境下，大量雷同的信息如弃在墙角垃圾一样已经让受众失去了兴趣，在精神紧绷和缺乏有趣内容的大环境下，"好玩的"内容就成为了受众们追逐的对象。

对于体验式的广告传播来说，广告的娱乐化也有利于广告效果的最大化。传统的广告一般以植入形式出现，除了宣传产品的特点外与受众没有丝毫互动，长久以来造成了受众的反感情绪，而体验式的广告传播结合了社交媒体的特性，增强了娱乐效果，以一种轻松快乐的基调传递广告信息给受众，更贴合受众的体验需求。以《火星情报局》为例，明星刘维将广告以唱跳的形式演绎出来，比直接听一段枯燥的口播更加有感染力；在《奇葩说》中，虽然广告品牌种类繁多，但是通过马东等人以段子的形式进行调侃，瞬间去除了广告的疏离感，增强了与受众的互动感，也增强了受众的体验感。

（三）明星的代言引起受众效仿

在众多的广告营销中，如果说哪种形式能够在短时间内引发最好的传播效果，那必然是明星代言。明星拥有大量的粉丝群体和广泛的知名度，一旦产品与明星建立联系，便会产生"移情效应"，受众会将对明星的喜欢转化到产品上。在粉丝群体中有一种叫帮偶像刷数据的行为，当明星需要参加投票活动或者明星上了新电影、除了新专辑、代言了新品牌，那么粉丝就会帮偶像做数据，这具体体现在帮明星投票、拉票、大量购买专辑、电影票和代言产品，让数据"好看"。2018 年为粉丝做数据比较有代表性的事件是"吴亦凡新专辑美国霸榜"，为了让偶像的专辑销量第一，吴亦凡的粉丝们彻夜刷数据、买专辑。可见，在明星背后，粉丝的行动力有多大。

在社交媒体广告营销中，明星带动效应就是一种优势。因为广告营销最需要的就是广泛传播并传播到精准的受众，这样才能将广告效果最大化地转化。当明星代言了某一产品之后，最先会引发粉丝的大规模参与和转发，再根据"裂变效应"，一个粉丝可以影响到一个受众，一个受众又可以带动另一个受众，以一带十，以十带百，久而久之，就会产生广泛的带动作用，引起受众的效仿。

二、体验式广告传播模式运用的不足

体验式广告传播模式基于受众的情感期待心理、偶像崇拜心理和从众心理等因素的影响，为受众提供符号化的场景体验，以此来增强受众对产品或服务的认知。从这一个角度来说，体验式传播模式相较于传统广告传播模式或者社交媒体平台中的其他传播模式来说，会更加具有优势，其效果也更加可控。但这并不是说体验式广告传播模式是绝对完美的。在实际的操作过程中，也会出现内容庸俗化、过度娱乐化和传播效果欠缺持续度等问题。

（一）传播内容过于庸俗化

在海量信息面前，由于受众的关注度有限，不少广告主会在传播内容上大做文章，以猎奇、有趣的内容吸引受众的注意，但是也非常容易出现内容过度庸俗化的问题。以 2014 年 7 月维多利亚的秘密这一内衣品牌的营销为例。为了中国即将到来的"七夕情人节"，维多利亚的秘密进行了一次体验式预热营销，该品牌利用"场景应用"，开发了名为"极致性感"的微信应用。使用者用手指轻擦屏幕，极具挑逗性的内衣模特便若隐若现，继续浏览下去则是品牌介绍，最后到达内衣抢购页面。这组体验式广告的确为维多利亚的秘密这一内衣品牌带来了成功的营销效果。

在收获了巨大的点击量的同时，这一品牌也收到了不少质疑声，不少受众认为这是低俗、"打擦边球"的表现。可以说，这一次的营销看似在中国赢得了良好的广告宣传效果，达到了品牌宣传的目的，但这种内容庸俗化的广告营销方式并没有给维多利亚的秘密带来预期的高销售量，反而使得不少受众对该品牌产生厌恶感，将其与"低俗"等词语联系在一起。由这一案例我们可以看出，在体验式广告营销中，一定要注重内容与受众文化的契合，要是广告传播的内容过于刺激，在一个文化较为保守的受众面前，可能会带去适得其反的效果。

（二）传播手段过度娱乐性

在体验式广告传播过程中，同样也存在着不少过度娱乐化的问题。借助体验式广告传播模式进行广告传播，广告主们的初衷是为了最大限度地吸引受众的眼球，但是往往过度娱乐化使得受众忘记了该活动的本质，而沉浸在娱乐化中，甚至会出现受众因为反感过度娱乐化而对产品或服务产生抵触心理的问题。例如，广告主邀请明星拍摄一段短片，带动受众参与某一体验活动，大部分受众的关注点都可能是该明星本人及其周边的娱乐新闻上，很可能不会关注产品或服务。还有的广告主借助明星效应进行大规模的营销，也有可能引起受众的不适感。

以英国女演员 Emma Watson 发起的"丢书大作战"为例，这一活动的初衷是为了公益，Emma Watson 作为英国的学霸女明星，其自身的属性也非常符合这一活动，自然而然地使得这一活动得到众多受众的参与，也收获了大量好评。2016 年，自媒体"新世相"在国内发起中国版的"丢书大作战"活动，邀请了黄晓明、徐静蕾等明星参与，却引来了众多的质疑声。这是因为，国内的这一活动脱离了活动的本质，而将关注点放在明星和炒作上，带来了过度的娱乐化倾向，同时，由于这一活动根本没有考虑到受众的习惯和接受力，"自导自演"式的炒作和娱乐，最终不仅没有为自媒体"新世相"带来更多的关注量，反倒成为了被质疑的对象，收效平平也不难预见。

（三）传播效果缺乏持续度

1948 年，拉扎斯菲尔德和默顿提出了大众传播的"社会麻醉"功能，该理论认为大众传播能让人丧失辨别力和自主选择能力，导致人们的审美情趣及文化素养变得平庸和廉价，让人们处于一种虚幻的满足状态，从而丧失行动能力。这一负面作用，在社交媒体体验式广告传播模式也存在。广告主通过营造符号化的空间，让受众身处其中进行自主的体验，但是他们不会意识到自己其实是生活在媒体或者广告主所营造的"拟态环境"中的，所以在一开始会对广告主所营造的环境具有很高的接受度。但是受众在这种环境中接受"麻醉"的时间越久，就越容易丧失兴趣，产生厌烦感。也就是说体验式广告传播模式也存在着受众热情难以持续的问题。

有研究表明，微博等社交媒体平台的信息存活时间仅为 4.7 分钟，过了 4.7 分钟，这条微博信息就会淹没在茫茫信息海中。体验式广告传播也难逃广告效果无法持续的问题。互联网中各类信息错综复杂，在极短的时间内一则体验式的广告很难引起受众的注意，为了不断引起受众的注意，可能需要不断转发或者借助"意见领袖"的力量进行内容的传播。这在最初的时候或许会短暂地吸引到受众的眼球，但是时间一久便可能会引起受众的反感。因为人的好奇心是很容易满足的，依据边际效应递减的原则，当受众的好奇心得到满足后仍然进行大规模的营销，是不利于达到很好的传播效果的。因此，如何长久地保持体验效果，对于增强广告传播效果具有关键性的意义。

第四节　体验式广告传播模式运用的优化路径

体验式广告传播模式通过议程设置、娱乐性强的内容等特点，在体验场景中能轻松实现受众的情感满足，从而将受众的情感满足转化为对产品或服务的好感度，使广告传播达到事半功倍的效果。但是在这一模式的运用中，也存在着内容庸俗、过度娱乐和效果缺乏持续性等问题。为此，探究体验式广告传播模式可持续发展的路径尤为重要。

一、构建品牌增强体验感受

与其他的广告传播模式相比，体验式广告传播过程中产生的负面效应是相对较少的，因为受众可以通过对产品或服务的切实感受，自行决定消费行为，广告主在信息传播中的强迫意味不够浓厚，也不易产生受众的反感。但是，由于部分广告主在体验式广告传播过程中受急功近利心理的影响，在传播内容上过于庸俗或违反传统的审美，导致受众的反感。在这种情况下，合理地构建形象来维持品牌就显得至关重要。

广告主首先要对自己的产品和服务进行精准的定位，不仅是精准定位目标受众，还要精准定位自身产品或服务，然后按照这一定位设计符合品牌形象的传播内容和传播符号。如可口可乐的产品定位是年轻，它们会经常给一些行业内有代表性的、年轻的明星寄送相关的新品，让他们先行体验，然后在社交媒体平台上与这些"意见领袖"进行互动，这种体验式营销的方式不仅流程简单明朗，传播效果也不错，会给人一种可口可乐年轻有活力的品牌形象。此外，广告主也应该制定严格的广告设计标准，设置一定的门槛，以防低俗广告内容的出现，影响品牌形象。

二、升级手段提升体验格调

俗话说，在广告的传播过程中，内容才是"王"，体验式广告传播模式中，最关键的部分当然是广告内容和据此设计的广告符号。然而，拥有吸引人的广告内容和引人入胜的广告符号和场景只是基础，恰当的广告传播手段才能达到事半功倍的广告传播效果。一般来说，广告主设计一次体验式传播活动，大多是根据产品或服务的定位来的，这样的做法就是能最直观地向受众传递广告主的意图。但是，随着广告行业竞争的日益加剧，出现了广告传播手段同质化和手段娱乐化的倾向，都背离了体验式广告传播模式的初衷。

体验式广告模式最早是在公益活动中发展的，如"冰桶挑战""地铁丢书大作战"等，在这些活动中，都得到了受众的广泛参与，极大地提高了关注度。因此，笔者认为，体验式广告也可以融入公益色彩，提升产品的体验格调。一种方式是与公益组织合作，以提供产品或服务的形式融入公益的概念，获得体验者的好感；另一种方式是，广告主可以定期开展一些公益活动，邀请受众体验，这样不会使广告的色彩过于浓厚，也可以在创造商业价值的同时产生社会效益，提升产品和品牌的体验格调。

三、持续活动保持体验热度

在信息大爆炸的今天，受众的精力和注意力都是有限的，一次体验式的广告传播给受众带去的影响也是有限的，随着时间的流逝和其他广告信息的进入，受众会逐渐淡忘对这一信息的认知。例如我们知道的很多通过微信、微博进行的体验式营销其实都是一次性的，在一次活动结束后就再也没有其他活动的承接，这会导致广告的持续性影响较低。因此，在进行体验式广告传播的过程中，如何保持广告活动的连续性、持续性地对受众产生影响非常重要。

作为广告主，在进行广告策划之前，应该要有持续性意识，在一次的体验式活动结束后，后面还应该有其他多种形式的广告进行承接，来将这种效果增强。例如，在社交媒体中进行体验式广告宣传后，广告主还可以同时开展线下活动邀请受众体验，同时借助社交媒体保持与受众的持续性互动此外，还应该将体验式广告传播作为一种日常活动，定时、定期举行，培养受众的习惯，让受众对该活动产生持续性的好感，并将这种好感转移到广告主的产品或服务上面。只有持续保持活动的热度，才能让前期的广告投入真正起作用。

第八章　全媒体融合背景下广告传播新模式——分享型

　　戈夫曼曾经提出过一个"拟剧理论"，该理论认为人就像舞台上的演员，要通过各种方式展现自己，来塑造自己在他人心目中的形象。在社交媒体中的人际交往中，由于人与人之间并不是面对面的接触，而是基于互联网所建构出来的第二媒介世界所进行的一种互动，因此，人会具有一定的"表演"意识，渴望通过分享等行为建构自己在他人心中的形象。分享型广告传播模式实际上是在受众进行自我表现和形象建构的过程中产生的。广告的广泛扩散是基于"六度分隔理论"。这一理论认为："你和任何一个陌生人之间所间隔的人不会超过六个。"六度分隔理论为社交媒体的分享型传播奠定了良好的理论基础，这一理论证明，分享型广告传播模式具有"一传十，十传百"的特点，通过信息的裂变效应，最终可以产生广泛的传播效果。

第一节　分享型广告传播模式的内涵

　　人际传播是信息、认知、美誉度在人与人之间进行流通。社交媒体网络中，数不胜数的用户数量使得人与人之间的传播变得无所不在。因此，基于人际传播的分享型广告传播模式对于广告的传播效果至关重要。

一、分享型广告传播模式的概念

分享型广告传播模式是在共享经济的基础上演变而来的。2012年,杰里米·里夫金在《第三次工业革命:新经济模式如何改变世界》一书中认为,协同共享将作为一种全新的经济模式,带来人类生活的第三次革命。在以协同经济为主导的新经济模式的影响下,地球上的人既是生产者也是消费者,他们无论在空间上距离有多遥远,都可以在互联网上共享能源、信息和实物,人们对事物的所有权不再是固定的,交换方式也变成了共享,"共享价值"越来越被人们重视,人类正在向"共享经济"的新纪元迈进。

据国家信息中心发布的《中国共享经济发展年度报告(2019)》显示,2018我国共享经济的发展逐渐从生活领域向产业领域延伸,从简单的模式创新迈向更高层次的要素配置、技术协同和产能最大化利用。报告显示,2018年共享经济市场交易额为29420亿元,比上年增长41.6%;共享经济参与者人数约7.6亿人,其中提供服务者人数约7500万人,同比增长7.1。共享经济推动服务业结构优化、快速增长和消费方式转型的新动能作用日益凸显。近三年来,出行、住宿、餐饮等领域的共享经济新业态对行业增长的拉动作用分别为每年1.6,2.1和1.6个百分点。

分享型广告传播模式的产生,主要是基于移动互联网的发展和人类共享意识所带来的基础。随着互联网3.0时代的到来和共享经济模式的迅速崛起,共享型广告传播模式作为将个性化、聚合化的互联网服务与共享经济模式相结合的产物,将利用大数据获得用户信息加以分析利用,为广告主带来更多价值,也为社交媒体广告的传播带来新的发展契机。而人类通过协同共享,不仅可以实现巨大的现实价值,也能在信息共享的过程中收获自我认同感和满足感。

二、广告传播模式的受众心理

陈力丹认为,人际传播出于三种需求,第一种是包括爱、恨、依赖等在内的情感需求;第二种是希望与他人交往建立联系获得"我们"的心理安全感的归属需求;第三种是在不同问题上关注或支配他人的控制需求。社交媒体的迅速发展,在物理空间上拉近了人与人之间的距离,也赋予了人们一种全新的交流方式。随着人们生活与沟通方式的改变,人们对手机的依赖程度越来越高,通过社交媒体中的视频、语音和文字等形式,不用见面就可以实现人与人之间的互动和社交。这种交往方式在一定程度上带来了人与人之间交流的便捷,但是个人需求和归属感的缺失使得人们越来越渴望分享。

社会交换理论可以很好地帮助我们理解社交媒体中受众的广告分享动机。20世纪50年代,社会学家霍曼斯提出了"社会交换理论",他认为,任何人际关系,其本质上就是交换关系,只有人与人之间在精神和物质的交换过程中达到了平衡,人际关系才能和谐。也就是说,在社会交往中,人们会基于利己的动机,来衡量某一种行为的成本和收益,要是某一行为的收益够大,他们会决定采取相应的行动。在虚拟的社交媒体网络中,人们希望能够通过分享行为塑造自己的形象,通过"前台"的"表演",形成他人对自己的认同,从而获得别人的帮助和奖励。

对于社交媒体中的广告分享行为，有的人是为了帮助别人而分享，有的人是一种基于"自我夸示"的动机。具体来说，就是当社交媒体上的受众在使用了某一产品之后，发现该产品或服务对自己非常有用，而社交圈子中刚好有类似需求的其他受众，于是会通过图片、链接等形式进行广告内容的分享。还有一种人的分享，是一种"自我夸示"行为，具体来说，就是一种炫耀行为。在社交媒体平台中，通过分享某些奢侈品牌的广告链接，可以给人一种"我"很有身份和品味的印象。无论社交媒体中受众的广告分享行为是出于哪种目的，都为广告主的广告传播带来了好处。

三、分享型广告传播模式的传播过程

在社交媒体时代，受众不仅仅是广告受众，更是消费者和用户，广告内容的好坏和产品服务质量的高低，直接决定着受众的分享行为。因此在分享型广告传播模式中，优质有吸引力的传播内容和合适的传播媒介与传播时机，是决定受众分享意愿的关键。

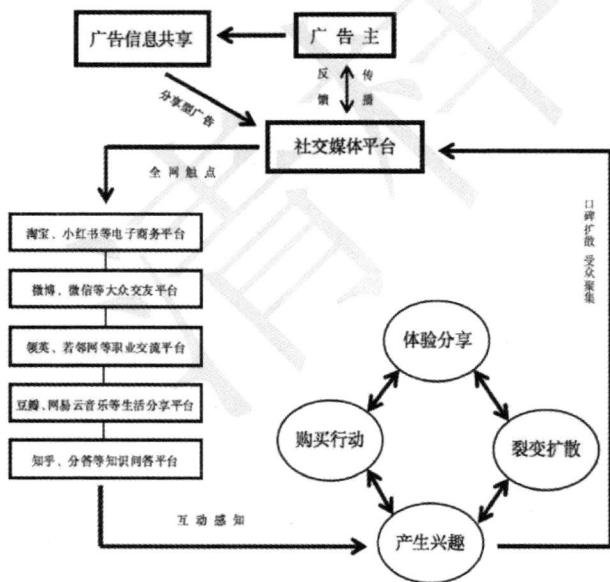

图 8-1 分享型广告传播模式图

当前，我们在微信、微博等社交媒体平台浏览内容的时候，更愿意对那些内容新颖、表现形式丰富的内容产生兴趣，其实，在广告营销中也是同样的道理。只有真正了解受众的喜好和需求，让受众产生购买动机和分享欲望，广告的传播目的才算达成。分享型广告传播模式就是一个基于用户兴趣和传播媒介所构建的模式。在该模式的传播过程中，首先广告主要基于社交媒体平台反馈的大数据分析受众的实际需求，然后按照不同社交媒体平台的属性分类选择合适的传播媒介。一般来说，社交媒体平台分为电子商务类、大众交友类、职业交流类、生活分享类和知识问答类等几种，在这些平台上投放的广告一般都会有转发的功能，受众可以基于个人的情感选择是否转发这条广告。从这个意义上来说，广告主要做的最重要的工作就是引发受众兴趣，再使受众产生购买动机，最后产生分享欲望。

在分享型广告传播模式中，分享是一种借助于社交媒体平台的人际传播，由于大多数受众的分享都是基于"认识"的前提下（如微信朋友圈的分享），因此相对来说这种分享是比较有效果的。在基于"六度分隔理论"，信息的分享经过"一传十，十传百"的广泛扩散过程，最终会产生"1+1>2"的效果。从本质上来说，分享型传播模式更像是一种基于社交媒体平台的口碑营销，它的受众精准且更具有说服性。

第二节　分享型广告传播模式的特征

分享型广告传播模式是一种基于受众好感度的自主分享，广告主在其中起的作用更多的是提供优质的、具有话题性的内容，因此在这种模式中，以受众和"意见领袖"的作用更为重要。这一特殊的属性，也决定了这一模式会具有传播主体模糊化、传播过程复杂化和传播范围广泛化的特点。

一、传播主体模糊化

在传统的大众传播过程中，我们从广播、报纸、电视中看到广告信息，可以很轻易的辨识出传播主体，即便是受众的二次分享传播也是一种基于线下人际关系的传播，不会出现传播主体模糊化的情况。但是在社交媒体的广告传播中，大多数时候传播主体是模糊的。往往在微博、微信朋友圈中传播非常广泛的广告信息，我们很难清楚地找到传播主体，似乎人人都是传播的主体，但似乎人人又都不是传播的主体，这种情况其实是由人际传播过程中的匿名性机制来决定的。正如《纽约人》杂志在1993年刊登的一幅漫画中所说："在互联网上，没人知道你是一条狗"。

正因为在分享型传播模式中，传播的主体是模糊的，因此我们应该警惕这种模糊化带来的负面影响。因为这种基于人际的大规模传播，不仅可以传播产品和品牌的正面形象，同时也可以传播产品和品牌的负面形象。同时，由于传播主体的模糊性，也会导致传播主体的素质有高有低，容易造成传播内容的可行度不高或者滋生负面口碑，这也会对产品和品牌造成不良影响。

二、传播过程复杂化

传统的大众传播，在广告传播上相对较为简单，如报纸只需要根据广告主制定的内容进行排版、印刷和发行，就能够顺利传播到目标受众；广告和电视也只需要在指定的时段，进行广告播送即可。受众的二次分享传播也大多是自发的，传播的范围集中在亲人、朋友与同事之间，属于小范围的分级传播。由于传播链短小，而且大多数都是"传播者——接收者"的一种直线性、单向性的传播，并且基于很强的人际交往关系，往往传播的效果最直接，产生的"噪音"最少。

而在基于社交媒体的分享型传播模式中，传播过程却非常复杂。因为在社交媒体中，广告信息的传播是先从某一传播媒介传播出来，中间会经过无数个个体的分享、转发，他们实际上相当于第二次的分享者。从这个模式上面来看，几乎每一个接收到广告信息的受众都是第二次分享的传播者。这种二级传播会由于每一个传播主体主观上、客观上的原因，给传播信息的过程带来许许多多的"噪音"。由此，虚假信息、信息失真等问题就会应运而生。

三、传播范围广泛化

传统的分享型传播中，往往是传播者与受众之间面对面的一种交流，在这一过程中，参与传播的人数很少，传播的范围也相对很窄，信息扩散的效率也不高。伴随着微博、微信以及各种基于 UGC 的购物平台的出现，一种新型的分享传播模式应运而生，并且不断成熟和得到推广。在社交媒体中的这种分享传播，无论是传播的主体、传播的受众还是传播的内容，都具有极强的广泛性。从某种程度上来说，社交媒体分享传播的模式，打破了传统的"口耳相传"的传播形式，使得信息的传播范围从传统的人际关系网，转化到了无数互不相识的人之间进行的大范围传播。

这种改变是颠覆性的。它使得所有的用户可以在任何时间、任何地点分享信息，超越了时空的局限，真正带来了社交媒体广告传播的全时性和全面化。对于广告主来说，这无疑极大地提高了广告的传播效率，同时也节省了传播的成本。真正做到了"以最少的钱，收获最好的传播效果"。

第三节　分享型广告传播模式的运用

在分享型广告传播模式中，产品或服务的口碑对受众的购买决策和分享动机有着显著的影响，积极的口碑可促使受众做出对某一产品或服务的购买决策。因此，分享型广告传播模式是一种能以最低廉的成本而获得最高可信度广告宣传的模式。

一、分享型广告传播模式运用的成效

作为广告传播中一种全新的营销思维，分享型广告传播模式能引发受众对产品或服务谈论和交流，并促使受众通过不同的平台对该产品或服务进行介绍和推荐。可以说，分享型广告传播模式有许多其他模式没有的优势。

首先，这种模式能以最低宣传成本带来相对较高的品牌信誉度，在传统的广告营销过程中，广告主需要通过投放大量的广告才能使广告最大限度地传递给目标受众，在这一过程中将耗费大量的时间成本和经济成本。而分享型广告传播模式由于受众的自发分享和意见领袖的口碑宣传，能以最小的成本而产生最大的广告效果。由于分享型广告传播利用口碑营销，通过这一渠道，受众的广告分享对象都是具有相同兴趣爱好的群体或者是具有亲近关系的熟人，相对来说，广告宣传的针对性更强，信誉度也更高。其次，这种模式有助于发掘潜在客户，塑造品牌忠诚度。分享型广告传播模式借助的是受众之间的人际沟通与感情交流，他们出于与人交流、与人分享、展示自我等各种原因，将自己认为不错的广告通过外部链接或者截图的形式分享给别人，无形中就帮助了广告主推广产品服务和挖掘潜在的受众。此外，这种基于人际中的传播模式，也有利于塑造受众对品牌的忠诚度，提高广告受众的重购率。最后，分享型广告传播模式由于具有信息裂变的分享效应，因此影响面广，并且效果的持续性相对来说也较强。

二、分享型广告传播模式运用的不足

分享型广告传播模式在运用的过程中，给广告主带来传播迅速、广告成本低廉和传播范围广泛等成效的同时，也存在着过度营销、盲目竞争模仿而容易引发公关危机等不足。

（一）过度营销降低品牌好感

当前，不少广告主"搭便车"，利用明星、名人的隐私性新闻推广自己的产品，这种方法在有关明星新闻传播的高峰期的确会产生一定的广告效果，但是当广大受众冷静下来后，会对广告产品的道德性产生质疑，这无疑会降低品牌好感度。还有的广告营销过于低俗和粗暴，广告内容中带有"不转发死全家""川不转不是中国人"等字眼，会让受众产生不满，同时影响产品形象。

还有些广告主急于求成，试图通过短期宣传达到效果，往往集中时间进行广告的"狂轰滥炸"，这也容易引起受众的反感和不满。在分享型传播中，实际上人人都是传播者，但是若广告主选择的一级传播者口碑差，喜欢"剑走偏锋"，另类营销，不仅达不到预期的传播效果，也会因为传播者传播方式的不当，影响受众对品牌的好感度。

（二）同质化竞争激烈

分享型传播模式以其传播范围广泛、传播成本低廉等优势，深受广告主的喜爱，他们往往只需要设计好传播内容，交给特定的传播者，便能达到信息的裂变效果，产生广泛的传播。但是正由于分享型传播模式的特点，也带了众多广告主的竞相模仿。有的广告主是模仿别人的传播形式，有的广告主甚至是直接抄袭别人的广告内容，这就会带来广告主之间的同质化竞争，让原本可以产生良好效果的广告显得单调乏味、创新性不足。

毕竟，蛋糕最好吃的一定是第一口，后面会越吃越腻，这也就是一种"边际效应的递减"。其实广告传播中也是一样，第一次看到一种形式新颖、内容创新的广告时，大多数受众都会扮演"自来水"的角色，对广告内容进行分享和传播，但若后面其他的广告"换汤不换药"，带来的结果往往是适得其反，既浪费了广告资源，也产生不了良好的广告效果。

（三）容易产生公关危机

与传统的广告传播形式不同，在基于社交媒体的分享型传播模式中，信息的传播是在无数个用户节点的作用下共同完成的，在信息的分享和传播过程中，带有很强的偶然性和不可控性，随时可能产生危机事件。由于社交媒体信息传播的迅速性和范围的广泛性，一旦引发危机事件，便会立刻广泛蔓延，不可控制，产生难以弥补的品牌危机。

如"ZARA 丑化中国面孔"事件，企业本来是想通过社交媒体的广泛传播推广新产品，带来广告效应的，但是由于传播过程的不可控，突然引发大型公关危机，网络上纷纷指责"ZARA 故意丑化中国面孔"，这瞬间使受众对品牌的好感度降低，甚至引发大规模的危机事件。因此我们可以看出，分享型传播模式并不是完美无瑕的，由于不可控因素过多，每一个环节都有可能引发公关危机。

第四节　分享型广告传播模式运用的优化路径

作为一种基于口碑分享的广告传播模式，分享型广告传播模式是在受众对产品或服务认可度较高的情况下产生的，但是在实际的运用过程中也存在着一些不足，为提高分享型广告传播模式的运用效果，提出相应的优化路径是很有必要的。

一、"情感营销"激发分享动机

人都是感性动物，情感营销通过将情感注入到品牌核心价值之中，往往更容易令受众产生情感共鸣，进而把这种好感带入到产品中去。而且，情感上的营销往往是最稳定也是最持久的。也就是说，一个产品找准情感的卖点，不仅最容易让受众接受，而且这种好感度会一直持续下去。相较于一时的轰动效应，这种细水长流的营销方式，最有利于营造品牌文化。

在这一点上，泰国的广告营销有不少值得借鉴之处。2017 年，泰国催泪广告《我的爸爸是个骗子》讲述了一个由父亲抚养的小女孩，以写信的方式讲述自己的与爸爸之间的日常生活，最后发现他是个"大骗子"，父亲的巨大反差，引起了不少人的共鸣。这则广告不仅在泰国引起了极大的反响，甚至在我国的互联网平台得到了广泛地分享与转发，可见"情感营销"对于打造品牌文化的价值巨大。

二、"意见领袖"发挥分享作用

尽管在分享型传播模式中，意见领袖的作用有所削弱，但是并不代表它不存在。在群体传播中，一定会有一个最大的发声者，他们往往拥有更多的粉丝和更多的话语权与影响力。很多广告信息，一经意见领袖的分享与转发，其传播的范围会迅速扩大，其传播力也会迅速提升。因此，在分享型传播模式中，也要充分发挥意见领袖的作用。

如 2014 年 5 月可口可乐的"歌词瓶"营销，借助毕业季这一节点，可口可乐将瓶身上印有的歌词的产品投放市场，歌词从世界杯主题曲到毕业季应有尽有，影响的受众广泛，不同年龄层和群体都被囊括其中。不仅带动了五月天、周杰伦、林俊杰等众多明星的微博互动，引发了大量粉丝的转发与参与。更有趣的是，可口可乐还针对特定的意见领袖进行专门化的歌词定制，如为任志强定制的一款可乐，其瓶身以"任志强，由我们主宰"为宣传语，更是受到了众多粉丝的追随和热捧。当然，这一营销，也为可口可乐带来了增加 2 成多销售额的收益。

三、实时监测评价分享效果

我国的社交媒体目前正处于飞速发展阶段，在相应的市场规范、行业标准不完善的情况下，广告信息的营销中也存在着各种各样的问题，尤其是在分享型传播模式中，由于传播主体的模糊性和传播范围的广泛性，非常容易引发各种负面效应，因此，将分享型传播透明化、制度化显得极为重要。由此可见，建立相应的监测机制和评价体系也必不可少。

第一，要建立分享型广告营销的监测机制。从广告传播的过程到传播的效果进行实时监测，这样既可以防止在广告传播过程中，出现不可控的危机事件，同时，也要加强广告效果的监测和评估。当前，不少社交媒体广告代理商存在广告数据造假的现象，这不仅损害了广告主的利益，也是一种欺骗和隐瞒消费者的行为，因此，应该从广告传播的源头到最终传播过程的完成，实行实时的监控。第二，要多手段规范信息传播平台的行为。对于社交媒体广告传播中，"买水军""刷数据"等现象，应该采取相应的手段，严格控制，营造一个良好的社交媒体广告传播空间。

第九章 全媒体背景下广告新模式——故事式广告

第一节 故事的内涵与影响要素

一、故事的内涵

理解广告故事与品牌故事的前提是对"故事"概念的把握，"故事"是一个熟悉但又很难下定义的常用词汇，早期主要被应用于文学领域、《中国大百科全书》对"故事"的解释是："民间散体叙事文学的一种体裁。又称'古话''古经''说古''学古''瞎话'等。民间故事有广义与狭义之分，广义的民间故事是泛指流传在民众中与民间韵文相对的民间散文叙事作品；狭义的民间故事指除神话、传说之外的，一系列具有神奇性幻想色彩或讽刺性奇巧特点很强的散文叙事作品"。《牛津英语词典》中的对"故事"的定义："关于虚构或真实的人和事件的娱乐性叙述。"

无论是古代生活还是现代生活，抑或是东方文学视角，西方文学视角，总是用故事的形式更好地传递着信息，比如《史记》《荷马史诗》，人们头脑中的认知模型和已有经验通过故事的形式储存，从而能在遇到新问题新场景时迅速调出相关信息依据记忆中的故事进行当下的理解和判断。并且，故事不仅仅是事实里包含的信息，与此同时还会附加当事人的主观情感，故事与事实的区别就在于故事中包含人们的情感。

"故事"的定义总是与"叙事"如影随形，将叙事在本文中理解为"广告叙事"概念，故事是为广告叙事的效果达成起服务作用的，不能像简单叙事雁过留声般，虽然能给消费者留下印象，但不会深刻，更不要谈及让消费者进行主动接触和购买了。因此，本文要探讨的是：真正、深刻的故事则承载着价值和意义，层层递进进行生动演绎。

因此，本文中"故事"的最佳定义是："一系列由冲突驱动的动态递进的事件，在人物的生活中引发了意义重大的改变"。想象力是故事的天然归宿，人类的大脑结构乐于接受精彩的故事。故事叩开用户的心扉，顺应并刺激消费者的选择。

如果市场营销人员和广告创意者错误地理解以上字典中故事的软性定义并按其进行广告创作和传播，他们则会以为自己的营销活动讲述了一个精彩有效的故事，当这个营销活动没有达到目的时，只会归咎于讲故事这个办法是错误的，却没有意识到没有达到目的的根本是：没有把故事讲精彩。

人类活动始终是与经济活动息息相关的，2013年诺贝尔经济学得主Robert Shine: 认为，无论走到那个地方，人们总是要交流。并在一场主题为"行为经济学"的研讨会上指出：经济学家要对人文科学有所了解，在解释经济学现象的时候，还要看看人们对这些经济现象是如何讲述的。进化生物学家Stephen Jay Gould主张将人类称之为Homo narrator（叙事者）。我们人类从历史走来，心智构成天生与讲故事能力相关，我们的大脑构成生来就是为了讲故事，特别是关于身边环境和人的故事。正因如此，广告商关注的对象往往不是产品本身，而是消费者作出的与该产品相关的行为选择。Robert Shille: 引用叙事经济学的例子说明了故事与经济学存在着关系：证券市场为我们提供了许多编构故事的机会，比如，在2017年年初，有人预言说道琼斯工业平均指数将首次突破2万点大关，他们很清楚道琼斯指数突破2万点或是暴跌1000都只是一个数字，和数字背后的那些人的故事。当一则信息没有一个好的故事并且没有承载好的意义的时候，就只能像船过水无痕一样，只会给人留下模糊的印象却不会被人记住。生活离不开故事，我们每个人都喜欢故事，也需要故事。从神话故事到寓言，从歌舞剧话剧到广告，人类出于本能，努力创造能够为自身处境提供力量的故事，且这种力量往往是巨大、古老而治愈的，因此，故事不仅可以帮助人们理解世界，也可以帮助人们体会、评价与处理情感。可以说，故事是老师，也是医生，是生活中不可或缺的。

二、故事的影响要素

构成一个故事的重要要素有什么？或者可以这样说，影响一个故事的重要要素有什么？有学者认为，判断一个故事是不是好故事，有两个原则：一方面判断这个故事是否是人们能够看到和想象到的事件组成，另一方面判断这个故事能否被人们深刻理解，或者能做到与其中人物产生共情，走进他们的内心，对实际生活产生一定影响。这两个原则都强调故事要"为人"而作，"为人"而理解；罗伯特·麦基认为完整的故事包括八个阶段：目标受众、主题、激励事件、欲望对象、第一个行动、第一个反馈、危机下的抉择、高潮反馈。黄光玉认为故事包含以下七个要素：人、事、物、冲突、信息、叙事结构和叙事特征。遍历国内外学者关于故事要素构成的研究，再结合本文主要研究故事作为广告传播过程中重要一环即广告是传播工具这一观点来讲，以下三个要素对于一个故事是非常重要的，分别是：受众、故事类型和故事中的激励事件。

（一）受众

受众的原型来自古罗马时代，在竞技场观看表演的就是最初的受众。麦奎尔认为，受众是社会环境和特定媒体供应方式的产物。顾名思义，受众是传播活动中信息的接受者，是该传播活动中的重要参与者，如果将传播接受者分为群体和个体两个维度，那么受众可以是一个整体，或者说是一个独立个体，换句话说，受众在与传播媒介和组织产生密切联系的同时，作为一个本体，也有着独特的作用。因此，对受众不同程度的了解和把握，直接影响着传播效果，讲故事也是同理，对"听众"不同的认识也影响着讲故事的模式和效果。此时，广告人等传播工作者要树立受众意识，其中，受众本位意识属于受众意识，相比较起受众意识没有明确说明到底是以受众作为主体地位还是从属地位，受众本位意识则明确是以受众为中心，重视受众作为"人"的需求。纵观传播学史中的受众研究，60 年代之前以传播者为中心，60 年代之后的理论认为，受众不是被动接受信息，反而主动寻找信息供自己使用，媒介处于被动的一方，这种将受众置于主动地位的理论则称为受众本位论。互联网时代，市场同类产品竞争愈发激烈，全媒体与传统媒体都在进行用户争夺，可以说，谁拥有了用户的关注，谁就拥有未来，在这个背景下，必须对受众有全面全新的认识，重视受众的需求和反馈，并不断改进，才能把故事讲到受众的心坎里。

（二）故事类型

不同的传播目的决定着要讲述不同的故事，同理，不同类型的故事也影响着传播效果，对于故事类型的分类，李爱梅认为应根据故事的核心作用来思考。故事的核心作用有：一是自我认知，从故事的诞生和演化历史来看，我们可以从故事中找到自己的影子，犹如"镜中我"，随后根据"主我""客我"来判断自身采取什么行动。二是塑造并传播价值观，人类的大脑进化结构决定了故事更容易得到理解、学习和记忆，从而塑造人们的价值观；玛格丽特提出故事原型是人们心中的"自尊""灵性"，也是人类生活永恒的主题，因此，故事对个体和群体意识都有重要的意义。在这两个核心作用的基础上，广告或品牌故事的类型有以创始人为主角的起源故事，以企业担当的责任故事，以产品为主角的故事，以品牌为主角的故事等。无论是何种故事类型，都需给消费者创造愉悦幸福体验，才能吸引消费者，拉近消费者与企业的关系。

（三）激励事件

一个精彩的故事不能缺少激励事件，所谓激励事件，实质上是故事的冲突点，使故事情节的平衡状态被打破。罗伯特·麦基在《故事——材质、结构、风格和银幕剧作原理》一书中提出"激励事件"这一概念。激励事件是指在故事中打破平衡状态的矛盾事件，也就是转折性事件，通常会影响主角采取行动来应对危机。可以说是整个故事结构中的核心要素，是其他事件产生的主要原因。

判断一个事件是否重要，主要是判断此事件以何种程度影响着人物行动选择和情节的发展。激励事件就是在一个故事中占据重要地位的部分。它使故事的发展产生明显的变化，

让主人公的平衡生活状态被改变，加剧冲突，引起危机，掀开故事高潮，将故事核心价值的正负发生变化。使其承载的意义有了明显走向，并且，激励事件会迅速抓住受众的好奇心，使受众心里产生了一个问题："接下来怎么办，会怎样？"正是这个悬念吸引着受众一直看下去。

既然激励事件是以主角为出发点，作为故事叙述中的第一个重要事件，是后面所有情节发生的首要导因，并且有吸引读者的作用，那么，对于广告故事来说，同样可以通过设置激励事件来吸引消费者，而广告故事中激励事件的设置及其引发的不平衡取决于故事主角的原型，如果以企业为主角，激励事件可以是企业面临破产，以产品为主角的激励事件可以是淘汰，如果主角是品牌，那么激励事件就是品牌失败或消失。

对主角的认同可以将消费者拉入故事，因此，不管以企业、产品还是品牌为主角，他面临危机时的反应和采取的选择要有可信性，这样才能使消费者产生移情和共鸣，无论赋予主角怎样的个性，他对激励事件的反应都应该激起受众的共鸣和关心，并利用好奇心和同理心双管齐下，将观众的兴趣转化为悬念点。

在确定目标受众阶段可以在一定程度上准确得知消费者需求和需要实现但没有得到满足的需求，由此，在设置激励事件阶段，故事的冲突点使得主角陷入危机，那么主角对这个危机的处理应该能反映出受众的选择和行动，就这样，这个危机可以带领受众畅游在故事中，使内在需求得到满足。

第二节　故事类广告的分类

一、目的性故事与虚构性故事

归根结底，从故事的创作动机出发，小说、剧本等文学作品之类的虚拟性故事目的是让人理解和学习，给人以希望和非功利性的审美享受，而广告故事和它们不同，广告的目的则是营销和传播，是在虚拟性故事的基础上往前进一步，除了完成审美享受外，还会引导受众将故事中的体验带入到实际生活，进而产生消费行为。

如果把整个故事比喻为一个完整的封闭循环动态系统，虚拟性故事将受众带入这个循环中，让受众徜徉其中；而广告故事就是在这个封闭循环上打开一个切口，让消费者沿着切口走出去完成购买。其实，任何故事的初衷肯定是引起受众的注意，在故事发展过程中不断强化读者与故事的联系，但是到了最后，虚拟性故事则是让读者完成了故事开端发展高潮和结尾的完整步骤，而作为目的性故事的广告则会带着读者朝着打开的切口往前多走一步，就是把这种故事化的体验和享受融入实际生活，当受众每次进行消费活动时，都会不知不觉再体验一遍这个故事。换言之，"目的性故事的最终目的就是将故事高潮的美学体验转化成市场中的有效行为，即把受众变成消费者"。

二、作品特性及比较

(一) 时长

最初的时候,"我们"坐在高高的谷堆上,听妈妈讲过去的故事。从很早的时候,我们就有听故事的传统,按照讲故事的人的心意决定了故事的时间长度,不同的故事形式有不同的时间,比如,将小说改编成电影以后,故事中的时间演进会发生变化,以小说《霸王别姬》为例,书中长篇幅的故事情节改编成电影以后,两个多小时就可以用电影的方式把书中的时间线讲述完成。因此,不同叙事媒介,话语时间和故事时间都不同,经过长时间的实践,人们能对一个事情产生集中不走神的时长一般为两小时,在这一点就可以解释电影时长和长篇电视剧要拆分成单集播出,这样一来,能使观众在最集中精力的时间段内完成观赏。与长篇小说、电影故事不同,广告故事相对于文学故事来说事件更精炼,时间则更短。这对创意者的故事素养要求更高,他决定什么素材保留,什么素材舍去,他的一念一想就决定了一个三十秒或三分钟的商业故事是否能取得预期效果。但是不一定所有的品牌故事都是只有短短的几十秒或几分钟,海尔品牌通过拍摄动画片《海尔兄弟》进行品牌传播,达芙妮通过 S.H.E 演唱的《月桂女神》强化了品牌故事内涵,还有各种奢侈品品牌的展会都是商家进行广告宣传的手段,都取得了很好的广告效果。

(二) 冲突

冲突使故事变得"厚重"。在有些小说和剧本之类虚拟性故事里,常常因为缺乏足够的对立面和有力的冲突导致故事很单薄,不够丰富,故事想要成立,则必须有个前提:主角原来的平衡生活状态被打破,设置冲突点,让故事有转折,主人公采取行动,得到行动反馈,再采取行动挽救危机,解决冲突,重新获得平衡,叙事完成。在这个视角下,作者为小说电影等故事设计了多方面的事件,也充满了不同的冲突,包括人与人之间的冲突,人与环境的冲突、人内心的冲突,但是,广告作品的时长限制和营销性传播的目的决定了广告故事中的冲突点不能设置太多,必须要在广告播出的一瞬间给予消费者吸引力,不能冗长,不允许无聊无意义的重复。

"雁过留声",存在的事物都会留下印记,故事也是一样。如上文所说,人类大脑有储存故事的本能,能够记住故事的时间比记住数据要长久得多,但是我们常常能听到这样一句话:"事情中间是怎么样我记不清了,但是那个事情我记得……",为什么这句话常听到呢?这就是因为大部分故事篇幅较长如浮光掠影,观众只能记住印象故事的转折点冲突点,所以,将冲突点摘出来呈现给观众更容易被记住,总之,也就证明了最后更容易留在人们大脑里的是精炼紧凑的目的性故事。最后在广告的结尾加上品牌的名称,强化消费者对品牌故事的认知,例如本田、丰田汽车广告都会在广告片结束后用一个声音响起:HONDA,TOYOTA。长此以往,这个品牌声音给予消费者重复的刺激,使消费者加深对这一品牌故事的印象。

（三）忠诚对象

面对虚拟性故事，受众更在意故事的作者和主角是谁，虚拟性故事能否树立好口碑与作者有很大的关系。比如，一部小说的作者，一部电影的编剧和导演等等，也许在没有读到过看到作品之前，听到好口碑的作者，也会自然而然地给予作品好评，受众往往冲着作者去看作品，尤其是近几年，我们看到电影市场这样一个景象：导演相对于演员更是电影口碑的保证。在《妖猫传》电影上映之前，观众认为曾经创作出最光辉的华语电影《霸王别姬》导演陈凯歌在这部影片的表现更不会让人失望、相对于演员的"卖座"，观众更看重导演的实力，都买票进了电影院观看。因此，受众对这类故事的忠诚对象是作者。相反，受众对于目的性故事的作者并不关心，他们更信赖品牌和产品，因此，企业都会采取积极有效的营销措施比如提供优质的产品和服务质量，优化传播策略，来作用于消费者的心智，来提升顾客对品牌的感知价值，从而形成品牌忠诚度。广告故事在这一过程中的作用就是在很大程度上形成品牌忠诚度并带来重复购买。

（四）审美功利性

广告在描述产品功能的背后更隐藏着一种意义和希望，基于此，广告作品慢慢有了艺术因子和审美性。许多广告的绚丽和深刻意义让广告本身不单单是一场说服性表演，而有了审美化和艺术化的趋势。

广告从诞生之日起，就开始在人们的生活中扮演着重要角色，它与文学小说、戏剧、音乐剧之类的虚拟性故事不同，虚拟性故事需要受众有较高的媒介素养，有相应的解码编码的能力，而电视与网络打破了这一分化，使用了人人都能理解的符号，传达的信息可供所有大众利用，通过将不同的阶层结合等量齐观，为广告传播更是创造了前所未有的条件。如今，抖音、快手等短视频的吸金价值也说明了一个问题：广告越过精英的"高墙"，已经是大众文化，实践证明：为文化设立标准的恰恰是普遍大众所创立的平台，而不是精英文化。这些变化也从侧面反映了广告的目的基于大众的营销与传播，从审美机制上来说，与传统的非功利性审美对比，是功利性审美。

传统美学认为功利性的审美不纯粹，而实用美学则认为审美活动也可以存在功利性，同样可以在实用的基础上实现，不能把二者直接对立，那么从实用美学和传统美学的不同主张分析，人们的审美活动通常可以分为两种范式：非功利性审美和功利性审美两种范式，前者仅指文学作品、绘画、雕塑和其他纯艺术形式的审美认知活动，而后者仅指建筑、广告等实际领域的审美形式。

审美和欣赏是人类与生俱来的本能之一，审美的过程就是心情愉悦的过程，广告审美则是在愉悦过程中连接审美与经济属性的特殊审美过程，它是一种基于经济交易的消费活动，第一属性是经济属性，同时有艺术审美成分。因此，在经济视域下，广告的审美活动与社会生活紧密相连，是以功利性审美为基础的审美活动。广告的审美功利性决定了广告故事的说服性，因此，广告传达的信息最大的特征则是集中且准确的，要在一定程度上给予消费者购买的缘由，让消费者准确清晰理解产品的性能和价值，如果过分追求广告的文学艺术性而让产品信息模糊不明则是本末倒置，会让消费者认为品牌定位和价值观是混乱的。

第三节　故事与广告的契合

一、广告的实质

广告的字面意思是"广而告之"，就是要通过解说、示范、或生动演绎的方式在短时间内让更多的人了解产品的使用价值。这种观念是广告最传统的本质观念，就是通过做产品以及功能来传达商品的信息。具有代表性的比如药物类广告，长此以往，这种类似于产品说明书的广告表现手法因为缺乏创意对消费者产生不了吸引力，也就不会引起消费者的关注，慢慢被市场、广告人所淘汰。另外，无论是通过列出商品参数的理性传播，还是给观众带去尴尬的感性传播，消费者已经识破广告的套路，而该如何与消费者建立新的联系是企业和广告从业者思考的问题，我们不难发现，人类来自采集狩猎的原始社会并经历了农业社会和工业社会，留下来的故事作品最能证明时代印记，不仅包括小说，音乐美术，也包括广告。另外，经济活动离不开广告，政治活动离不开广告……因此，故事和人类历史的发展是一个如影随形的过程，故事在这个过程中不可或缺，人类的发展离不开故事，人类又时时刻刻进行着经济活动，只要有经济活动，便离不开广告，因此，讲故事被运用在广告传播的各个阶段，无论是企业还是政府组织，无论是个人还是公众，都需要讲出故事来传播自己。罗伯特麦基在《故事经济学》一书中，将戏剧，小说等文学类的故事称之为虚拟性故事，将带有营销目的的广告故事概括为目的性故事，按照这一观点，本文认为广告的实质就是目的型故事，目的型故事的最终目标是在消费者心中营造消费体验过程，消费者每次看到该品牌时都能将故事的情节再体验一次，最终由此体验转化为盈利，简言之：由感受到变现的过程。目的性故事会为消费者带去生活中缺失的那部分心愿，从需求达到满足。

二、故事化广告

故事，是人类文明世界流传最广最深，最刻骨铭心的载体。没有人会记得几千年前皇帝的一份诏书写了什么，但是所有人都听过那些家喻户晓的故事，人类天生习惯于接纳故事化信息。另一方面，广告是一种长寿且高效的传播方式，并贯穿人类活动的始终，因此，可以将广告中融入故事化情节，打破常规叙事思维，设置冲突点，使得广告产品在故事的发展过程中逐渐在消费者印象中"落地、发芽、生根"。

举个例子，在亚马逊里有一条明文规定，"从今天开始高管层不做 PPT 汇报"，他认为需要的不是内容，而是结构得当的叙述性内容。撰写 6 页故事化的备忘录比写 20 页

PowerPoint 难，因为叙述结构强化了思维，也帮助更好地理解事物的重要次序以及它们如何相互关联。

又如，在以往使用理性传播手段的广告中，有这样的例子：耳机之类的电子产品，产品发布会是这样的，列出自己产品和竞品的功能参数，为消费者呈现性能差异，消费者作为外行人，其实对专业名词和参数没有明确的认识，所以无法从中获取简洁直观的有效信息：这产品到底好不好。有这样安静的一段话：

孩子数学成绩不好，你在银行做经理，维护客户关系，不上不下，有房贷和车贷，每月按揭五千。你老婆在市人民医院做护士，她妈有尿毒症透析多年，她不爱你。你年轻的时候觉得能成就一番事业，但现在也就这样，朋友们过得都比你好，你下班在车库停稳车，关掉引擎，呜一声安静了下来。太安静了，你生命中少有这么安静的时刻，你打算发十分钟呆再上楼吃饭。

以上就是 BOSE QC 35 的降噪效果测评。

这段话安静得让人震撼，似乎这样的画面呈现在消费者眼前，那一种情绪在消费者内心深处得到了共鸣，继而毫不犹豫地购买，因为他得到了作为一名普通消费者最需要的广告信息。

到底有多少品牌，给过我们这样真正"说人话"的广告呢？

这样的广告，其实就是故事化的广告。故事化的广告会体察消费者心理，自己会长翅膀，会飞到很远很远的地方，会和无数的事物、人发生关联，产生各种奇妙的、令人惊讶的化学反应。因此作为营销人，广告人，用广告讲好一个故事，少做一些"地面爬行"式的苦力活，能体面而优雅的，真正地"决胜于千里之外"。

第四节　广告故事化的可行性分析

一、人类意识变化与广告

人类自我意识的觉醒共分为三个阶段，第一是人类形成群体自我意识，与自然发生分离，人类从蒙昧的天然状态苏醒过来，看到了自身与动物的区别。从此，"小麦战胜了人类"，人类与狩猎采集的生活方式慢慢分化，学会农耕细作，逐渐形成稳定的原始部落主动开始农业社会生产。

第二是人类与神分离，逐渐摆脱宗教束缚，有了意识自由。文艺复兴起到了承前启后的作用。其主张以人为中心，而不是以神为中心，首先肯定了人类的价值，重视人性，倡导人格的解放，鼓励人们追求现世的幸福，反对人作为封建的依附。文艺复兴以后，文明开化，资本主义生产关系逐渐形成，科技的进步促进了生产力的大发展，人类社会基于此从农业社会走向工业社会，出现工业文明和现代文明。

第三是人类重新思考人与社会以及自然的关系，逐渐审视原有的"人类中心论"，以往总是认为"人定胜天"的人类此时深刻明白人是万物之灵的含义是人与其他物种相比，唯独人具有高级理性和感性思维，绝非人是自然的统治者的意思。因此人与自然应协调发展，敬畏自然，尊重自然。

纵观意识觉醒的过程，可以看出生产力的进步带来经济发展，随之社会观念发生变化，也会对经济活动产生反作用，并且广告始终是人类经济活动中重要组成部分，因此，人类意识觉醒和广告的发展变化是密不可分的。

在探讨社会发展历程和广告间的关系之前，首先要弄清广告发展的各个历史阶段。关于广告史的文献，最常见的则是中国广告史研究和世界广告史研究，如研究综述中提到，周茂君认为，研究广告史时不应该将中国广告史和世界广告史看成两个独立的研究对象，需要从广告史是个通史的理念出发，缕清整个国内外广告史的内在发展阶段和逻辑，因此，他提出将广告史分为四个时期（见表9-1）。

表9-1 广告历史分期

1841 年前	古代广告或原始广告时期
1841 年—1920 年	近代广告时期或印刷媒介大众化时期
1920 年—20 世纪 70 年代末	现代广告时期或电子媒介时代
20 世纪 80 年代后	当代广告或网络媒介时代

从表中可以看出，广告的发展历史在一定程度上可以被称为人类活动的发展历程，随着生产力的发展和时代的进步，广告的传播媒介也相应发生了变化，媒介的进化影响着广告的展示，因此，广告在各个时期中呈现的形式和内容都有所差异。原始广告时期，中国封建文化相对于同时期其他地区文化来说是更先进的文明，这个时期的中国广告表现为叫卖、实物展示等可以面对面交流的原始形式，也就代表了世界广告的表现形式。随着政治、经济、文化的进步和发展，在广告原始时期的最后阶段，逐渐出现了印刷媒介，报刊广告、传单出现在人们视野。表9-1 中罗列的后三个时期至经济全球化的今天，广告的表现形式和内容呈现更丰富多元，更全面新鲜，广告业实现了在发达国家和发展中国家的全面开花。

马克思在《关于费尔巴哈的提纲》中写道："人的本质并不是单个人所固有的抽象物。在其现实性上，它是一切社会关系的总和"。社会生产力的发展与人类意识的觉醒是息息相关的，不同的经济基础和生产力发展水平决定不同的社会形态，人类发展的宏观演进，包括三种生产力形态：原始、农业、工业生产力。文明史有两大阶段：农业时代和工业时代。本文暂且分析中国农业时代和工业时代人类生活和广告的关系。

（一）农业时代

以农耕经济为基础的中国古代小农家庭以自给自足的方式实现家庭生活需要，需要购买的生活必需品如盐、铁则由政府管控，不需要通过广告进行宣传。另一方面，在农业文明时代，生产力发展水平低下，物质生产极不丰富，社会生产什么，人们就买什么，没有选择商品的自由，甚至在家中经济或者田地种子青黄不接时，人们便选择记账消费，即赊账。老舍在《正红旗下》一书中便有对赊账的描述："虽然我们的赊账范围并不很大，可是这已逐渐形成寅吃卯粮的传统。这就是说：领到铜银，便去还债。还了债，所剩无几，就再去赊。"由此可见，在生产力水平低下、经济活动不活跃的社会环境中，人们对商品没有选择的余地，只有计划供销，因此，广告在这个时代的作用则是"传递信息""广而告之"，具体表现为"口头叫卖""招幌广告"，在一定程度上广告没有充分的发展空间，广告的传播效果不明显，而且店家也不需要广告来特意进行商品宣传。

（二）工业时代

在工业文明时代，以机器为生产工具的社会生产力大大提高，社会分工明确化，专业化，因此，以社会发展状况为基础进行的广告传播，成为信息社会里最具有穿透力和代表性的形式。

伴随着社会分工的细化，人们在消费领域的视野也随之变窄，对于新事物有不理解的时候，便依靠广告来认识这个世界。当向人们说明一件产品时，知识科普很难达到预期效果，在商品信息量巨大的信息社会里，要求人们对每个事物都有明确清晰的认识和了解，是一件十分困难的事情。因此，向消费者介绍商品最有效的方法就是广告。科技的进步，信息化的传播使得人们走进新经济时代，在这个时期，广告也不单纯是传递商品信息的工具，更是一种文化产业，具有模式化、规模化、科学化的特征，渗透在人们生活的方方面面。在全媒体时代，广告的题材更加广泛，内容更丰富，形式更加新颖，可以这样说，广告是我们这个世界的表达方式，政治是广告，时装是广告，风俗是广告……比如，我们现在对于以前时代的认知和了解都可以通过社会领袖、服装、民俗等方式。

总而言之，生产力的发展促进人类意识觉醒，从而创造了经济活动，经济活动充满了故事，广告贯穿经济活动，人们为这个过程里的每个事件赋予意义，这个意义就是故事。

二、品牌塑造与广告叙事

根据上文关于农业时代和工业时代里对广告地位的描述，可以看出在人类经济活动初期，没有"品牌"概念，产品就只是满足使用价值属性，随着经济活动的繁荣和人们意识的进步，社会审美水平的提高，消费者逐渐对商品提出更高的要求，比如满足其身份特征和个性展示等，于是商家则在产品标识设计、专利申请和商标注册方面下功夫，通过广告将商品信息传递给消费者，这才有了品牌。

越是在当今经济发达的时代，品牌塑造则显得更为重要。20世纪末，国内一家调研公司曾经对北、上、广三个城市中共1800名不同年龄段的消费者进行了市场调查，最后发现影响消费者对产品认知的一共有两个要素：价格和品牌。不同城市、不同年龄段、不同收入的消费者对这两个要素的敏感度存在着差异。

综合来考虑，无论是从城市、年龄、还是收入，品牌在很大程度上影响了消费者意识，既然在20世纪末已经意识到品牌的重要性，那么在今天，则更要重视品牌的塑造。

（一）品牌资产与广告

毋庸置疑，"品牌"是当下及未来研究的战略重点。品牌是一个组织的无形资产，在很大程度上影响消费者意识，因此，需打"硬"自身品牌资产，才会让消费者心甘情愿购买其产品或服务，形成品牌忠诚。彭耽龄认为，"品牌名称""营销活动""消费者个人对产品的使用经验"是品牌资产的重要构成因素，品牌资产形成的最后目标是推进产品的销售和延伸品牌。广告宣传在每一环节都发挥着重要作用，在营销活动这一要素中表现更明显。

广告是品牌塑造的工具。在产品质量上乘的基础上，成功的广告是品牌塑造的助推器。大卫·奥格威曾说过这样一句话："每一次广告都是对品牌形象的长期投资"，这句话的含义是，首先，广告不仅是产品的外部包装和介绍，而且是附加至产品不可缺少的东西，是产品本身的一部分，也就是说，当谈起产品，它能使人们想到其广告，当观看广告，能使人们想到该产品，从而树立品牌形象。其次，通过广告树立的品牌形象是长期的，广告效果也应当是长期的，留给消费者的印象是深刻的，广告作为品牌的一项投资则要考虑投资回报率，要助力品牌塑造良好形象，赢得消费者青睐，打造企业无形资产。这两层含义验证了广告在品牌塑造中是不可或缺的环节之一。

需要注意的是，品牌资产塑造和形成是不断发展的过程，因为品牌在市场中会遇到许多不确定因素，比如，消费者的审美喜好、市场大环境和产品周期变化等。因此，广告传播策略也需要根据品牌定位的改变和核心价值观传递的不同及时跟进，总之，广告是对品牌资产的长期投资，广告传播活动要时刻为塑造品牌形象服务。

（二）品牌塑造与故事

从一定程度来说，品牌是被赋予了丰富意义和价值的符号，在此过程里，广告则发挥了非常重要的作用。广告是品牌的元文本，通过系统化的符号操作，构建一种商品意向的拟态环境，通过神话缔造方式来构建品牌意义，使品牌意义符合消费者的心理需求，从而引发消费行为。

品牌是企业无形的资产，也是消费者选择权日益强化的表现，商标则是最好的例子，如今，人们已经习惯把品牌商标显露。因为这些商标不仅仅代表品牌，而且代表主人的品位、特征和个性等等。

那么，讲故事和品牌塑造有什么关系呢？"你想把品牌做得更好吗？讲一个故事"。因为与强调产品性能的单纯广告相比，讲故事达到的传播效果要更好。因为故事具有关联性和行动的特性，表现在营销方面体现为：当对受众讲故事时，可以使消费者内心产生两种关联，一方面，消费者将自己代入故事里，想象自己是主人公，设身处地与主人公一起经历故事中情节；另一方面，消费者从故事中的想象抽离出来，对故事有了认同，就采取了消费这一行动。广告故事实际上就是用这样的方式影响消费者，实现传播和营销的目的。也就是说故事可以引起消费者内心共鸣，想象自己是故事中的主人公，在接收广告信息的过程中跟随广告节奏体验过程，结束后感知品牌的核心价值观念并与以往自身经验结合起来，从而实现对品牌的认知认同最终完成购买。诚然，信息化的泛滥，消费者对于广告早有了"免疫力"。无论是理性传播里严谨的数据罗列，还是感性传播里形象生动的修辞，都会使消费者觉得被打扰，从而屏蔽广告。而一个精彩的故事可以将品牌的意义充盈在情感里，从而降低甚至可以打消消费者的排斥心理。此时发生的心理作用就是移情共鸣。因为观众在将自己和故事里的主角联系起来的时候，内心的怀疑念头就会打消，主人公所遭受的欢愉和痛苦，做出的选择和行动让消费者设身处地去代入体验。当主人公的最终行动令他达到目标时，故事的情感和意义融为一体，消费者在接触到故事的最高潮部分时，理智已经被故事的冲击性所压制，又或者说，消费者在此刻幡然醒悟，这瞬间的彻悟所带动的情绪可以直击消费者内心深处，从此，消费者在潜意识里对此品牌有别样的感情，进而影响购买决策。这样，一个绝妙的故事就使得品牌在消费者心中树立起有意义的形象。

一个故事：腾讯12年品牌广告（亲情篇）：弹指间，心无间

背景音：水调歌头

画面内容：主角是个学生，在家里厌烦妈妈的唠叨，不耐烦教母亲使用手机，出国留学后终于有了自由，一个人国外读书，兼职，一个人生活以后便知道自由自在也就意味着无依无靠，有一天在QQ上看到妈妈发来的消息，他又想到自己独自在外生活的种种心酸，对母亲格外思念。广告语"弹指间心无间"结束。

这个广告触动许多离家在外的人的心灵，引起很大的反响，生活的节奏越来越快，造成了世代间价值观念的不同和空间的疏远，人们之间的感情也变得越来越淡薄，腾讯QQ作为社交平台，捕捉到快节奏社会中这一变化，将家庭里最常见的现象融进以亲情为主题的广告故事中，将产品的价值包裹在一个具有转折的温情故事里，从而更有效地传递自身的产品价值。在这个故事里，广告人运用亲情，触碰消费者内心最柔软的部分，来消解人们对广告的排斥，这样一来，不仅可以提高广告的层次，还会影响并强化人们对产品的认知，增强认同感，并且有助于其品牌形象塑造的形成，在一定程度上提高了产品的影响力，如果用同样的方式，定期进行故事性广告的输出，将消费者拉拢在闭合圈，进而形成对品牌的忠诚。

另一个故事：德芙广告（橱窗篇）

画面内容：一位贫穷的女孩走过一扇铁门，进入繁华步行街，站在珠宝店的玻璃橱窗前想象自己戴上项链的样子，店员投去善意的笑容，女孩也露出微笑，随后咬了一口巧克力，牛奶般浓郁的巧克力如同飘带衬托着她的美丽。广告语："此刻纵享新丝滑"结束。

女孩即使贫穷也有欣赏美丽事物的权利，德芙巧克力给了女孩这个想象力，在这个故事里，女孩是个处于劣势的人，人们在寻找自己时会本能地感觉到自己要面对的一切变幻

无端甚至死亡不可避免，最终妥协，因此，所有人或多或少曾经有那么一刻觉得自己处于劣势，是个失败者，德芙体察到这个痛点，抓住人们对幸福生活的追求，即使现在不能拥有，这份幻想恰恰是前进的动力。这个广告用细节打动观众，通过一个女孩在橱窗前的想象从侧面凸显德芙的品牌理念：为爱而生，这个广告通俗易懂地表达出爱的抽象意义，提倡无论是谁都有权利追求浪漫和美丽。德芙的广告还有很多，风格未变，但细节总是打动人心，久而久之，在一定程度培养了品牌的忠诚度，完成重复购买。

综上所述，"品牌"越来越受到重视，截至 2017 年底，中国广告学相关著作共有 293 本，其中有关"品牌"的著作有 62 本，仅次于排名第一位的"广告创意与设计"著作数量。业界也涌现出对于品牌重视的案例，比如奥美、电通也在中华区对传播资源进行整合以便更好地为品牌服务。广告是品牌塑造的重要手段，它能让消费者在听到或看到广告的时候记住品牌名称，如果想更进一步了解品牌的核心价值，则需要为品牌赋予故事，因此，故事可以说是品牌塑造的另一种广告，是该品牌与消费者之间感情的交流载体，消费者在此交流过程中将自己代入故事，产生情感体验，逐渐认同、信赖品牌。

第五节　故事化叙事对广告的启示

一、受众相关分析

根据上文中对于故事构成要素的分析，可以一一对应出故事化叙事对于广告故事创作和传播的启示。创造故事的第一步是确定目标受众，文学作品的创作者在受众的选择上相对来说范围更广，比如，曹雪芹在进行《红楼梦》的写作时，肯定不仅是为了落寞贵族而写，他要给所有后人看。而广告故事的创作者必须更清楚目标受众是什么属性，只有在明确目标消费者之后才能得知针对这个目标受众应该进行什么样的市场定位、功能定位和媒介定位，最重要的是希望消费者最后采取什么行动。

（一）目标受众

丹尼斯·麦奎尔认为，受众指的是大众传播媒介的接触者和大众传播内容的使用者。

在这个大数据时代，全媒体传播逐渐超越传统媒体并占据上风已经是业界学界都达成的共识，全媒体是基于算法数字化技术的传播方式，因此，全媒体传播的特性之一：它是具有数字化特征的传播方式。全媒体传播下的传播模式发生了变化：以传播者为中心变成以受众为中心。根据麦克卢汉的定义，全媒体是以个人为中心的从人内开始到人内结束的传播。因此，在用户互动和参与上是全媒体传播的一个优势。传统媒体属于线性传播，它形成的传播关系是单向的，主要特点是方向确定性及无间断性。在这个传播关系下，受众只能跟着电视或者广播走，一旦错过就是错过了，而非线性传播相对于线性传播来讲，就是互动且双向的，基于这个特点，用户就能够有更多自主选择的自由并且能够及时给出反馈。根据全媒体传播的特点，受众与传统媒体下的比较，在保持已有特点的基础上，也增加了新的特征。

1.受众广泛，分众明显

根据 CNNC 关于中国互联网发展的第四十四次统计报告，到 2019 年 6 月，中国互联网用户数量达到 8.54 亿，比 2018 年底增加了 2598 万，互联网普及率达到 61.2%，比 2018 年底提高 1.6 个百分点。以此可见，全媒体受众人数逐年增加，但与此同时，受众的独立性增强，分众现象明显。根据自身的兴趣爱好和自身需求筛选信息，从而形成少数，媒体以此实施准确的信息推送。

2.自主与主动并存

中国的移动互联网用户规模和同比增长率与上方数据相同，其中使用手机上网的互联网用户比例达到 99.1%，比 2018 年底提高 0.5 个百分点。在新的媒体生态中，借助技术授权和低成本的网络应用工具，受众可以参与网络信息链并积极设置议程和修改议程。受众不仅是接收者，消费者，而且还是信息的生产者。同时，公众意识唤醒并积极维护自己的切身利益。

3.混杂与隐匿并存

在全媒体技术下，受众的"多,乱,散,杂"的五个特征和碎片化、浅阅读的弊端更加突出。尽管现在大多数网络平台都采用"实名制"的方法对受众进行监管，但是还是隐匿性更多，尤其是这种状态下的受众聚集到一起容易受到群体心理的暗示，大部分人失去了独立思考的能力，最终群起而攻之，引发网络暴力。比如近年来多起新闻事件的反转都体现了这一点。

4.共享和参与并行

社会化媒体已经将人们的离线生活转移到了网上，受众除了满足"表达"和"参与"的需求外，还具有分享和社交互动的需求。在可以匿名的数字化传播中，共享和社交互动并不需要承受太大的压力，但也可以增强受众的主观沟通和现实参与感。因此，施乐帕克研究中心的前负责人约翰·西里·布朗认为，在一个可以被称为互联网记者或评论员的时代，观众不再是消费者，是生产消费者，这种角色将消费者和生产者混合在一起。作为传播主体的一部分，全媒体必须关注受众的特点，充分发挥受众的主动性。

人们每天的行为都与数据相关，或呈显性或呈隐性。都从正面侧面反映着他们的性别、受教育情况、喜好、性格特征等，数字技术和互联网的普及一体化记录着这些数据，经过对以上数据的探索和深入研究，再加上邮件和电话的访问，用户研究部门的工作人员能够较为准确地了解一个个具体的个体，大概率可以对这个个体的后续行为做出精准预测。根据 Netflix 的说法，他们将使用拥有 2900 万用户的庞大数据库来分析和预测用户的喜好和视频选择。通过这种数据分析，我们不仅可以更全面地了解受众的喜好和兴趣，还可以更准确地了解交流内容的受欢迎程度，以及哪些话题和题材更受追捧，并具有在选择材料和内容生产方面有更大的保证。因此，确定目标受众时要精确，不能贪多，这样才能使广告故事和品牌价值更鲜明。

(二) 受众需求

使用与满足理论是有关受众需求研究的基础理论，是指受众基于自身特定的需求，产生去使用、接触媒介的动机，同时在接触媒介的活动过程中使得其特定需求得到满足。使用与满足理论存在着一个关键的前提要素：受众需求。在传播学理论中，受众需求是"个人基于自我特征和社会条件双重影响而产生的心理内部活动，是受众对使用媒介产生期待的开始，也是致使受众媒介接触的最本质的主体性因素"。在马斯洛需求层次理论中，人的需求共分为生理需求、安全需求、社交需求、尊重需求和自我实现需求五种，这五种需求充斥并贯穿了每一个受众日常生活的整体之中。在移动全媒体时代，人们日常生活的方方面面已经被网络空间所渗透，人们的需求在很大程度上也被互联网所影响并通过媒介展现出来，因此，马斯洛需求层次理论中的社交需求、尊重需求及自我实现需求这三种较高层次的需求也顺理成章地成为了现代社会受众接触并使用媒介的特定动机。由此我们可以看出，把握并推动受众需求的产生是营造场景式传播、推动信息服务实现受众对广告信息全方位感知的第一步。另一方面，满足人民的物质、精神的美好需要是一切工作的出发点和落脚点，因此，综合来说，研究受众需求，尊重他们并重视其反馈，是广告传播活动中至关重要的环节。

在故事化广告传播中，确定目标受众以后，要发掘深藏在消费者心底的深层需求和消费者自身都没有察觉到的诉求，数据研究结果只能告诉我们消费者表面的选择，但这并不是消费者真实的心声，就好像调查问卷只能看出来他们的表面上的答案，无法告诉我们他们真正的样子。

人是思维活跃复杂的生物，数据是无法将一个鲜明生命进行量化的。所以，广告人要想创造出精彩的广告故事就要摆脱数据的束缚，不能以数据为上，而要努力问自己："消费者痛点是什么？"商业传奇史蒂夫·乔布斯的天才之处就在这里。他可以抓取到别人注意不到的地方，那就是电脑的外表设计不美观甚至有些笨重丑陋。他说过戴尔电脑就是毫无新意的盒子，他的想法不无道理，当时戴尔公司的产品机组盒是塑料的，而且缠满电线，非常不条理，给人的感觉就是十分笨重不方便。其实消费者潜意识里没有意识到但是自己需要的是：独一无二的身份。乔布斯观察到了这一点。所有人都认为自己是独特的生命体，并希望在别人眼里是一个具有魅力的精英。秉承这个理念，他创造了一个又一个象征高品质的产品，乔布斯对手机的创新唤醒了人们潜意识中的无声需求。苹果公司将他的蓝图不断故事化，创造了一系列绝妙的广告，给我们留下了品牌营销的一段佳话。

截至 2019 年 6 月，我国网民规模突破 8 亿，伴随着移动端的到来，消费者更注重体验消费过程，营销者更要提高创造浸入式体验的能力，比如，感官享受是体验，忠实于人类审美本能的美学广告和 VR 产品的走红都验证了这一点，因此，传播方式的革新和受众对于体验式的需求使得"场景"要素和吸引消费者进入故事体验过程日益凸显。科学技术的大发展带来的是全媒体传播，移动传播，其本质是基于故事场景的服务，引受众走入此类现实、虚拟或现实增强场景之中，拓展他们对品牌、商品等广告传播的认知空间及场景印象，从而使受众对其所属消费群体感到认同或帮助受众产生归属感满足其情感需求，达到其媒介接触的心理预期进而促成行为意向如消费、购物意向的产生。只有这样，营销人才能在清楚掌握消费者的需求基础上更好地做好广告传播，满足消费者的消费体验，为品牌营销服务。

因此，对于一个品牌而言，不仅应注意基本的产品更新和广告策略，而且要将消费者生活方式的变化作为自己的信息资料库。从消费者的生活中找寻机会，与消费者进行更深入的情感交流，并从消费者的角度动态呈现企业的核心价值。对自身产品进行定位，更重要的是对于市场敏锐的发现，如今人们的生活质量越来越高，不只满足于温饱，还要有健康质量，吃得有花样，穿得有品质，并给这样的生活赋予新的含义：仪式感。这种仪式感是对生活的一种态度，追求的是更高的精神享受。德芙紧跟社会变化，细分市场并将其消费群体定位为白领女性，她们的特征是独立、时尚、有品位。大部分白领的人生价值观则是爱自己，并享受所有美丽的事物，能够在最大限度上满足自己的物质需求。他们有信心并且有能力创造一个出色的物质环境，同时美化了自己的生活和整个世界。由此得出，德芙将目标消费者定为此类群体，并投资巨额的广告来塑造自身品牌的形象，以满足消费者的心理需求。

二、主题选定

确定目标受众阶段完成以后，就到了确立主题阶段。不管是文学故事还是广告故事，主题都是故事传达的核心价值和中心思想，是广告为达到营销目的而要传达给消费者的基本观念，另外，故事中的激励事件也是选定主题阶段重点设置的因素，参考《故事经济学》一书中的观点，确定故事主题需要以下步骤。

（一）确立核心价值

"符号价值""消费意识形态"是鲍德里亚提出的概念。他认为，广告符号的实质是指示"意义"，而不是指示"事物"。并将把消费定义为：不是物品功能的使用或拥有，不是个人或团体单纯赋予权威的功能；而是作为不断发出、接收而再生的符码。

基于此，可以把消费理解成，消费符号化使商品不再仅仅是一个具有使用功能的普通产品，它以符号的形式承载了更深刻的意义。也就是说，在消费社会，消费者购买的不单单是商品本身，更有附加在商品本身之外的价值。经过广告包装后的商品，会以本来的原型和全新的意义呈现在消费者眼前。总而言之，广告通过价值的描述来吸引消费者，着重描绘价值观而非产品本身。

在确定目标受众阶段找到消费者更高层次的需求或者是没有被满足的需求，即挖掘出消费者痛点并使其得到满足，并可以将核心价值以最"冲突化"的深刻方式表达出来。下面将以多芬的"真美行动"为例，这个案例则展示了核心价值对于广告故事的重要性。

一项调查研究表明，大多数女性对自己是低估的，绝大多数女性认为自己有很多缺点，只有 2% 的女性认为自己是美丽的，基于这个调查结果，2004 年联合利华发起了"真美行动"旨在帮助女性发现自己真实的美丽，让女性摆脱刻板美丽定义的束缚。

之前多芬在全球推出"真美画像"视频，故事聚焦于一位画家先根据 7 位女性对自己的描述画出她们的画像，再根据他人对这 7 位女性的描述进行作画，根据他人描述的素描画比前者的素描画要惊艳美丽得多，并且更接近 7 位女性的真实美。

这个视频从开始到结束没有一句产品的宣传，但故事本身深深打动了每位女性的心，至少在看视频的那一刻，女性是自信的，不用认为自己不完美，多芬希望通过这个故事，传递核心价值观：鼓励女性寻找真正属于自己的美丽。2013 年 4 月 14 日，这个名为"多芬真美素描"的三分钟影片首度和受众见面。故事成功地呈现了核心价值的动态变化，和多芬的受众紧紧联系在一起，在 YouTube 上收获了高达 97.6% 的正面反馈。视频如病毒般传播，点击率在一周内超过了 1500 万次，不到十天内就达到 3000 万次。两个月内，这次营销活动在全球内收获了 1.63 亿次播放，并在戛纳国际创意节上赢得了钦狮大奖。最终它的媒体形象高达 46 亿，销售额几乎翻了一番。《广告时代》也提名"真美行动"为 21 世纪最佳广告营销活动之一。

奥美作为与多芬常年合作伙伴，在总结多芬真美行动可以获取巨大成功的原因提到了一条：这么多年，多芬一直坚持自己的核心价值观，意在帮助女性去寻找自己真实的美丽。这个故事对于广告传播的启示在于要始终将要传达的核心价值观用最具戏剧化生动化的形式展现给受众，这样才能达到事半功倍的效果。

（二）选择主角

暂且不论社会企业的类别，传统意义中按照基本业务可以将企业分为三个类别：资源开发、产品开发或服务提供型。无论哪一种类型的企业，都有属于自己的本质属性，而营销活动存在的意义就是传播并推广品牌的这个本质属性。因此，传统传播关系下，营销人员采取的办法就是给予企业的主要业务，从以上三个类别中选择一个最适合企业独特属性的一个主角：公司、产品、或专业人员。

为此，故事创作者就要解决一个问题：如何在消费者和故事主角之间构建起能够产生共鸣的连接呢？

1. 以产品为主角

主角的基本特征则是：具有自由意志、能做出主观选择。然而产品只是一个客观的商品，它不存在自由意志，更没有主观选择。所以在这种情况下，大部分营销人员通常采取找代言人、或赋予产品一个动漫角色将产品拟人化这种办法，以此作为主角讲述故事。无数例子证明，品牌代言人可以对产品产生正面作用，但存在一个问题，如果代言人本身出现负面消息，或者公司产品出现不良新闻，都会影响到彼此的声誉，而这种影响实际上是有点"委屈"的。

2. 以企业为主角

营销人员只有找到企业的核心原型和附加的首要价值，才有可能把企业打造成令人感同身受的故事主角，在实际操作中，企业扮演主角通常会让故事显得空洞，如果把握不好故事的逻辑，就会变成企业简介，比如企业大事记和企业结构框架。这个时候，通常有些公司选择冠名赞助节目或者体育场馆来给自己的名字增添亲民度。或者有些公司实名讲述承担社会责任：在2020年新冠状病毒引发的肺炎疫情中，阿里巴巴以及微博等互联网公司主动承担社会责任：捐款、微博发起超级话题"肺炎患者求助"、阿里为线上商家提供贷款等等。这些使命故事让企业成为有人情味儿的主角，引起受众的共鸣，彰显企业家精神。

3．以品牌为主角

品牌使用逐渐成为现代人生活中彰显身份的象征。第二次世界大战后，品牌认同和随之而来的商标现象在纽约麦迪逊大街上率先成型，今天，人们已经习惯把品牌商标穿在胸前。这些商标不只宣传了品牌，也同时展示着商标主人的品位、阶级、政治倾向、性征、个性等等。

不管是资源型、产品型还是服务型的品牌，它都代表着企业的原型和消费者对这一原型符号的解读。每个品牌都代表着自己的特有属性和核心价值观。比如，可口可乐代表乐观积极向上，奔驰代表探索创造，苹果代表优美等等。做品牌尤其是做成能让消费者举手称赞品质的品牌不是一蹴而就的事情，需要长久经营，要付出许多心血为之策划。

总而言之，一个营销故事的主角如果是企业、产品或品牌，那么故事中主角的个性应当和这三种气场相一致。不过值得注意的是，这一做法在互联网时代要与时俱进加以调整，现代营销过程中，消费者始终占据着上风，他们已逐渐成为生产和消费活动的主角。比如：电商行业的兴起使得口碑传播更加迅速，也成为影响企业是否继续生存的重要因素。于是，现代营销的不二法门则是以消费者为中心，在今天的许多广告故事中，被塑造成主角讲述故事的则是消费者。

以消费者为中心的故事明显已经在商业中引起正面效应。只要这些故事有创意、吸引人、大部分故事会产生积极作用。不过，塑造故事最重要元素的依旧是真诚，情感共识和承诺，因为现在消费者已经对虚假宣传产生厌恶。

首先，故事中塑造的主角可以让目标受众产生情感共鸣。消费者的品牌认同会影响消费者的判断与行为，从而影响消费者的购买意向，只有产生消费者认同，才会有下一步的购买。所以，塑造的故事主角只有让目标受众产生情感共鸣，故事才会被留意，消费者才会采取购买行动。但是，许多营销人员将目标受众作为参考标准来塑造自己的故事主角，他们认为故事角色和目标受众类型差不多就能引起消费者的情感共鸣达到共情。

第十章 广告的长寿传播——品牌战略化

第一节 品牌战略与故事

品牌战略是企业的整体战略管理和推广计划，涉及企业生产、研发、营销、管理等各个方面，从整体发展的战略角度出发，通过对内外部环境的分析，使得产品在消费者中更受欢迎，并提高品牌的知名度，声誉和客户忠诚度，进而树立良好的企业形象，最终达到提高企业核心竞争力这一目的。品牌战略不仅仅是企业的事情，更关乎国家的战略影响力。2019 年 5 月 10 日，中央电视台在北京梅迪亚中心举行品牌强国战略联盟成立暨中国品牌强国盛典启动仪式，描绘了中国实施品牌战略的宏伟蓝图，对于提高全国品牌知名度具有重要意义，为建立中国品牌，增强国际影响力，和中国品牌传播形成强大的国际舆论领域。同时，广告与新闻同属传播方式，最大的区别在于：新闻有时效性，而广告是长寿的传播，甚至是一个时代的见证。可以说，广告是品牌战略化完成的重要手段。

品牌价值是企业宝贵的资产，不必说品牌价值的管理可以增加企业的利益，但更重要的是，它可以增强品牌的竞争力。在对品牌价值进行管理的过程中，品牌故事是一个很好的策略，品牌故事源于品牌在自身发展历程中的优点和核心价值，从而清晰地传达给消费者。经过长久的实践得知，品牌故事在塑造品牌达成品牌战略方面的确是有更明显的效果，因此，讲故事与品牌战略有着深刻的联系，可以说，故事是实施品牌战略的重要手段，且可以同时诉诸道理和情感，它使得品牌的核心价值变得清晰，深刻。

在对一些经典品牌做案例分析时，就会看到在某种程度上每个成功的品牌背后都有一个精彩的故事。比如可口可乐基于品牌特性创造了神秘配方"7X 商品"讲述品牌价值的故事。李宁在北京奥运会点燃火炬从企业经营者的角度讲述了品牌创新；星巴克立足企业责任，投资电影《北极故事》叙述了品牌愿望等。这些品牌售卖的不仅仅是商品本身，还有背后的营销故事。因此，将品牌的历史和核心价值融入品牌故事，并通过故事化叙事的方法进行营销和增强消费者体验对于实现品牌战略具有重要意义。

第二节　品牌故事

杨大箔认为：品牌故事是广告的另一种形式，是品牌成长过程中品牌与消费者之间的情感传递。一个伟大的品牌背后必然凝结着为人熟知的传奇经历，品牌故事缔造了这个传奇，而广告则是传播品牌故事的最好方式。为此企业想通过讲述品牌故事来达到品牌战略成功的目的，需要在两方面做出努力，一方面是创作出主题突出，角色贴合实际，情节精彩的品牌故事，另一方面是采取多种策略讲好品牌故事，使品牌故事得到有效传播。

一、品牌原型

原型（Archetype）一词来源于希腊语（Archein），意为"起源的或者古老的"，另一个词根（Typos）意为"样式，型号或者类型"。本意是"最初的模式"或"某事物的典型"。心理学家卡尔·荣格在他的人类心理学理论中用到过"原型"的概念。他认为，"原型"以神话角色的形式，在全世界人类的集体潜意识中存在着。原型体现了人类进化过程中一些基本的人类形象，很自然地，这些原型能够唤起人类深层次的感情。尽管事实上有许多不同的原型，但荣格定义了能够代表人类基础欲望的12个主要的类型。每种类型都有它自己的一组价值观，意义论和性格特点。同时，这12个类型又被以4个为一组分为三大类，分别是"自尊""灵性"和"自我"。一个大类中的每个人格类型都拥有共同的驱动力，例如"自尊"里的每一个类型都被驱使去做那些被定义为体现自尊的事情。总之，卡尔荣格将人类心理结构中最古老的印记称为"原型"。营销学者根据"原型"理论演化出品牌原型。玛格丽特·马克和卡罗·S·皮尔森系统将这些原型进行了商业性的剖析，整理出12种品牌原型（如表10–1所示）。

玛格丽特认为：原型是品牌的心跳，因为它传达出一种感觉，即客户认为他们正在与某种生命互动的产品。于是，顾客和产品建立起了关系，他们会关心这个产品。广告人作为品牌故事的讲述人，要将这些原型传播出去。因此，在运用深刻的原型概念来创造、管理和培养品牌的意义时，也就包括了叙述品牌故事。

表 10-1　12 种品牌原型

原型	座右铭
天真者	自在做自己
探险家	不要把我困住
智者	真理将使你获得解脱
英雄	有志者事竟成
亡命之徒	规则就是立来破的
廣法师	梦想成真
凡夫俗子	人生而平等
情人	我心只有你
弄臣	如果不能跳舞，我就不要和你一起革命
照顾者	爱邻如己
创造者	想象得到的，都能创造出来
统治者	权利不是一切，而是唯一

　　基于这本书，本文认为：人是复杂多面的生物，每个人内心都有很多想扮演的角色或者渴望接触并有互动关系的角色，这种角色就是原型。人们在遇到可以和自己内心另一个角色共情的品牌时，他们会主动接触该品牌。比如亚马逊网站的名称就是一个成功的品牌原型应用案例，一方面，这个名称让内心藏有"探险家"的消费者想象自己可以在亚马逊河流来一场"奇幻漂流"，另一方面，亚马逊的原型名称也让人联想到传说中的希腊女战士，与深沉的女性力量联系在一起。亚马逊读者很大一部分是女性，她们中很多人想通过阅读进行探索找寻另一个自己，所以，亚马逊的名称对女人有特别的吸引力。威拉·卡瑟说过：只有两到三个精彩的人类故事，它们一次又一次地重复，好像从未发生过。无论故事情节如何变化，故事本源就是由人类心理结构中 12 种原型根据固定的故事模式演绎的，只有当原型触动观众的最深最痛的神经，广告故事才会实现最好的传播效果。因此，营销人员在讲述品牌故事时候，从品牌原型为切入点，构建原型和意义组成故事中的主角来演绎品牌故事。

二、品牌故事创作

　　广告人和营销人员在创造品牌故事时要做的思考是：我们要创造怎样的故事，以使消费者认为购买我们的产品有意义？我们如何改善我们的产品并使它们对消费者自身的故事和经历有意义。也就是说，用广告故事助力打造品牌的首要一步是：如何创造一个充满品牌核心价值的精彩故事并为消费者带来意义，建立品牌与消费者的联系，实现双向交流。

（一）创造品牌故事

在完成目标受众阶段之后，第一步是确定故事的主题，这是一个品牌区别于其他品牌最显著的特征。主题须与品牌的核心价值和主角的选择保持一致。在一定程度上，品牌故事的主题实际上是品牌核心价值的体现。品牌的核心价值在于其个性和兴趣可以被消费者清楚地识别并记住。

例如，可口可乐公司的广告语为"要爽由自己"，承载年轻激情的意义向消费者传达快乐和活力的企业核心价值观；再如同仁堂在非典期间卖药的故事展现了医者仁心，给了消费者希望。通过观察许多在消费者有好口碑的品牌之后可以看到，有些品牌在产品性能方面并没有比同行业其他品牌的产品或服务更高质，然而可以得到消费者的青睐成为行业标杆，在一定程度上依赖于自身塑造的品牌故事符合消费者心中对其品牌原型的期待，从而赢得消费者的共鸣和认同，品牌故事生动演绎了品牌的核心价值观实现了与消费者心灵的深层次沟通。基于此，该企业的产品和品牌会在无形之中带着光环，在消费者心中有特殊的意义。

因此，品牌在创造广告故事时要将同行业所传递的信息区别开，察觉消费者对品牌的情感需求，另外，故事主题秉承的意义要契合品牌的核心价值观，这样才能使消费者对品牌的印象更深刻倾心。

（二）塑造故事角色

像故事中有主人公一样，品牌故事也有角色，或是产品，或是企业本身。玛格丽特·马克阐释了故事中角色类似人类潜意识中"原型"角色，品牌故事里塑造的角色不管是现实的还是虚拟的，它的价值观都反映了"原型"赋予的意义，所以，应使塑造的角色是消费者乐意看到的形象，符合他们心目中对"原型"的期待。

一个合适的故事角色可以唤醒消费者的深层需求和自己没有察觉到的动机，"原型"正是有这样的力量。当今，品牌是人们认识自己和展现自己的一个手段，可以说，品牌是使用者的名片，因此，在塑造品牌故事时，经过受众和故事主题研究之后，需要深入分析品牌故事角色。成功运用十二种品牌"原型"来讲述故事的广告，比如1984年苹果亮相于超级碗中身穿红色短裙的女运动员便符合"探险者"这个原型角色，她崇尚自由不顺从，这个广告与小说《1984》联系在一起，把IBM比作无处不在的老大哥，女运动员在广告片的最后将锤子砸向巨大的屏幕，旁白说道："苹果电脑将推出麦金托什，你会明白，为什么1984不会像《1984》那样。"这个具有反叛的角色和强悍的宣言代表了咬下第一口苹果的公司那创新、自由的核心价值观，触动消费者神经，引起了深深的共鸣。

（三）设置激励事件

一个饱满的故事情节往往包含紧张的冲突事件，即激励事件。罗伯特麦基在《故事》一书中对激励事件的表现特点在故事中有以下表现特点：直接发生在主人公身上或由主人公所导致的单一事件；由伏笔和分晓构成；动态的充分发展了的事件；打破主人公生活中各种力量的平衡，使价值钟摆由负面变为正面抑或相反。基于此，设置激励事件的方法如下：

首先，赋予主角欲望目标和价值观。人是社会关系的总和，一个人目标和价值观的体现来源于他所处的社会环境和文化影响。从主角的生活背景中，我们可以了解到主角内心渴望的事情、他要做什么和希望达成什么目标。每个人都认为自己是失败者并渴望发生改变，这是一个切入点。这个可以借助"原型"解释。比如"丑小鸭"类型的故事架构，主角被掩藏在普通的外表之下，本身的魅力和力量还未显现，在某一节点开始变身，克服阻力，获得认可。这种故事的吸引力，在于可以让消费者感受到主角的深切渴望和生活目标。

其次，设置伏笔和冲突解决过程。冲突律认为：冲突是故事的核心。从情节上看，冲突是故事成立的必要条件，有了打破平衡的冲突事件，故事才能得以继续发展。冲突有预示性，不是突然发生的，它需要一个发生、采取行动、解决危机的过程。因此，塑造品牌故事应该围绕失衡或者困难的出现、主角对事件的解决方法和动态过程来展开叙述。比如，每场激烈的比赛就是一个精彩的故事，从开场开始，到终场结束，中间的过程主角就是每一个运动员、队伍、教练，激励事件的出现打破了原本的平衡，让每一位主角都采取行动来克服危机，第一个行动完成之后，得到第一个反馈，重复几次，最后得到结果，完成目标。这个过程就是生动故事的过程，每一位教练和队伍都书写着这个故事。

三、品牌故事传播

品牌故事是将故事与品牌的独特属性联系起来，从而使消费者可以通过品牌故事了解品牌的产品，服务和概念，并形成对品牌的认同感和忠诚度。其实，这个过程实际上是企业借助讲述品牌故事向外界传播品牌核心价值和意义，与消费者实现更深的沟通，引导说服消费者完成重复购买的过程，最终建立和消费者的长期信任关系。因此，在塑造完整的品牌故事之后，如何讲好品牌故事，也是广告作为传播手段的重要目的之一，更是品牌战略的关键。

（一）遵循结构化原则

从讲故事的维度来说，最好采用适当的叙事形式，可以从时间顺序和情节两方面为重点：包含开场、过程和结局；围绕核心矛盾、突出冲突。

从时间顺序看。讲述一个完整的品牌故事，应该设计开端、发展和结尾三部分结构并按照因果逻辑或者时间顺序进行演绎。从情节来看，要凸显激励事件，围绕危机和冲突展开讲述。完整的故事结构如上文整理，从描述主角原本平衡的生活，后来遭遇危机打破平衡，面对危机做出选择，最后克服困难获得新的平衡。比如达芙妮的一则电视广告：

女主角童年时候都有一个拥有一双属于自己的高跟鞋的梦，总是会偷穿妈妈的鞋子在镜子前照来照去，再长大些拥有一双红色的公主鞋，真正长大后终于有了属于自己的高跟鞋。

这则故事就是按照时间顺序讲述的，小时候到长大些再到真正成年，凸显出的矛盾则是"是否有高跟鞋"这一现实和梦想间的激励事件，故事最后小女孩成长为真正的女人并拥有了高跟鞋，动态展现了激励事件的解决。

（二）遵循系统性原则

所有故事都应体现相同的核心价值（品牌口号、主张或宣言）。品牌的明确定位使品牌在传播故事时遵循一个故事的原则。如果有太多不同的故事，便会使得消费者对品牌产生混乱的认知。品牌区别于其他品牌的最显著的特征和最有价值的无形资产则是品牌的核心价值观。消费者选择品牌不仅仅是单纯的商品选择，更是品牌所代表的价值观给自己的"身份"赋予不同的个性和态度，甚至可以说，被选择的品牌与消费者对人生追求相契合。基于此，在传播品牌故事时，应该围绕一个核心故事或一个口号、主张进行叙事，遵循系统化原则，讲述同一核心价值观并不只是用同一种方式，可以结合多种方式进行广告传播。例如，德芙品牌的核心故事是公主芭莎和一位厨师莱昂的凄美爱情故事，以此解释了"DOVE"来源于"Do You Love Me"，这个故事首先奠定了消费者对德芙巧克力品牌的认知，随后通过一系列德芙女孩的故事来强化"爱""美丽""浪漫"核心价值观，不断抓住消费者内心对情感的诉求，给了女孩纵享丝滑般的体验，希望每一个选择德芙的女孩都能有爱和浪漫的想象与追求，德芙不断丰富广告片的形式，从普通的故事到音乐剧和微电影，但都没有离开品牌自身要表达的核心意义，不断强化受众脑海对品牌的印象，培养了品牌忠诚。

所以，品牌经营者和广告人必须为受众提供品牌独有的价值，和多种方式提供连续的广告意义体验。就像媒体建立新用户和留存老用户的方式一样，品牌必须用同样持续的方式传播自身的故事，才能赢得吸引消费者，取得消费者的尊重并时刻保持新鲜感。

（三）遵循差异化原则

在故事的传播过程中，应遵循差异化的原则，主要有两层含义：根据品牌的市场定位和目标受众的不同，用不同的剧情和广告文案风格多途径、多版本传递主张一致的故事，为恰当的受众讲恰当的故事；讲故事的方式有别于其他品牌。具体问题包括：一方面品牌是否根据受众属性传播不同的故事；另一方面品牌使用什么渠道和途径进行故事传播。例如，德芙巧克力在品牌定位上不断创新，为目标市场的拓展进行新的情感和意义的注入，使得德芙拥有更多温情的内涵。它在爱情的观念上进行淋漓尽致的演绎之后，开始探索亲情路线，朝着人们内心深处最柔软的部分触碰。从关晓彤代言的母女亲情故事再到马思纯的父女间的温情和感动，都以中国的传统节日为故事背景，讲述着社会中一个普遍的共识：孩子长大逐渐会离开父母。观众们不觉间就会产生共鸣，都向往着儿女能够陪伴左右，这样，品牌在售卖商品的同时，也在向消费者的心坎里倾注了梦想。

讲故事时，需要整合多种途径进行。在这个信息爆炸的互联网时代，广告是人们最常见的传播方式，要利用多媒体融合的趋势抓住传播机遇进行传播，当然，广告不单纯指的是电视广告，因为从硬广告和软广告的角度来思考，带有功利性传播目的的手段可以统称为广告，例如许多品牌通过短视频平台和主播推荐进行推广；也可以注册微博账号联系社会热点进行运营；有的则是通过博物馆进行传播比如奔驰汽车博物馆等等。

（四）遵循简洁性原则

遵循简洁性原则指的是要简单地讲故事，广告故事是带有功利性审美的，像波普艺术那样的流行艺术品，目的是让更多的受众明白故事的意图达到传播效果最大化，而不是塑造出一个阅读理解式的故事让消费者去分析，消费者的注意力转移很快，如果故事太晦涩冗长，消费者很快就跳过故事不去接收。同时，故事需要留白，意犹未尽，不能面面俱到。具体就是两层含义：用消费者可以理解的方式去讲；给消费者留下想象空间。比如耐克的广告文案 "just doit" 和脑白金一句话 "今年过节不收礼，收礼只收脑白金" 都简单明白表达广告意图，让观众轻而易举理解广告信息；再比如，《广告狂人》有这样一个案例：

故事发生在美国六十年代，有一个烟草品牌要求广告公司做营销策划，广告人一开始无论如何都想不出如何避开 "吸烟有害健康" 这一点，后来主角巧妙运用 "toasted" 这个词的多义属性：被烘焙过，举杯祝福。创造了广告文案 "Lucky Strike, its toasted" 给消费者留下不断去品味的空间，想象自己被祝福的美好愿景。

消费者和品牌之间的关系除了存在买卖关系，还有心灵和精神的沟通，广告故事不是让消费者做 "阅读题"，而是让消费者通过品牌故事发现或者创造自己的精神家园，这样才能使得品牌故事发挥最大的作用。

第十一章　全媒体融合背景下的不同环境下的传播策略研究

第一节　全媒体环境下利用传统媒体传播公益广告的策略

时代给予了全媒体大好的发展局面，这让全媒体也逐渐占据现代人的生活。越来越多的人选择使用手机媒体为代表的全媒体，这在很大的程度上分散了已部分受众的注意力，让往日占据主导地位的传统媒体不再"独占鳌头"。但是即使是在如今的全媒体时代，传统媒体依然以自身独有的特色让其在社会上仍然具备一定的社会影响。传统媒体有着其他媒体无法相提并论地公信力与号召力，仍然具有非常大的利用空间。公益广告传播应该充分发挥传统媒体的优势作用，发挥带头引导作用，营造良好的社会风气。

一、传统媒体仍是全媒体环境下公益广告传播的重要媒体

（一）传统媒体具备优势的现实依据

当今全媒体环境媒体的种类十分庞杂。但是在众多类型的媒体当中，传统媒体以其特有的高权威性和高覆盖性，使它仍然是一个非常理想的发布公益广告的媒介之一。首先，传统媒体像电视、报纸和广播，在如今的新环境下，它们仍然是属于国家掌控的主流媒体，所以长久以来所建立的品牌知名度也具有着较高的大众传播度。不论是从覆盖率还是其具

备的高权威性和公信力来说，这些突出的优势都是其他媒体无法比拟的。人们普遍观念认为传统媒体上的可信度是高于全媒体的。其次，传统媒体不仅作为公益广告的发布者，在另外一个非常重要的领域，关于广告的制作方面，它也承担着非常大的作用，自始以来，从传统媒体上播出的公益广告，媒体本身就是广告的策划和创作主体。它们不仅需要提供公益广告在该媒体上播出的广告时间段或者版面之外，还需要承担着广告的策划创作部分。关于传统媒体上公益广告的刊播率，国家也有着明确的规定，这就在某一程度上为公益广告事业提供了重要的政策保障。而且这也明示或暗示，传统媒体就是公益广告的主力军。在笔者制作的调查问卷中，"受众偏好的公益广告媒体"一题，也有着较多的人选择传统媒体。

（二）传统媒体具备优势的理论基础

传统媒体的优势不仅仅在现实方面，在理论方面，美国的广告大师李奥·贝纳曾说："任何一个广告在没有向公众展现之前。他都没有办法发挥它的传播功能，因此也无法成为意义上的广告"。公益广告在广泛的大众传播当中应该遵循着大众传播理论。将其作为理论指导，找出最优势的传播规律，这样才能更好地发挥公益广告的作用。大众传播理论当中，一则非常重要的理论就是社会责任理论。这条理论促使传统媒体一直以来向公众传播公益观念。该理论表明：传统大众媒体是有着非常强大的信息传播能力。每一次传播活动都对广大的社会政治经济和文化都有着强有力的影响力。因此，大众传播不仅要以身作则，努力发挥自身的作用，还要自觉承担社会的监督。当该理论公布于众之时，即对当下社会起着非常大的推动反思作用，当时众多广告界的有识之士开始认为，公益广告向公民传达对社会有益的观念是一个非常有益的活动。所以社会责任理论在走一程度上大大地推动了公益广告的发展。同时，这也为国家社会对传统媒体刊播公益广告进行规范和提供理论基础。

另外，传播理论当中有一条非常重要的议程设置功能也对公益广告的发展起到了非常大的作用。"议程设置功能"理论认为：媒体每天为大众传播的信息内容在无形当中成为社会所想表达的导向价值观。所表达的内容也间接地引导了公众去关注和思考。这样就会出现媒体报道什么，公众就关注什么。媒体支持什么，公众就自然认为那些是正确的内容。所以，公益广告在传统媒体上的播出就会有着先天的优势传播效果。所传播的广告内容会无限作用于收到信息的受众。这样就在某一程度上为公益广告的有效传播提供了无法撼动的现实基础和理论依据。由此看来，传统媒体进行公益广告传播的活动就有着非常重要的必要性和有效性。

（三）充分发挥传统媒体的舆论引导优势进行公益广告传播

在当下全媒体环境中，人们获得信息的渠道日渐多元。但是缺乏管理的信息市场充斥着无益的垃圾信息，众多传播内容的质量无法得到保障。如此一来垃圾信息便会分散人们的注意力，混淆人们的关注点。严重的话很有可能会引导错误的社会观念。因此，传统媒体更加地需要发挥他在社会当中所具备的舆论引导能力。主动强化对社会公益理念的传播，帮助社会构建正确的价值导向，这样才能促进社会的和谐发展。

1. 进一步强化传统媒体的公益意识

一直以来，传统媒体作为发布公益广告的主力军，它所具备的权威性和公信力使得公益广告的传播有着非常好的传播效果，但是目前我国尚未形成一套成熟的公益广告运转机制，所以政府也一直作为公益广告事业发展的主要推动者。而传统媒体作为公益广告的主要执行者和发布者，主动提高自己的公益意识，去承担更多的社会责任，这样才能促使推动公益广告的发展进一步得到强化。一个具备广泛受众的传统媒体，衡量它是否具有公益意识，是否具有承担社会责任的积极性，就看其传播公益广告是否有强有力的执行度。因为公益广告在促进国民精神文明建设方面有着非常重要的影响力，所以传统媒体作为发布者就更应该主动承担社会责任，积极承担刊播公益广告的责任，这样才能持续营造良好的社会风气。这在整体上来说。不仅为社会做了巨大的贡献，也为自己的媒体品牌树立了非常好的社会形象。

2. 合理的量化控制公益广告在传统媒体上的占比

虽然说传统媒体发布公益广告有着非常好的传播效果。但是如果没有掌握最佳的刊播数量和质量，那么它所形成的社会效应无法得到最佳发挥。要想知道公益广告是否有效发挥了它的社会作用。那么首先需要明确的就是在传统媒体上，公益广告所发布的数量和频率是否得到有效控制。提升公益广告在传统媒体上的刊播率，是一个在当下全媒体环境中保证传播效果的重要举措。当下全媒体环境信息庞杂。受众的注意力无法得到集中。人们停留在传统媒体上的时间和精力也变得有限。所以如何在有限的受众接触当中，提高对受众的影响力。只能通过发布更优质且更多频次的公益广告，这样才能保证传统媒体在传播公益广告中扩大影响力和号召力。

相关部门发布的公益广告刊播通知中，对于各种媒体刊播公益广告的数量做了明确的规定。广播、电视节目发布公益广告的时间不应少于全年商业广告发布时间的3%。在19:00－21:00这个时段，每套节目平均发布公益广告的时间不应少于此时间段发布商业广告时间的3%。而报纸、期刊媒介同样，在每年刊出公益广告的版面不应少于发布商业广告版面的3%。虽然国家做了明确的公益广告发布标准，但是是因为缺少了直接的法律法规管理，也并没有直接有效的监督措施，所以在实际的公益广告传播当中，往往还是会有很多媒体没有严格按照标准去执行。根据日常生活观察以及调查研究的结果显示，报纸、广播等传统媒体已经逐渐淡出人们的视野，所以它们的刊播公益广告频次直接决定了受众是否能够接触到的概率，只有增强受众的接触率，才能有效地提高受众对公益广告信息的记忆，这无疑是一个量变到质变的转化过程。在此基础上，相关部门应该积极推动制定相关政策，合理的量化控制传统媒体刊播公益广告的数量和频次。比如规定电视或者广播媒体每天在固定的时间播出公益广告，报纸或者杂志每次都要固定去刊登一些公益广告，合理的控制版面和数量等等。除了政策上对刊播公益广告的明确规定，各大传统媒体也应积极主动地去承担相应的社会责任。保证在公益广告上的刊播指标，科学合理地优化刊播的频次和数量。这样不仅可以促进公益广告的有效传播，还可以提高自身媒体的社会形象，实现双赢。

（四）强化热点事件性的公益广告传播

全媒体环境下，媒体的不同功能使得公益广告有了非常多样化的选择。作为具有高权威性和公信力的传统媒体，更是为公益广告的传播提供了直接有效的传播平台。因传统媒体的地位特殊性，导致它在传播公益广告时所能形成的舆论引导力是很多全媒体和小众媒体无法匹及的。尤其是在一些突发的社会性热点问题事件当中，传统的电视媒体拥有的媒体资源和媒体经验，致使它在传播社会热点事件中有着非常好的整合能力和传播效果。而且公众往往会在这样的事件当中更倾向于相信传统媒体。如此一来，借助社会热点，传统媒体可以在非常短的时间内强化自身所想表达的舆论观点。此时，借助热点所刊播的公益广告趁热打铁。如此一来，社会热点事件的影响力逐渐转变成公益广告的影响力。

每当社会发生重大的热点事件，传统媒体便紧紧跟随报道，结合议程设置的功能，配合输出所倡导的公益理念，对事件展开持续性和多角度的公益报道传播。这样就可以提高整个社会对事件以及公益观念的关注度和感知力。所以传统媒体往往可以结合社会热点事件刊播公益广告，这样的一个方式通常都会给公众留下非常深刻的影响。在这样的一个长期发展过程当中来说，传统媒体已经形成了一套对重大事件发生的快速反应，刊播的内容与时机紧紧结合社会热点可以在第一时间鼓舞人们的士气，激发人自尊或者自信心，从而使举国上下团结一心，共同形成强大的精神力量。比如2020年"新型冠状肺炎"肆虐之时，公益广告就在这场疫情阻击战中，成为了宣传和战胜疫情的特别战场。各大传统媒体不仅大幅提高了时间的报到程度，更在事件背后的顽强精神上持续发力。电视上、广播里、报纸上所发布的"武汉加油、中国加油""众志成城、抗击肺炎"等主题的公益广告，让社会公众开始坚定信念，顽强抗击疫情。当时公益广告可谓是为笼罩在"新型冠状肺炎"阴影之下的人们点亮了一盏明灯，它有效地消除了社会大众对疫情的恐慌心理，并且也鼓舞了平民百姓，坚定信念可以战胜疫情。在这样的特殊时期，公益广告的影响力为打赢这场疫情阻击战提供了非常重要的力量。

因此，传统媒体在借助社会热点事件传播公益广告时应该发挥其独有的议程设置功能，充分发挥其强大的公益引导力量。从而在热点事件中留下深刻的传播效果，使得公益理念在未来也会给予人们不断的力量来源。

（五）选择最适宜的公益广告传播媒体

不同的传统媒体有着不同的媒介特性。像报纸可以直观输出信息且易于保存，但是也会产生信息过多，表现力不够的现象。像电视可以动态展示，感染力强，但是却稍纵即逝，无法让受众加以保存。如今全媒体环境下各种全媒体的优势逐渐凸显，传统媒体在这样的局面下。主力军的地位也被撼动。即便如此，传统媒体所具备的特有媒介属性，仍是其他全媒体无法比拟和超越的，这也成为在媒体竞争如此之激烈的环境下，传统媒体仍然占据重要位置的原因之一。因此在全媒体环境下，如何扬长避短地组合媒体利用是非常值得思考的一个问题。经前人研究发现，"报纸当中的'议程设置'能够显著影响到较长期议题重要程度排序，而电视的'热点化效果'则会更加突出"。[18] 这也给了想要传播公益广告的传统媒体提供了新的思路，例如在需长时间开展的系列公益广告深度宣传时，可以倾向于选择报纸媒体；在需要瞬时对热点的公益广告议题进行强调时，可以倾向于选择电视媒体。

（六）创新传统媒体公益广告的传播形式

传统媒体要想在当下复杂的媒体环境中继续引领公益广告的传播力，就必须注重创新自己的传播形式。广大受众在全媒体的刺激下，已经逐渐产生审美疲劳，所以如何抢占到重要的眼球资源，成为了媒体重点关注的课题。公益广告因为其特有的说服性劝导性使得以往的公益广告可能出现了说教化严重的现象。所以为了更好地推动传播效果，传统媒体也应该主动转变自己的劝导方式，调整与公众的沟通方式才能更好地将所倡导的公益理念融入到节目当中。增强传统媒体的人性化服务，避免传播的公益广告过于生硬，这样才能营造更符合自身媒介特点的传播效果。

当下的商业广告，常常会选择一些软性的广告植入方式，那么借鉴这样的道理，公益广告也可以让公益理念更加软性的植入到电视或者广告广播栏目当中，这样也会让受众更加易于接受，受众也会更加自然的去吸收公益理念。只要传播形式运用得当，收获的效果就会翻倍。

二、全媒体环境下利用网络媒体传播公益广告的策略

如今的信息社会高速发展，大众传媒在更迭的科学技术推动之下得以迅猛发展，随着5G技术的逐步完善，全媒体信息技术也随之提升，种类丰富的媒体形式也开始层出不穷。当下无论是生活的哪一方面，从资讯到娱乐，从通讯到搜索等等，全媒体的涉及已经几乎做到了面面俱到。而且重点是大众对全媒体的依赖也越来越深。全媒体逐渐成为了传递信息的核心途径之一。不容置疑的是，全媒体的迅速发展为宏大的广告业提供了非常广阔的发展空间，而公益广告作为一种特殊的广告形式，也需要借助全媒体的力量扩大自身的公益传播范围，增加公益广告传播的新契机。

在当下全媒体环境中，人们开始倾向于接触全媒体而非传统媒体，因此全媒体可以覆盖的受众也在某一程度上超越了传统媒体所覆盖的受众。不仅如此，全媒体相较于传统媒体，它有着非常独特的传播优势，比如说可以迅速传播热点内容，可以更加点对点地与受众进行互动传播等。这让受众更加愿意接受如此的信息接收方式。全媒体在如今的发达网络信息技术的保障下，为传播公益广告形成了巨大的便利条件。除此之外，由于全媒体具备受众广、流动性大等特点，所以在传播公益广告的层面上不仅制作和投放的成本会比较低，还能够非常有效的弥补传统媒体刊登公益广告的覆盖不足。保证与受众形成更好的互动效果。此外，还可以利用全媒体的大数据技术分析系统，让不同类型的公益广告可以作

用于不同的目标受众。这样就可以有效的扩展公益广告的受众覆盖面，而且也可以使得受众更加易于吸收公益广告所传播的公益理念。不得不说全媒体的产生对公益广告的传播所起的推动作用是显而易见的。

（一）网络媒体应做好公益广告的深度传播

互联网时代发展至今已经经历过几轮的更新换代。而现如今作为最先进的媒体形式。网络媒体的影响力依旧是越来越广的。由于它非常特殊的传播特点。致使的所能传播的范围和效果远远超过了以往的传统媒体。它所能提供的社会性功能和娱乐性功能已经几乎覆盖了人们生活的方方面面，所以受众会更多的选择使用全媒体。在这样的情况下，人们对接收的信息也不再是像以往传统媒体那样的单向输出，而是可以自主去选择关注哪些信息，找寻自己所感兴趣的内容。这也是网络媒体在传播公益广告上值得去思考的问题，如何将公益广告与全媒体进行更加深度的配合。如何激发受众更主动的去吸收所传播的公益广告内容，这必将成为公益广告在全媒体上传播需要亟待解决的问题。全媒体也应该积极的去借助当下最新的数字技术，然后结合自身媒介特点，寻找最佳的公益广告传播形式，以增强受众的认可度。

1. 网络公益广告的传播优势

新兴的网络媒体有着传统媒体无可比拟的优势。它所具备的优势无论是从传播的范围，传播的自由度还是说传播的效果方面都有非常独特且难以超越的优势。因而越来越多的公益广告更愿意选择在网络全媒体上进行投放。二者相辅相成，互相促进。逐渐扩大扩大传播优势，具体如下：

（1）具备明显的互动特征，反馈机制及时高效。与以往侧重于单向输出的媒体形式不同的是，新兴网络媒体在传播公益广告时具备着高度的互动性。而受众是否吸收了该广告的内容，或者说对该广告的态度如何，传统媒体是没有办法获取的，而且即使有获取的渠道，也无法及时地进行反馈和沟通。但是网络全媒体在刊播公益广告的时候，就能够与受众形成良好的互动机制。受众可以选择性的吸收自己更愿意去接纳的公益广告内容，而且对于自己有想表达的问题和建议也可以及时地进行评论或者留言。与此同时网络全媒体的管理者或公益广告的发布者还能对此进行回复，这样就形成了一个直接的沟通平台。

（2）受众对广告的有效吸收和拓展。根据最新的国内互联网络相关发展情况的统计结果，我国网民数量在2019年上半年就超过了8亿，互联网络的普及已经成为时代趋势。而众多网民对全媒体上传播的公益广告有着较长的吸收能力和反馈能力。也逐渐的在这样的一个传播的体系当中担任着更重要的接收者角色。他们不再像传统媒体时代受众的单向封闭，而是具备了更强的互动属性。同时可能产生的意见领袖会在二次传播当中发挥着更重要的作用。因此，公益广告针对在全媒体上的发布能够进行更加有效的传播速率。伴随互联网技术和网络信息技术的日益完善，加上网络覆盖面的逐年扩大使得公益广告的传播将会提高更大的接收率。所以在这样一方面来说，不断更新进步的全媒体受众将有着更高的传播价值。

（3）传播成本较低。以往的传统媒体上发布公益广告常常会遇到一些资金上的问题而且也会出现一些制作的瓶颈。但是，如今的网络媒体却有效地避免了这样的问题。由于全媒体产品具备着技术难度小、灵活性强等特点，所以对公益广告的制作和传播的成本较传统传播形式相比，具备较大竞争优势。除此之外，受众有时候也会成为一个主动的传播者。他们会自主地进行免费的公益广告传播，虽然影响力较小，但是如果互动传播表现较好的话，也能够在局部范围内形成影响。另外，公益广告在全媒体上进行投放的成本也相较小。因为不受时空限制的，因为有着较高的储存性，所以也可以在任意时间段进行投放。

（4）传播形式多样。网络媒体上的公益广告运用了最新的多媒体技术，不仅能够将传统媒体上所特有的独特优势进行转化，而且还可以将自身的优势进行放大化。比如它可以将传统的电视媒体上所传播的视频广告内容进行网络投放，也可以将传统的纸质媒体传播的广告内容进行文字投放。这样就极大地综合了各类媒体的传播优势，从而增强了极高的传播效果。另外，网络全媒体有着独特的传播形式是传统媒体无法比拟的，比如利用一些互动的游戏，一些竞猜问答等等，公益广告可以在这些方式当中穿插输出，这是传统媒体很难做到的一点。另外，网络上的公益广告传播还可以进行互相的多次传递，因为每一个人都可能成为信息的一个转达者，这样公益广告在全媒体上的传播效果就会越来越好。

2. 开发多样化的网络公益广告形式

借助多媒体技术的迅速发展，公益广告在全媒体上的传播也可以借助一些其他新颖内容的传播方式，比如说时下非常流行的 H5 内容传播。开发特色的公益广告 APP。还有一些类似于包含在游戏或者社交平台里的开屏公益广告内容。在这里可以简单地举出几下集中广告形式：

（1）开发特色的公益广告 APP。关于公益广告的网站和相关平台在目前市面上会比较常见，但是特有的 APP 可以说是非常少见的。大多数的受众可能也只是偶尔在其他平台上看到一些关于公益广告的穿插内容，所以如果开发一个特定的公益广告 APP，然后开辟一些 APP 的特色功能，比如说公益广告的主题有奖征集，优秀作品展览以及公优秀公益广告的投放等等。这样的设置不仅可以拓宽公益广告的宣传渠道，也可以形成一个公益广告与广大受众的对接点。从而延续了公益广告的生命周期，强化了它的传播效果。

（2）利用多个热门网站或者热门 APP，进行一个公益广告的定点投放。比如说人们青少年经常使用的游戏平台在上面会有特定的青少年模式，这也是在某种程度上加强了市场监管，从而丰富了公益劝导的方式。另外一些游戏平台的开屏页面上也会建议青少年合理使用，不要过度沉溺，这些以定点投放方式得以传播的公益广告具备着明显的针对特点，所以依据受众需求制定相应的公益广告内容的传输才会使公益广告的内容更有传播力。

（二）紧扣热点事件的时效性特征

如今，网络信息海洋充斥着各种各样的内容，且都极具时效性。但是眼球经济时代，受众的注意力被分散，他们对过去的内容也会慢慢淡忘，所以公益广告在网络媒体上投放的最佳方式需要把握网络时效性的这一大特征。选取当下的社会热点事件，而且针对热点话题可以延伸出很多相关的公益广告题材，这必然是极大地提高了公益广告的传播效果。如果依托当前发生的热点事件制定相关内容的公益广告形式不仅可以高效体现出规劝及引导效果，还能使相应的公益观念得以及时普及。例如 2019 年的 7 月 3 日晚上，在河南省永城市某交叉路口发生的醉驾导致追尾造成严重伤亡的事件发生后，该社会事件在互联网上得以迅猛传播，激发了社会公众对酒驾问题的热烈探讨。在此背景下，制作出禁止酒后驾车相关内容的公益广告不仅可以得到及时关注，还能起到良好的劝导作用。换而言之，这时候"宣传严禁酒驾"题材的公益广告适时出现，就可以敲醒警钟，起到意想不到的教育效果。

三、灵活运用表现手法

如今，网络空间的运用和开发已经将人类社会所涉及的生活方式进行了充分的融合。在这样的一个网络环境下，受众可以更直接的与传授双方进行对话，受众也会有着更加开放和包容的媒体接触心态。所以，在这样的一个环境下投放的公益广告一定要把握好与受众之间的身份关系。尽量避免使用单纯的说教意味的观点性输出，采用灵活多变的表现方式来营造出广告传播与受众之间平等互动的氛围尤为关键。

通过对公益广告以传统媒体来传播的方式来探究可发现，会有一些比较突出且直白的广告标语，例如司机一杯酒，亲人两行泪等等。这样的一种表现手法对于受众来说，所能起到的教育或劝导作用是非常之小的。往往人们看到几次这样的标语之后，就会产生漠视或厌烦的感觉。所以全媒体环境下，如何更加直接地去表达广告具备的内涵，从根本上吸引公众的关注，以提升公益广告传播效率时，灵活运用表现手法就自然变得异常重要。以往的传统媒体因为其特有的媒介属性，所以常常无法将公益广告做到更加突破的层面上，而且广告的表现形式也无法做到足够的吸引受众，但是网络媒体区别于传统媒体的最大特征就是有着广阔的制作和表现空间。

2019 年 1 月，一则视频短片《啥是佩奇》火爆网络。此短片讲述的一位农村留守老人在新年来临之际，想要为生活在城市里的孙子准备心仪的礼物，于是在村里询问"啥是佩奇？"在诙谐当中也隐含了无数的心酸，这其中既有农村留守老人渴望后辈回来过年团聚的期盼，也有爷孙之间的舐犊深情。该短片把目光投射到了留守农村老人身上，突显出孤寂与思念。而且其中所表达的家庭代际之间的沟通与交流也值得我们去思考。虽然影片中闹出的一系列笑话让观众捧腹，但是精神内核却是爷爷对孙子深沉的爱。纵观这一广告，虽然不具备复杂的画面内容和文字内容，但仅仅依托几个人物特征就表现出了当前社会中人们对家人陪伴的缺失，极易引发受众内心的共鸣。这则广告所要表达的"关爱留守老人"等公益观念深深地根植在了观者的心中。

（一）提高受众参与意识，促进传受身份转变

大众传播绝非单方面的行为，而是参与双方的互动行为。网络在公益广告的传播平台、主题内容、表现形式等方面给受众提供了更多选择，要充分借助网络的媒介技术优势，在

传播中注重与受众的双向交流，充分挖掘网络受众的心理，面对不同的受众群体采取有针对性的受众策略，将大众传播与分众传播有效的结合起来。

（二）加强受众调研

在当时信息发展瞬息万变的背景下，社会网络文化也变得越来越多元，受众群体也变得越来越多样化。因此在网络媒体上投放公益广告也应该同时对受众偏好变化情况加以关注。应在对特定的网络群体做好市场调查的前提下来制定公益广告制定策略和传播方式。这样不仅可以在某一程度上大大提高公益广告的传播效率，也可以保证后续公益广告传播的内容更能够紧贴社会热点和特有的民生问题。

经过调研之后，围绕定下来的网络公益广告主题要以受众为中心的开展制作流程。我们可以先把调研得出的受众特征结合公益广告的传播重点以及表现手法进行一个不同类型的划分，针对不同的受众群体安排差异化的传播策略。这样所制作完成的公益广告才是真正能够被受众接受且能够达到较好的传播效果。公益广告从制作到发布整个过程来看，只有得到更多受众的认可和接受，才能更好地将公益理念进行传播，从而发挥出公益广告的教育和劝导效果，营造良好的社会风气。

（三）熟悉受众接触习惯采取针对的媒体利用形式

传播学理论当中，有一条名为满足理论的核心理论。据该理论体系相关内容，在选取特定传播渠道和方式来传播某种信息的过程中，受众的实际需求对其起着核心的影响作用。该理论认为，"受众具备着有针对性的需求空间，通常会依托自身的需求动机'使用'媒体，从而使自己得到'满足'"。这样的一条理论结合笔者的调查问卷，不难发现受众会对自己更愿意接触的媒介上所传播的公益广告内容产生兴趣。方所以公益广告的媒体利用还需要对广大受众有着充分的调研。掌握他们的主动选择媒体会使公益广告的传播事半功倍。

2019年5月，据相关数据统计，几乎接近全数的移动终端用户都会长时间使用APP来获取信息，且人均使用时常超过了4小时。数据表明现代人对移动手机的依赖程度较高。由于手机用户的急速增长，使得公益广告的传播衍生出了新途径。因此应借此契机，提升借助手机媒体来投放公益广告的力度。倘若手机公益传播能够更加深入到人们的生活中，受众的自主性得到充分地放权，则必然会扩大公益广告的传播效果。

四、全媒体环境下应用小众媒体实施公益广告传播的策略建议

虽然当前的信息技术高度发达，全媒体形式层出不穷，但也不能忽视传统媒体形式的作用。除此之外，全媒体的涌现也激发了更多的传播机遇。而与此同时。不容忽视的小众媒体依然有着较强的传播力。所以在这样的情况下，注重利用身边的小众媒体，可以弥补传统媒体和全媒体不太能够涉及到的传播面，从而形成全面的传播体系，提升公益广告传播与公众日常的结合程度，营造出更加和谐的社会氛围与道德风尚。

以往的传统媒体以及新兴的网络全媒体已经成为了当下主流的媒体传播渠道。此类传播方式从根本上推动了公益广告的发展和传播速度。以往具备较大影响力和权威程度的媒体形式以及全媒体的覆盖面及表现力，已经实现了非常好的社会教育成果。但是在这样的传统和全媒体的环境下，小众媒体依据自身独特的优势，依然可以发挥出较好的传播效果。公益广告要想真正地实现在公众生活中影响力的扩大，仍需充分考虑小众媒体的作用。这是因为小众媒体和社会公众的日常生活息息相关，较其他媒体形式相比，更具真实性。因此，借助小众媒体实现公益广告的多样化传播，不仅可以丰富传播途径，还可以扩大传播范围。从而达到多层面扩大公益广告传播效率的目的，使得线下和线上实现整合，铺好全方位传播格局。

（一）加强利用传统户外媒体

传统一些的户外媒体，包括广告牌，灯箱，电梯广告等等。都有着较长的发展历史，这类户外媒体相较于电视媒体和网络媒体而言，有着较低的投放成本。这些低成本的户外媒体对于公益广告来说，也是利用的重要渠道。随着社会进步和人类生活方式的转变。以往人们更多的接触传统媒体，而现在更多的时间会用在全媒体以及一些户外媒体之上。所以在人们户外活动的时间把户外媒体进行充分的利用是非常有必要的。公益广告可以加强在户外公交站牌或者楼宇电梯上展示。这样的展示方式可以不受时空限制，可以非常突出明显的作用于户外活动所能观看到的受众。这样所形成的传播效果是非常畅通和直观的。

（二）有效利用环境媒体

环境媒体一般是指融入大众生活中的周边可利用的媒体平台，它的媒体形式主要是以结合身边的实情实景，然后与受众的生活环境进行紧密结合。因为它有着独特的媒介优势，受众往往会更加地容易接受。公益广告在环境媒体的利用方面应该注重其创新性和有效性，结合受众身边的具体环境展开适宜的公益传播。例如，在具有战争痕迹的社区墙面上写有呼唤和平的公益标语或图画可以直接让受众震撼心灵，从而更好地理解所传播的公益理念。因此，有效利用环境媒体可以使得受众生活当中的身边环境发挥出不一样的媒介属性。在公益广告的媒体利用当中，发挥其独特的创新作用。

（三）巧妙利用近身媒体

近身媒体是指大众生活当中日常可以接触到的小型物体。常常包括一些类似于打火机、香烟盒、塑料包装等物体。这些小型物体看似微不足道，其实有着非常重要的媒介属性。倘若对此类媒体加以巧妙利用，使之可以成为公益广告有效的传播载体。那么就在无形当中增强了公益广告的传播效果。由于这些近身物品的特殊性，它们可以直接出现在大众的日常生活当中，人们在日常生活中不断的接触其所表达的公益理念，长期下来也会形成一定的独特传播效果。近身媒体、环境媒体以及户外媒体等共同构成了小众媒体的传播种类。多样选择小众媒体使得公益广告的传播渠道变得更加丰富，这样形成的全方位的传播格局就会更好地推动公益广告的发展。第二节注重受众体验，加强媒体的利用形式。

公益广告在传播过程当中，倘若能够与媒介形成较好的互动机制。结合受众的行为参与，吸引受众主动参与公益广告的传播过程。这样就会增强了公益广告的传播效果，从而形成非常良性的互动传播的效果。

公益广告借助上述途径进行传播，也会引领受众加入到传播信息的过程中来，并能够使得信息的传递具备更好的完整性和互动性。这样一来，受众可以依托自身感受来深入了解公益广告的内涵，从而起到激发起观看兴趣，了解意义并进行主动传播相关理念的作用。比如人们经常接触到的公交车拉手，巧妙的借用其本身特有的效用，吸引受众主动进行链接，从而形成了公益广告的宣传地。在行车过程中让受众在拉扶手的过程中与公益广告产生互动，激起乘客内心的共鸣。

第二节　综艺娱乐节目公益广告传播现状与传播策略

一、综艺娱乐节目公益广告传播现状

（一）综艺娱乐节目现状

我国综艺娱乐节目主要分为四个阶段，每个阶段都是根据不同的时代发展特色而定的，最初的八九十年代的单纯的以娱乐、歌舞联欢为主要内容的阶段是以综艺为主的节目，大家普遍熟知的是从 1983 年开播，家喻户晓的晚会性综艺节目《春节联欢晚会》，和 1990年开始在央视播出的《综艺大观》，这一阶段的综艺节目大都是以歌唱，舞蹈等节目内容形式出现。到了 20 世纪 90 年代初出现了以游戏为主的综艺节目阶段，这时候节目呈现的类型大多数都是以竞技、欢快的节奏穿插于节目中，而《快乐大本营》就是这一阶段的典型代表，直到到了现阶段的综艺节目时代也是一直引领市场。第三个阶段是益智类节目发展蓬勃，各大卫视紧跟央视推出的《幸运 52》，通过和观众互动答题参与到节目中，一时间风靡一时，每个人都希望被主持人拨通电话参与答题获得奖品，不仅提高观众的参与感，也使得观众有知识获得满足感。最后一个阶段就是时至今日都依然发展的真人秀阶段，这个节目发展阶段使得综艺娱乐节目发展到了一个新的阶段，真人秀的节目不但可以使观众拉近与"明星嘉宾"的距离，也可以使受众通过节目组制造的娱乐热点进行讨论，从观众所周知的《超级女声》选秀节目等开始，综艺节目甚至开始让素人观众成为节目的"主角"，使观众自己成为"主角"，让其从综艺节目的旁观者成为参与者，从而进一步提升了节目与观众的互动性，为综艺节目的公益广告的传播提供了良好的受众基础。

（二）公益广告现状

我国开始走入公益广告大门的是第一个电视节目《广而告之》，通过这个节目形式，大众才开始了解有这种公益广告的形式可以宣传社会正确的价值观念。1986 年贵阳电视台摄制的《节约用水》节目是第一个具有明显意义的公益广告，在此之后公益广告大多数都是由专业的媒体和政府组织进行投放，尤其以传统媒体为主作为传播主题，但是对于传播效果和效果反馈方面却忽视了其重要性，随着传播载体的发展和传播形式的改变，目前传统的公益广告的传播需要进行不断的创新，达到更佳的传播效果，为社会文化理念和正确社会价值形成奠定基石。

1．创意仍是主流

2019 年开年引爆话题热度的"小猪佩奇"的电影宣传片以一种观众认可的公益广告的方式在大范围的传播，引起了受众的广泛讨论，也将短片蕴含的价值观传递给了受众。《啥是佩奇》从最初的一个普通的农村老人切入，看上去与佩奇好像格格不入，从形象上就形成了巨大的反差，但是就是这种全新的切入点却更加吸引受众想要探究故事情节的好奇心。短片又从老人为了给孙子买礼物，找出什么是佩奇的线索，环环相扣，以一种独特的视角带着观众一步一步走入短片宣传的价值—亲情，以一种可爱又温暖的方式将价值传递给受众。

公益广告的种类很多，传播形式和传播载体也在随着时代的发展而发展，要贴合实际和生活，引起人们对于公益广告的关注，从而接收到社会价值观念输出最重要的就是需要创意的支撑，我国第一个公益广告到人们熟悉的公益广告："妈妈洗脚"是深藏在受众记忆深处的公益广告，一个具有记忆点的公益广告必然是与创新建立起联系的，不能拿旧时代的公益广告发展观念去套用在现在公益广告的传播上，以最新颖的方式讲述最原始的打动人心的故事才是成功的叙事策略。不论是从公益元素上，还是拍摄手法上都应该环环相扣。

2．公益广告传播以政府为主导

我国公益广告起步较晚，相对于国外公益广告的发展来说是处于比较缓慢的阶段，不论是从创意还是社会主体意识上来说都是比较需要完善的。我国公益广告的发展由于宣传的主题非常集中，导致了公益广告宣传发展不均衡的局面，公益广告的主题仍是以政府主要宣传的角度切入，政府作为现在我国公益广发展的主要主体，在社会价值的引导和宣传投入上仍然占据着主导地位，这就意味着社会其他组织机构、企业缺乏与政府形成合作意识，共同承担社会责任的思想，要促进公益广告的发展和进步，就需要社会各界共同发力促进全方位的改善。

（三）综艺娱乐节目公益广告传播现状

近年来，提到"综艺＋公益"相关联词，有很多类型的节目呈现在人们脑海里，比如中央电视台的《梦想合唱团》是 2011 年开设的一档合唱类公益节目，是由 8 位来自不同地区的明星导师去往自己的家乡召集会唱歌的素人选手，最后获得梦想基金实现公益梦想的节目。整个节目都由公益串联起来，其中有真实的故事来叙说公益，打破了一般公益广告的传播形式和传播平台，其中穿插的公益主人公叙事的公益广告贯穿节目，让观众在观看节目投入的过程中，带着自身的真情实感投入到号召的公益事业当中，也体现了"勇敢实现梦想"的价值观。

　　热播且具有国民度的综艺真人秀节目《极限挑战》和《奔跑吧》都在公益广告的传播上具有一定的创新。也成为了综艺公益的典型代表，两者在最新的一季节目中的第一期的节目都选择了"垃圾分类"为主题进行录制，作为具有实时性的综艺类节目，紧跟"上海实行垃圾分类"的热点，在节目中也可以引起观众的共鸣。但是另一方面也可以让受众在节目中观看的同时了解垃圾分类的真实效果和幕后那些辛勤付出的环卫工人等工作者的辛苦，从基层关注劳动人民，也可以给观众普及最基本的垃圾分类知识，为以后推动全国实行垃圾分类奠定基础。

　　《极限挑战》《奔跑吧》更是实行线上线下联动，在节目播出的过程中不断穿插嘉宾和主持人口播公益广告，宣传公益行动和活动，在线下结合播出的口播公益广告推出公益活动，《极限挑战公益演唱会》，观众带6本图书免费入场，并且捐赠图书给贫困地区的线下公益活动，这种公益传播形式也创新了一种新的公益广告传播形式。

　　《忘不了餐厅》本身就是一个"公益类"节目，节目所设置的嘉宾不仅包括了具有知名度的明星，还包括了几位具有"阿尔兹海默症"的素人进行录制，节目整体基调就是围绕"阿尔兹海默症"的老人为中心，呼吁社会对这个群体进行关注和关心，也开启了综艺节目公益的新形式发展阶段。

　　综艺娱乐节目公益广告的传播在近年来随着时间的不断推移和节目形式的不断丰富，早已经在不知不觉中走入了大众的视线，人们开始在关注综艺带来的话题的同时也开始关注节目所具有的社会价值属性。

1. 行业公益之风盛行

　　2019年开播的一档节目《忘不了餐厅》引起了社会的广泛关注和讨论，不仅是专业的媒体界和普通的社会大众，都纷纷称赞这档节目。该节目播出以来引起了广泛的讨论，节目本身的主题是呼吁社会大众关注患有"阿尔兹海默症"的老人，将几位不同的患有阿尔兹海默症的老人和明星黄渤放在一起开一家餐厅，作为店长的黄渤和作为店员的患者如何相处，如何将餐厅运营下去都成为综艺节目特点的看点之一，受众在观看综艺节目，响应明星号召力的同时，节目组将要传递的公益价值蕴藏在整个节目中，节目一开始就通过公益小短片介绍什么是阿尔兹海默症，什么是认知障碍的人。都在引导受众对于老人的关注，从而引起对老人社会问题的深度思考。节目本身更是入选了2019年度豆瓣评分最高国内综艺，一时在社交平台上有巨大的话题讨论量，不少网友纷纷留言："以后会多花时间和自己的父母在一起，多关心父母的生活。"这是一档公益类的综艺娱乐节目的成功代表。

　　2019年是综艺娱乐节目的公益成长迅速的一年，综艺娱乐节目作为公益广告传播的一个重要的载体处于迅速发展当中，综艺娱乐节目本身的热度和活力是行业内的佼佼者，不少品牌方和媒体都极其关注综艺的发展方向和现状，但是处于一个巨变的时代，精神层面的追求也成为了时代的主流，要将"娱乐"和"快乐"以喜闻乐见的方式真正的传递下去，就要巧妙构思和运用不同的传播方式。

　　除了《忘不了餐厅》，《极限挑战》也是通过各种不同的形式，其中一期节目就是去到了广西的贫困区，给那里的孩子送去了温暖。也可以在《我们在行动》中看到不同的明星去到不同的地方，呼吁受众关注扶贫，参与到精准扶贫当中去，不管是以怎样的方式宣传公益和实现公益，只要能将正确的价值观和公益信息传递出去那就是成功的公益广告宣传。

2．公益广告在综艺节目呈现主题同质化

不同的综艺＋公益形式节目已经呈现在不同的综艺节目当中了，我们也可以在不同的综艺娱乐节目中看见一些为之心动的公益广告宣传，会因为公益的宣传而参与到真正的公益行动当中，这都是公益广告宣传在综艺节目这个载体中新的创新和成功之处，但是当我们在《向往的生活》中看到节目宣传贫困山区孩子艰难的生活，校园设施的简陋时，在《快乐大本营》中看到一张张纯真的笑脸来宣传自己家乡的产品时，我们同情他们的遭遇，也会伸出援助之手，但是除了这些扶贫的公益广告，是不是也应该关注其他的公益主题成为这个形式以后的节目中最应该思考的问题。

3．公益广告跨界联动

一切都基于大数据分析发展的时代，大数据的确是给生活和工作带来了巨大的改变，其在综艺节目上的公益广告的体现也是非常明显的，社交媒体平台上的受众的喜好分析，受众的互动评论数据分析，点击率记录以及一系列的数据的收集都可以从各个角度来剖析市场和受众，针对不同年龄层不同喜好的分众传播，以公益＋电商＋综艺＋的方式进行定向传播，扩大了传播效果和范围，这种基于数据分析的跨界联动已经是当下热门的公益广告的传播方式。

二、综艺娱乐节目公益广告现阶段传播策略

（一）综艺娱乐节目案例引入

表 11-1 《快乐大本营》公益广告总结

	公益广告版块	公益广告主题类型	公益广告传播形式	公益广告传播载体
快乐大本营	《温暖有你，快乐出发》	帮扶类	纪实短片，口播，意见领袖宣传	电视节目、APP、微信、微博、短视频等
	《快乐图书室》	青少年教育	纪实短片	电视节目、APP、微信、微博、短视频等
	《心愿树》	精准扶贫	情景短片，游戏，口播	电视节目、APP、微信、微博、短视频等

表 11-2 《天天向上》公益广告总结

	公益广告版块	公益广告主题类型	公益广告传播形式	公益广告传播载体
天天向上	《天天向善》	文明、传统文化、疾病知识普及、科技文化知识普及、环保等	故事情景短片	电视节目、APP、微信、微博、短视频等
	《中华文明之美》	中华文化普及	故事情景短片	电视节目、APP、微信、微博、短视频等

1.《快乐大本营》节目概况

1997 年开播的《快乐大本营》迄今为止已经开播了 22 年，是一档具有话题和收视率的综艺节目，单在芒果 TV 独播的点击率就达到了 13 亿，而快乐大本营的微博话题阅读量也达到了 459.6 亿，讨论量达 7714.6 万。

节目刚开始的理念就是树立"快乐"为出发点，将娱乐和快乐通过节目和电视传递给全国的观众，其亲民性和轻松的节目内容让节目收获了无数好评。21 世纪以来，人们在追求经济发展和娱乐休闲的同时，快乐大本营本身特点是以"明星"为主要嘉宾进行访谈和游戏，但是"娱乐至死"等词开始像潮水般涌来时，快乐大本营也开始转变理念，将"梦想""素人""公益"等环节融入节目内容，节目基调也开始重新梳理，依然以传递"快乐"为基本理念的同时，将"素人"的梦想加入节目，实现梦想，快乐出发等一系列强调梦想实现价值观念的理念传递给受众。尽管作为一档老牌的综艺节目，不缺乏收视率和受众，但是节目制作主体的社会责任意识也使得节目不断植入"文化内涵"。

2017 年开始，《快乐大本营》开始推出"快乐有你，温暖出发"的全新版块，联合芒果 V 基金与快乐粉丝会，以一种全新的公益宣传方式，为贫困区的孩子们建造"快乐图书室"，呼吁社会大众关注贫困区孩子们的读书问题，具有的号召力和话题度使得很多受众开始关注和投入行动到这个公益系列，更有很多的志愿者不断地加入到这个庞大的队伍。其后节目推出的"心愿树"环节也将"精准扶贫"深入到全国各地，作为综艺节目在公益广告宣传方面可谓是不断进步。

2.《天天向上》节目概况

《天天向上》是由湖南卫视打造的一档娱乐脱口秀节目，从 2008 年开播，也走过了 11 个年头，节目从一开始就以传承中华礼仪文化和倡导社会公德为主旨，本身具有文化价值传递的节目以一种娱乐和轻松性的方式向社会大众进行价值和信息输出，节目主持人"天天兄弟"以一种无台本、脱口秀的方式根据节目的每期不同的主题关注普通人的背后的故事，关注不同人的梦想和弘扬中国传统文化的理念，请来了很多不同的嘉宾，包括"奥运冠军""明星嘉宾""公益人士"以及社会各行各业的人士进行价值传递。

《天天向上》作为公益宣传的著名的电视节目，推出了很多深入人心和广为讨论的公益广告和公益版块，其中早在2016年末推出的"天天向善"，就是一个专门讲述普通人故事的环节，节目组深入到全国各地寻找到代表，进行大量的公益广告宣传，方式也是花样百出，使得收看节目的观众能够感受到节目传递的真情实感的价值理念和节目承担的社会责任感。后来节目组又推出了"行业榜样季"等一系列的系列版块，以各种不同的传播形式将公益广告宣传进行到底。

（二）发挥传播主体作用

传统的公益广告的传播很难看到传背后的制作团队和制作主体，受众往往得到的呈现只是单纯的广告效果，但是综艺娱乐节目中的公益广告让受众可以直观的看到参与制作的主体和宣传的人员，这不但使得公益广告的传播变得透明化，也让受众对公益广告的信任感大大的提升，这在某种程度上依赖于主体观念和制作方法的创新与改变。

1. 发挥节目"意见领袖"作用

由拉扎斯菲尔德提出的"意见领袖"理论是指在一群人接受信息传播时，可以通过自身的力量的少数人影响甚至改变大多数人的行为，他们具有较高的社会认知能力和处理能力，能够得到大多数人的认可，人们会在接收信息时选择相信意见领袖要他们相信的信息，所以意见领袖的影响力和传播速度是很大的，他们处在社会的各个阶层当中，并不是特指某一群体的人或组织，他们最先和最快的接触者大众传播，成为极易影响他人态度的一群人。

综艺节目中主打的还是"明星""名人"作为嘉宾的互动真人秀，因为他们作为媒介和社会各行各业的佼佼者，拥有庞大的粉丝基础和群众基础，不同的阶层和职业的人群在观看节目时，面对他们所熟悉信任的名人或者明星，这时候他们作为"意见领袖"的作用就发挥出来了。《快乐大本营》作为拥有庞大粉丝基础的综艺节目，制作的节目都能引起社会广泛的关注和讨论，光是作为节目的主持人的"快乐家族"就有巨大的号召力，光女主持人"谢娜"的微博粉丝数就突破了一个亿，这使得其意见领袖的号召力可想而知，每期节目的环节开始和结束的时候，都会由主持人进行口播公益广告的内容，介绍公益的内容和情况，呼吁大家一起加入公益的行列，其传播速度和传播范围要远远大于一般的普通影响者。而每期节目不同的明星嘉宾也会根据不同的公益广告帮扶的对象和内容进行不同的宣传号召，《快乐大本营》的"快乐图书室"的公益行动就获得嘉宾陈乔恩的支持，亲自录制公益广告宣传片，为山区的孩子们读书的形式传递公益。

《天天向上》相对于《快乐大本营》主打的是文化价值传递，节目邀请的嘉宾是社会各行各业的人士，有"奥运冠军""道德模范""自主创业人士""公益志愿者"等，都是作为各行各业熟悉的"意见领袖"，在节目中以其自身的真实事迹和经历，在节目进行的过程中将公益以一种潜移默化的形式传递给受众，这种创新的公益广告宣传的方式也是比较能够引导受众接受公益和参与公益的新思维。

2. 制作主体坚持"三贴近"原则

艺术来源于生活,每个进行公益广告制作的主体都要坚持"三贴近"的原则,贴近生活,贴近现实,贴近人民,制作方在制作公益广告的准备工作应该是充分和合格的,尤其在面对综艺娱乐节目的"娱乐"特性面前,制作主体常常忽视公益广告的真实性,如何让观众感受到娱乐节目的公益广告的贴近感,需要制作方在制作的同时深入到公益对象的最贴近的地方,目光要投向社会的各个角落,一切从实际出发,亲自去感受,怀有一颗真善美的心灵和一双善于发现"美"的眼睛,制作出真正反映社会的公益广告,积极参与到生活当中去。

《快乐大本营》的综艺制作方就与公益志愿者去往扶贫对象的家乡,与他们相处和进行实地考察,拍摄制作的公益广告的镜头也是对准了扶贫的对象,让他们作为广告的主人公,通常是选择当地的少年儿童作为主角,由他们的讲述来向受众阐述他们最基本的需求和情况,讲述最真实的故事,体现公益广告最大的真实性,也体现了制作方的贴近现实的原则,通过与帮扶的对象的相处,将他们看到的生活日常通过公益短片的形式播放出来。

而综艺节目《极限挑战》则是由主持人嘉宾整个制作主体一同前往公益帮扶对象的住处,节目通过帮助贫困山区孩子为主线进行串联,通过制作主体、嘉宾与孩子们的相处,送去温暖,聆听他们真实的故事,将最真实的情感传递给受众,呼吁和号召更多的人参与到公益当中。

三、节目风格与公益广告基调相符

一个好的作品不管是从整体上来看还是从局部的角度看都应该是规整的,公益广告其本身具有的特性以及综艺娱乐节目本身具有的特性两者之间如何融合,最重要的是要显得相得益彰,各自采用最佳的方式将互相的优势衬托出来又不显得突兀,就需要在节目内容上进行改进,建立两者之间的链条进行沟通显得尤为重要,否则最后呈现出来的结果就会适得其反。大多数公益广告所采用的叙事策略都比较单一,强调人们一种熟悉的方法向受众传递信息,但是当公益广告融入综艺节目,其叙事策略需根据节目进行相应的改变,同样的是综艺娱乐节目要想讲好一个公益故事也需要采取丰富的节目策略来呼应公益广告的传递。

(一)叙事策略丰富化

大多数公益广告所采用的叙事策略都比较单一,强调人们一种熟悉的方法向受众传递信息,但是当公益广告融入综艺节目,其叙事策略需根据节目进行相应的改变,同样的是综艺娱乐节目要想讲好一个公益故事也需要采取丰富的节目策略来呼应公益广告的传递。首先最常见的在综艺节目中呈现的公益广告的叙事策略就是故事讲述型,其中包括由故事的"真实主人公"来演绎,讲述自身的故事,节目组通过拍摄主人公真实的生活以及身边发生的真实故事,通过镜头记录下来,"以小见大"来向观众传递短片想要传递的价值观和信息。另外一种就是通过情景短片的专业演员演绎的形式来讲述故事，这种叙事类型使短片的内容较为丰满，情节比较流畅，但两者之间都是通过故事讲述型来呈现，能够使观众感觉到"叙事内"的"共同感受"与"叙事外"的，"共同情感"，最重要的是获得受众的同理心态，产生真情实感，为公益广告传播效果获得情感前提。

叙事策略还包括名人说服性以及视觉呈现型，通过具有强烈的视觉冲击和视觉享受来提高受众对公益广告的认识记忆，名人说服型就能让受众的态度和行为效果产生巨大的影响，而节目《天天向上》在节目中播出的公益广告就采用了多种叙事策略的方法，一方面适应了节目内容的总体布局，综艺节目的多样娱乐性，另一方面也通过采用不同的叙事策略来烘托公益广告的融合性，其中有关消防员的一期节目，就让嘉宾和主持人汪涵去往消防队进行真实感受，汪涵作为消防大队的形象大使，又作为具有名人效应的号召力，在宣传短片中，天天兄弟和消防员一起生活，聆听消防员自己的故事，给观众呈现最真实前线的消防画面，最后还在节目现场通过主持人汪涵以及众多嘉宾简单朴实的话语号召大家关注消防，加强防火防灾意识，这样的公益短片不仅采用了故事讲述型还采用了视觉呈现、名人说服型叙事策略来传播公益广告，使得许多受众都潜移默化的接受了公益宣传。

（二）公益广告与综艺节目风格相符

每个综艺节目都有其不同的风格和特点，节目的节奏和基调也各不相同，不少的综艺节目中都会呈现公益广告的宣传，但是为了避免同质化以及突出节目本身的风格，就应该使公益广告从呈现和节奏上适应节目的播出节奏。首先从节目的每期的主题上来看，就应该用不同公益广告宣传来匹配。《奔跑吧》节目组播出的宣传公益广告就结合"奔跑"的节目特性，与孩子们一起奔跑的游戏，为孩子们送上跑鞋，实现孩子们快乐奔跑的童心。而《明日之子》则通过提出帮助"海绵宝贝"，患有脊髓型萎缩症的患者实现唱歌的公益计划，而这些公益广告的宣传短片以及节目的现场布置和道具都环环相扣，无一不衬托出公益广告的主题。在节目内容的基调上，《天天向上》就在早期就利用《中华文明之美》一系列文明讲述公益宣传短片，讲述古代一系列的中华文明习俗，短片呈现的传统服装、道具，语言既传递了节目组中华文化传播的节目定位，又通过演员以一种日常的语言来烘托节目的娱乐轻松性，最终就向受众传递了中华民族的文化之美。《快乐大本营》的"心愿树"环节，每次都通过在现场布置贴满心愿纸条的心愿树，灯光的温和以及轻柔的音乐，由游戏胜利的嘉宾抽取心愿进行朗读，在这过程中一遍播放心愿主人公的故事和宣传广告，结合故事情节、道具、灯光、音乐等来传递公益，号召受众一起帮助心愿对象。

四、传播形式"与时俱进"

以何种形式才能以最快的传播速度和得到最佳的传播效果，是众多制作公益广告方的关注的重要环节，从中国公布的第一个公益广告开始，广告牌、电视节目、广播、报纸等形式早已习以为常，以至于受众在传统的传播形式的接受信息模式下已经产生了"免疫"，最终导致的结果也就是公益广告越来越达不到预想的效果，传播范围也非常有限。

（一）情景短片化

大多数的公益广告短片都会选择用故事化的角度呈现或者用感情化的路线来展示，但是随着时代的发展，受众需要看到"新"的东西，以新的方式来接收公益信息，既能传递价值又能乐在其中，这才能体现出综艺节目中公益广告的价值和优势，《天天向上》有一期节目就通过一则古代短片，来为大家普及"低头族"危害，短片全程就是通过主持人饰演的古代角色来贯穿整个故事，全片总计三分多钟，正好契合了短视频时长的控制，全程都没有一句台词，整个短片都是用黑白的画面进行展示，但是画风和情节轻松幽默，现代与古代的融合，古代人低头玩手机，演绎了"古代人"玩手机的各种危害和搞笑的画面，以一种出其不意的情节和画面，结合鼓声紧张的音乐，吸引住观众的视线，让观众的注意力都集中到短片的发生的情节当中，脑海中也自动带入。最后提示出一句警醒的广告语"百分之九十九的人都认为低头玩手机很危险，但仍有百分之七十五的人继续这样做"，才让观众恍然大悟，传递公益广告所强调的主题。

（二）智能化传播

信息化的数字化时代，各种智能媒体的发展催生了不少相关的产业的发展和进步，当然媒体行业也是当中受利的一员，自媒体和移动端的快速发展，移动端的普及速度非常快速，综艺节目中的公益广告传播当然也要借助东风，在数字化时代的背景下，创新各种传播形式。《快乐大本营》利用芒果 V 基金和快乐粉丝会的 APP 形式，每期节目都会由主持人介绍公益对象情况，并在电视节目下方贴上二维码，呼吁观众朋友扫描二维码捐赠图书和基金，共同助力公益对象。这种公益广告是一种新的创新形式，利用二维码这种现如今常见的形式来让观众快捷的参与到公益行列当中，观众也可以下载相关 APP 在线了解公益的对象，观看更多的公益广告信息，避免了以前传统公益线下烦琐的行动环节，可以更快捷的扫码进行公益行动。体现智能化传播最大的综艺节目形式就是网络自制综艺节目，结合自媒体平台，在受众观看节目的同时，角标处或者节目屏幕的周边都可以出现公益广告，受众可以在观看的同时进行点击互动，了解到相关的公益信息，在一定程度上解决了传统公益广告单方面传递信息的不顺畅，与受众的互动体现了其人性化的设计。优酷自制的节目《明星说》推出了"码上来种树 HS 互动"，受众在移动端上观看节目同时，观看形象的 HS 介绍短片，通过计步来获取能量，捐赠能量来在大西北种植树木，为环保公益，保护地球母亲尽一份力。

（三）游戏形式贯穿公益

综艺节目的适当娱乐性是受众关注节目本身的初衷，所以结合节目最大的特性，以一种全新的又能为观众所接受的形式将公益广告的价值观传播出去，综艺节目的游戏形式的公益广告传播无疑是一个优势，·《快乐大本营》节目基调就是与明星嘉宾分队做游戏为看点，每期的节目都会以优胜的嘉宾的队伍的名义对帮助的公益对象进行捐赠，在快乐中传递能量，正体现了公益宣传语"快乐有你，温暖出发"，游戏中观众可以看到嘉宾为了公益帮扶对象尽力参与游戏的真诚，但是又不缺乏节目的幽默诙谐，很容易让受众接受这种形式。

（四）采用新颖"表演形式"

刻板印象里的公益广告只能以标准且呼吁倡导性的语言将公益广告传递的信息呈现出来，但是在众多综艺节目中，表演歌曲的形式也能给公益广告的传播形式创新添置一抹惊喜，这种创新的传播形式不再以单调的语言文字来呼喊口号，而是通过嘉宾的表演形式来进行传播，达到的传播效果往往让观众感到惊喜。《火星情报局》作为一档网络自制的综艺节目，结合了网络的传播速度快的特点和轻松的网络环境，让嘉宾刘维自作词曲的形式，将公益广告宣传的信息和情况加入到歌曲的歌词中，串成轻快的歌曲，歌词就是公益广告语："在湖南省湘西靖州苗族侗族自治县，有一种杨梅特别好吃，感觉特别酸甜，肉特别多，水分特别多，但是每年却卖的并不多，因为这里地处偏僻，交通也不方便，一年只能采摘一次，只有十天左右的时间，在这里，杨梅的销售是个大难题，大哥大嫂，靖州杨梅真的很好吃，一年只有一次，错过机会就吃不到，你以为火星只有开心，其实我们也有一份爱心给你，火星情报局拜托拜托大家，送一份爱心，不管你买多少都没关系，我们在这里谢谢你，谢谢你！"。这种传播形式新颖和轻松，但是又区别开了传统的公益广告传播形式。

（五）"特别版块"助力公益广告

单一的公益广告穿插在综艺娱乐节目中会显得非常的突兀和单调，需要特别的公益版块结合公益广告一起进行传播，这种传播形式使得观众对公益宣传的信任感更加的加深，认识层面和态度层面的效果也随之会加深。例如《天天向上》节目突出的"中华文化文明之美""天天向善""天天有营养"等公益版块，

《快乐大本营》的"合愿树""快乐有你，温暖出发""快乐图书室"等都将公益广告融入其中，但是又有其他的公益环节为其助力，各环节紧紧相扣，一方面增强了节目的内涵性另一方面也让受众更加了解公益广告的传播信息。

（六）线上线下联动

智能化媒体的平台促使综艺节目的公益广告传播形式变得更加的丰富，节目的制作方可以采用不同的平台将公益广告的信息进行宣传，《奔跑吧》节目组就会邀请嘉宾和志愿者每期都去往不同的地方，与公益实现零距离接触，跟孩子一起做游戏，一起奔跑，为他们捐助希望小学，送去衣物和学习用品。节目中也会结合其官方微博将节目线下开展的公益活动的宣传短片进行传播，大多数综艺节目都具有庞大的粉丝群，于是其新颖的结合线下的传播形式就提高了传播速度和扩大了传播范围。《极限挑战》就在节目中提前预告极限挑战公益演唱会，观众只需要基本图书就能免费入场观看演唱会，节目中将利用这种线下的演唱会的方式最后呈现在节目的播出中，呼吁大众关注公益，助力山区儿童读书。

五、综艺娱乐节目公益广告传播存在的问题和改进之道

（一）综艺娱乐节目公益广告传播存在的问题

新的节目形式和新的广告传播形式放在一起有意想不到的效果，我们看到它给我们带来好处的同时也要预防它给我们带来的负面的影响，综艺节目和公益广告的两者之间的属性在一定程度上本就是不同的两个层面，带来的问题必定也是让人深思，如何解决其遇到的难题，在综艺娱乐节目依然呈现井喷式上涨的时代，如何正确引导显得尤为重要，如何使得公益广告在综艺节目这个大染缸中发挥其重要的作用是传播效果扩大化的节点。但是事情都要两面性，事情的发展也要结合不同的特点，从不同的角度出发思考出现的问题，从微观和宏观的角度分析公益广告在综艺节目中传播的问题进行阐述。

1."综艺节目公益广告主题"不全面

公益广告是不以营利为目的的具有宣传、引导社会正确价值观的广告。公益广告所宣传的主题涉及到社会的方方面面，凡是能够对社会起到正面引导作用的都可以归为公益广告宣传的范围，这其中包括："文化价值""环保节约""扶贫""社会道德"等一系列具有正面作用的主题都是公益广告宣传的方向，但是在综艺节目中呈现的公益广告的主题过于单一，大多数节目强调的主题都是围绕"扶贫""环保"几个主题反复宣传，受众在选择信息接收时很可能因为公益广告主题的单薄而不能出现"情感共鸣"的现象，以至于影响传播效果优化，大多数综艺节目因为选择传统多见的公益广告主题，而导致公益广告宣传的内容很可能和其他节目传递的信息同质化，而忽视了其他正面价值观的传递，达不到公益广告为社会各弱势群体发声的平等性，社会其他需要受众接受的公益价值自然也就被忽视，其传播价值就达不到原始的效果。

提到公益广告，首先映入大多数受众脑海的是"妈妈洗脚"这句公益广告宣传词，其宣传的主题是尊重长辈是中国的传统美德，类似于"尊老爱幼""环保节能"等公益主题都早已印刻到了受众的脑海中，主题类型过于单调，涉及的公益范围并不是很全面，容易导致受众对此产生抵触心理，不同的受众有不同的心理需求，主题并未对不同的受众进行准确的定位宣传，较为不受重视的分众传播也是公益主题横向不全面的重要原因。纵向不深入使得公益主题只停留在浅显的表面，仅仅只是简单的宣传，大多数并没有使得受众从深层次对于宣传的信息进行深一步的了解，以至于传播效果也不明显，公益主题的纵向深入宣传，呼吁，使得受众对于公益主题进行深入的了解，从而产生对于公益主题的认同感，已达到传播效果。

2.缺乏后续报道与资金

大多数出现在综艺娱乐节目的公益广告宣传都有固定的主题和对象，综艺节目的影响力具有持续性，受众也是较为稳定的年轻群体，融媒体时代背景下，越来越多的年轻受众对于媒介有着较为强的互动性，他们希望能够参与到媒介传播的过程，因为大众传媒时代每个人都能成为传播的主体，所以在综艺节目中尤其注重公益广告宣传的对象以及输出的

信息的后续报道，制作方需要公益广告传播反馈给受众，但是大多数综艺娱乐节目当每期节目完成一项公益广告播出宣传之后并未及时对于公益帮扶对象的后续进行报道和反馈，这就导致受众单方面的渴望信息的接受，久而久之，受众就不再将注意力再集中于公益宣传信息上，大多数受众甚至会对于之前的公益信息产生怀疑，这对于公益广告在综艺节目中的作用无疑是致命一击。

综艺娱乐节目的本质是娱乐性，但是从盈利性来说，商业广告仍然是综艺节目中重要的支撑点，虽然公益广告的投入比不上商业广告，但是这也是新的创新节点，相比于商业广告的各大品牌方的资金链来说，公益广告就显得相形见绌，不仅缺乏稳定的资金流，资金量也是远远不足的，这也就导致公益宣传形式显得非常单一，通常的公益广告的资金来源大多数都是由政府和社会公益组织进行筹集的，即使呈现在综艺节目中有制作方的责任和支出，但是这相对于拥有庞大受众基础的综艺节目来说还是远远不够的，匮乏的资金，单一的资金来源仍然是制约公益宣传在综艺娱乐节目中得到进一步发展的重要原因。

商业广告的投入需要广告商的大量资金投入，以达到良好的宣传效果，从而为品牌达到创收的作用，有资金投入但是也有成本回收。但是对于公益广告来说，绝大部分的资金都是由政府作为主体进行投放的，以做到宣传社会核心价值观的作用，但是对于公益广告要扩大传播效果来说，这部分资金的投入还是远远不够的，又因为社会各企业，团体只看到了公益广告的成本回收小，而忽视了其对于社会的作用，以至于资金的来源渠道少，社会各主体支持力度小，缺乏稳定的资金来源方式，而在先进发达的西方国家，对于公益广告的资金投入远远超过我国，对于公益广告宣传的力度也超过我国。

（二）创新不足

1. 拍摄手法与节目内容衔接仍不"新颖"

"综艺＋公益"的节目内容是近来综艺娱乐节目中的一种比较受欢迎的节目基调，但是又分为几种不同的节目类型，有纯公益类的综艺节目、注入公益元素的节目以及穿插公益广告等公益宣传的节目，都是需要做好节目内容和公益对接的过程，但是一个节目的基调和其节目的主题是一个节目的精华和看点，大多数的受众在选择节目时都注重节目主题和内容，当加入公益元素时，很容易导致在拍摄切换画面时出现突兀的画面，前后基调不一致，那就达不到宣传公益广告的作用，也使得整个节目的流程不顺畅。拍摄手法在节目内容和公益广告剪切与转换时大多数依然采用过去的传统的手法，导致受众对其产生审美疲劳。

2. 节目制作方创新思维意识不足

近年来的综艺娱乐节目可谓是大放异彩，不少平台都瞄准了市场的机会，投入大量成本到综艺节目中，但是这也使得很多同质化的综艺节目出现，各节目的竞争就变得异常的激烈，如何让节目变得有"新意"，在众多同类型节目中脱颖而出成为制作方始终都在思考的一个难题。变化节目形式，改变节目主题等都成为节目制作方选择的一种方法，而在节目中加入公益元素也是综艺节目"出线"的一种创新形式，但是对于如何将节目和公益完美的契合在一起，这就需要节目制作方不断进行思维变化，根据时代特征，宣传主流文化价值观应成为制作方的一种潜意识融入到节目的"血液"中，让其自然的融入到节目中，但是又要以一种观众意想不到而能接受的方式呈现，事实上是一个较为漫长的过程。

综艺娱乐节目的制作方不能单单只是包含节目的出品方、制作主体等，也应该包括参演嘉宾和主持人等的所有人，都应具备将公益融合节目的创新思维，贡献自身的力量传递正确的公益价值观，在节目录制过程中以口播、表演等不同的形式将公益广告的信息传递出来，但是目前的市场中的综艺节目仍然有许多制作方没有这种独立的思维，这仍然是日后综艺节目主体需要不断改进的。

3. "语言"辅助不足

作为构成公益广告成品的重要因素之一，语言可谓是扩大公益广告在综艺娱乐节目中传播效果的重要的辅助元素，好的公益广告，尤其是在综艺节目中的公益广告，出现在公益广告中的旁白、画外音、宣传语都可能成为一个好作品成功的关键，当综艺节目的"娱乐化"使得观众沉浸在欢乐的环境下的同时，需要掷地有声且深入人心的"语言"将受众带入到公益宣传的中心，大多数的综艺娱乐节目却往往忽视了这一点，不断强调传播形式和传播手段，公益广告散发的语言魅力却无法匹配其传递的价值观和情感，无法令受众从内心深处受到感染。

4. 未发挥全媒体优势

传统媒体下的公益广告往往是传播主体进行单方面的信息输出，而受众往往只能选择被迫的接受，从过去的公益广告发展阶段来看，公益广告在我国对于大多数人来说还有"刻板印象"，受众可以在电视剧的广告时段收看到"公益广告"，在报纸的版面上以及公共的广告牌上查看到"公益广告"，这些对于受众来说经过时间的洗礼，已经变得习以为常，甚至在进行信息接收上出现了"免疫"的反应，这种刻板的传播形式，使得不少的受众开始忽视公益广告在日常生活中所宣传的信息，而智媒体的发展，自媒体的发展等使得公益广告在这些新的传播方式面前显得非常被动，尤其是市场环境都驱使大众聚焦于"商业广告"，传统的公益广告传播形式在新的时代特征面前变得寸步难行。

全媒体环境背景下，使得各种传播方式的公益广告层出不穷，有很多媒体行业也开始把握住这一趋势，利用全媒体的优势不断的扩大公益广告传播效果，但是作为公益广告的传播载体的综艺节目却在这一方面仍然有很多的不足，并未发挥其绝对的优势，新兴的传播方式过于单一，二维码、APP、HS等都是全媒体衍生下的综艺节目传播公益广告的新方式，但是如何平衡和最大程度的利用和发挥其效果，使公益广告传播与客户端的对接，受众的评论对接仍是一个急需解决的问题。

（三）相关法律法规不完善

尽管对于广告，对于公益广告来说，政府已经出台了相关的法律法规，这虽然在一方面奠定了公益广告的法律基础，但是从另一方面来说，相关的法律法规仍然需要完善，根据实际的市场环境和公益广告遇到的困境，出台合理和相应的法律法规为公益广告的前行进行保驾护航，莫使法律法规成为公益广告发展路上的绊脚石。

尽管在综艺节目中插入公益广告进行宣传已经是节目市场中比较热门的选择，但是不管是市场还是节目都需要相关的法律法规来对其进行一定的规制，公益广告的宣传的初衷是引导正确的社会价值观，但是一定有不法分子和缺乏责任心的人利用法律的空隙从中牟取私利，从而违背公益的初心，如今不少国家出台的法律都是针对商业广告在市场中运行的机制，但是对于公益广告来说还缺少一套完整的法律体系来维系其发展，使其发挥在社会的正面的作用，又因为综艺娱乐节目本身的娱乐性和商业性，使得公益广告的公益性和社会性与综艺节目的商业性交织在一起，情况变得又更为复杂，面对复杂的市场和社会环境，目前的困境是没有具体的法律依据来使两者之间有一根维系的标杆，每个人心中的衡量的标杆都不一样，要杜绝不良分子踩住法律的红线，又要使得综艺中公益宣传这一种促进社会正面宣传的形式进一步的发展，法律法规仍然是重要的一个环节。

（四）缺乏社会责任意识

1. 公益广告"内核"不实

国家新闻出版广电总局出台的"限娱令"曾一度让综艺娱乐市场地动山摇，不少综艺娱乐节目因为"过度娱乐""无精神价值"等一系列因素屡遭禁播，这让许多节目制作主体开始纷纷在综艺节目中加入"主流文化"和"正能量"元素，而公益元素、公益广告的插播就是制作主体能够使节目能通过审核的"制胜法宝"，但是这却使公益在综艺节目中最初的含义改变了。在娱乐性的节目中加入公益广告既能宣传主流文化价值观，又不需要投入过多的资金，使得许多节目纷纷效仿，想要获得"双赢"的局面，忽视公益的真正价值，打着"公益"的虚晃，却只做表面的功夫，一味追求"过审"和"市场"，把公益广告的元素当成了营利的工具，这本身就使公益广告违背了最初的不营利为目的的初衷。但是在大环境下，市场的经济促使仍然使得一部分节目做不到掌握公益真正的"内核"，但是也导致节目流程过于突兀，本身的内容也就出现了漏洞，观众在观看的同时不仅感受不到公益广告所传递的精神价值，也影响了其观看节目的流畅感，最终导致的不是"双赢"的局面，恰恰相反的是出现了"双输"的局面。

2. 行业媒体过于追求娱乐，不够自律

为了盈利，使得节目能够"过审"，媒体行业在毫无计划和责任意识的基础上，在综艺节目中强行加入"公益广告"的宣传，即使在前期投入一定的资金进行公益宣传，但是在节目的过程中，却逐渐模糊了大众的视线，打着公益的幌子，行娱乐盈利之实，早已将媒体行业和社会一份子的责任意识抛之于脑后。使得综艺节目市场变得杂乱不堪，大多数出品制作方却并未意识到这种做法对我国综艺市场的破坏和冲击，节目在其"核心内容"而不是简单的收视率可以衡量的，市场环境与节目内容制作形成了巨大的鸿沟，需要不断的创新和优化品质内容去填补两者之间的沟壑。

现在大趋势下的市场环境下，判断一个综艺娱乐节目的好坏是由其舆论指数、收视率和点击率决定的，大多数的综艺节目迫于品牌方的选择，而不得不根据品牌方和市场的方

向进行内容创作，媒体行业一味地追求热点和收视率，使得综艺娱乐节目的传播内容极易往低俗和庸俗化的方向发展，不顾节目本身所打造的内容主题，行业内大多数制作方开始忽视节目带给观众的正能量，"娱乐至死"成为市场环境选择的方向，为了争夺市场，大多数制作方就选择从外购买已有的综艺版权，在其内容上进行简单的本土化，保留大量的制作内容，只是机械的在原有的节目内容上进行改动，造成节目内容庸俗、无创新点。

六、综艺娱乐节目公益广告传播改进之道

在综艺娱乐节目中公益广告的传播过程中仍然是出现了一些问题，在公益广告的主题和综艺节目的公益广告的宣传主题上都有一定的限制，对于受众的审美和接受可能会受到影响，其次在后续报道层面也需要改进，加大与受众的信息反馈，创新是发展的源动力，时代特征要求事务需要的不断的创新和改进，但是公益广告在综艺节目中就依然存在拍摄、理念创新、制作主体思想创新不足的情况，这都是从微观的细小层面所挖掘的公益广告的传播问题。

（一）丰富公益广告宣传主题

现阶段的"综艺＋公益"的形式节目，大多数是呼吁受众重点关注某一个社会现象，其意义具有强调性和突出性，可以使更多的受众花时间去关注这一现象或者群体，但是作为穿插在综艺娱乐节目中的公益广告并没有像公益节目那么多的时间和形式去大量宣传一个主题，所以在综艺节目中的公益广告既要在传播策略上进行诠释又要选择不同的主题来在短时间内达到传播效果。大多数的综艺节目为了响应国家的号召，都把公益广告的主题定位在"精准扶贫"上，在一定程度上的确帮助了很多贫困地区的人，但是从另一个角度出发，不同的受众有不同的需求，每个人的情感需求也是不一样的，所以不同的公益广告的宣传主题是必要的，一方面为了满足不同的分众，另一方面也是将公益主题涉及的范围变得更大，这样公益广告宣传的效果也就更明显。

推出的公益宣传短片在每一期节目中的主题都应该是丰富，大方向上都是从普通平凡人的角度出发，但是每个的细节又不一样。每一个不同公益宣传短片都有不同的社会意义和主题，主题遍布祖国山河的各个角落，给受众带来不一样的感受和感动。关注不同的社会公益主题，通过制成公益广告宣传片来传播不同的价值，例如关爱自闭症儿童、环境保护志愿者、关注乡村教师等一系列不同的主题来宣传，节目组更是应该根据不同的公益广告主人公和主题来进行节目主题策划，摒弃单一的公益广告宣传主题，也避免了受众的"审美疲劳"，从多种角度诠释公益主题，传播效果扩大化。

（二）增加反馈与资金

商业广告会根据不同的年龄和不同的阶层等观众特性，对受众进行数据分析，定位分众从而选择不同类型的节目进行植入。公益广告虽然是面向广大的社会大众的，但是针对不同的受众也应该有细节上的传播策略的不同，才能利用不同的传播形式带来良好的传播

效果。

受众的反馈及时到位，节目组就更应该加强与受众的信息跟踪报道，不应该忽视对之前公益广告宣传的后续报道，要使公益广告的信息透明化，使受众有参与感和信任感。公益后续报道就可以在节目中进行体现，受众不仅可以在相关的公益短片中看到帮助过的公益主人公的现况，也可以通过其他的渠道来查看相关的后续信息，使受众对其进行监督。受众在采取接收到公益广告传递的信息之后，选择加入公益的行列，从受众的角度出发最重要的就是将公益落实到位，自己是否真正帮助到了需要帮助的人，对于大多数传播扶贫公益广告的综艺娱乐节目来说，资金的去向和明细更是需要透明化，只有做到透明化，才能进一步实现受众对媒体和慈善机构的监督，从各方位保证公益公开的落实。

受众是传播环节的基础，没有受众的认可和反馈就很难达到好的传播效果，综艺节目中的公益广告应该从受众的角度出发，以最朴实和最真诚的情感将正确的价值观传递给受众，受众也可以利用互联网等平台进行信息反馈和信息关注，秉持着普通人的故事进行宣传，给受众传递的公益概念是丰富的但同时又是贴近受众的，从最平凡的人故事出发，从他们的身上发现真善美，传递最美好的价值信念，受众感同身受。另一方面当受众从综艺节目中关注到公益广告传递的信息时，可以在节目线下和各种媒体渠道进行信息交换和反馈，很多的观众会通过节目"弹幕"和"评论"的形式对节目进行反馈，这样可以在一定程度上便利了加入公益行动。节目组可以根据受众的反馈进行改进，使公益广告在综艺节目中的传播更加的顺畅和进步。

市场经济的不断发展，萌生出很多商业化的发展，电视媒体市场当然也不例外，不论是综艺节目，电视剧、电影都需要资金的支持来运作。尤其是竞争激烈的综艺节目市场，综艺都需要合适的品牌和商业赞助来维持其基本的运作以及节省成本。传统的公益广告的运作是通过政府的资金支撑，但是资金的来源渠道有限，传播的方式和形式就非常有限，传播效果也就不尽人意。需要综艺节目中其他的品牌方在面对商业广告吸引的同时，也能关注社会价值的重要性，扩大公益广告在综艺节目中传播的资金渠道，进行融资支持，使得公益广告获得支撑能够以更多的传播形式进行输送，就需要广大社会群众和企业组织团体加大资金投入，共同投身到公益广告在综艺节目中的传播，一方面能够为社会做出贡献，另一方面也可以获得在综艺节目的好感和价值提升，使得受众对品牌的好感度提升，公益广告资金需要适应经济市场环境和综艺市场的竞争环境。

（三）加强创新

创新是进步的重要的一步。面对同质化节目和公益广告的问题，唯有不断的创新才能追赶差距和解决问题。不论是在传播主体上、传播载体、还是在传播形式上都应该秉持创新为主的发展路线。传播主体在面对公益广告在综艺节目中传播时，首先要排除传统公益广告的弊端，另辟蹊径，以受众的角度出发，以受众喜闻乐见的方式将公益广告进行传播。对于公益广告的思考角度以及如何看待公益广告在综艺中传播的方式也需要重整思路，在制作时结合时下发展的特点不断的融合媒体发展，推陈出新。

1.拍摄手法创新

如何从新的角度出发,对于出现在综艺节目中的公益广告如何定义,新的传播载体加上新的传播方式可以成为吸引关注的一个优势,但是也要关注传播主体的创新意识和公益广告拍摄概念的创新。过去的传统的公益广告的拍摄大多数都倾向于从第三方的角度切入进行叙事,是以一个旁观者的角度来看待整件事情,传递社会价值,或者是以第三方的角度对于一些社会现象进行警示和规劝,经历了一段时间的发展,这种概念可能已经不再适合当下的公益广告的传播特征,从新的拍摄概念切入,从第一视觉的切入或者其他的拍摄概念应当以一种新的角度传递公益广告宣传的信息,让受众从直观的镜头下感受到最原始的真诚和情感。

2.制作主体概念创新

作为综艺节目中公益广告的主要传播者在传播的过程承担很重要的角色,对于整个公益广告的传播形式和效果都具有举足轻重的地位,公益广告整体的拍摄概念和想法都与制作主体息息相关,如何用最创新的方式传递最真诚的公益广告,但是同时又能与节目本身相契合,需要制作主体在思想上就摒弃一些传统公益广告传播弊端带来的影响,不能为了传播而传播,要将社会责任与公益相结合的真情实感以新颖的方式传播。

3.语言创新

在综艺娱乐节目上的公益广告传播不仅考验公益广告整体的风格和拍摄手法,宣传的语言也是应该创新的,传统的公益广告的宣传语言大多数都是以一种直白的方式呈现出来,亲情、爱情、友情等都可以从间接直接的语言里表达出来,但是这种公益广告的语言长时间下来就会使受众产生"审美疲劳"。但是结合综艺节目的优势,语言成为了其很大的优势,结合实际将一些真挚的语言融合到综艺节目传播的公益广告中,或者结合节目的语言风格特点,以一种轻松幽默的语言方式进行呈现,让受众适应节目的语言风格的同时也能感受到公益广告的真诚,公益广告的宣传语言不一定要最直白,也可以隐晦的显露在公益广告的环节上,可以是由节目的嘉宾、主持人说出,也可以是由现场的观众语言表达出来,都可以以一种新颖的方式达到意想不到的传播效果。

4.数据资源整合

融媒体发展的时代,互联网像是一张复杂的数据大网,其具有的各种优势加速了现代化数据信息的传播。不同的媒体技术在不断的更新换代,所以要适应日新月异的全媒体环境,必须让公益广告的传播借助综艺节目的创新不断地进行发展。

现代大多数受众所熟知的数据分析都是时下流行的各种 APP 软件,这种信息的数据分析其实紧贴受众的生活,当受众在使用微信、微博、短视频平台等软件时,其实大数据时代都可以对其受众的喜好信息等进行分析,并且根据受众的喜好进行信息输送,使得受众能够在第一时间内获得自己想要的信息。公益广告的综艺节目中的传播也需要受众的信息反馈和互动,通过信息反馈,分众分析,了解受众和市场最需要的信息,以公益广告最佳的传播方式适应受众喜好进行信息传递,已达到最佳的传播效果。

在综艺娱乐节目中加入公益广告的宣传本身就是一种新颖的资源整合的方式，将两种不同的媒介形式和传播方式结合起来，汲取两方的优势，公益广告也可以借助综艺节目的受众基础，综艺节目依靠公益广告的社会性，互相融合。在综艺节目中融入的公益广告，也可以整合其他资源的优势，例如游戏、网络等形式资源一起融入，共同发力加强传播效果。综艺节目作为具有号召力的媒介资源，其最重要的基础是受众资源，其与受众之间的深度互动和信息反馈，能够很大程度的促进公益广告在综艺节目的资源整合，以达到优化路径。

（四）完善法律法规

大背景环境下，不管是电视上星平台还是网络平台，国家新闻出版广电总局主管部门都出台了一系列针对实际现象的政策，对于综艺娱乐节目也有确切的政策落实办法。2019年国家广播电视总局发布的《建立优秀网络视听节目创作研评机制》就强调需要提高综艺娱乐节目等节目的品质，对于一些不高雅、低俗的节目需要进行大力整改，但是一方面也应该做到"三贴近"，最主要的就是要贴近人民，要从人民的利益出发，贴近实际，从最基层的百姓身边的事情出发，把社会正能量通过节目传递给受众，共同营造良好的社会氛围，受众在观看综艺娱乐节目的同时既能享受轻松，又能从节目中获取正确价值观。

主要是从国家、政府和社会的层面进行分析，在大范围内能够给综艺娱乐节目公益广告传播带来一些实际的分析和效用，除却针对公益广告本身的微观的传播策略，宏观角度下的公益广告的传播策略需要社会市场环境和政府的相互配合才能构建起发展的桥梁。除去政治环境的影响，还需要考虑经济环境下的资金成本的因素，最后要考虑到是大数据媒体时代的媒体人作为综艺节目公益广告传播主体，应当承担起什么样的社会责任，种种宏观因素的叠加才能使传播策略更加的具体和完善。

1. 出台相关法律法规

对综艺节目的公益广告的传播界限，传播主体的权利义务要有相关的法律法规来规范和明确，以至于在公益广告传播的过程中显得无约束，让不法分子在这其中进行非法盈利，扰乱了公益广告本身的社会价值性，也会使得综艺娱乐节目公益广告传播的这种新形式变得杂乱无序。与公益广告相关的法律虽然也出台了，但是对于市场上针对传播的具体的问题和风险规范的法律还不够完善。综艺娱乐节目的法律条款也有相关的法律出台，但是适用于公益广告在综艺娱乐节目中传播的条款还未真正的落实到位，如何让具有社会责任感的媒体人士和节目制作方能够在安全的环境下向社会大众传递公益信息，有关法律的步伐还需更加坚实的迈进。勿让市场环境下的恶性竞争在利益的驱使下，钻法律的空子让公益广告传播的初衷适得其反，唯有完备的法律法规才能成为公益广告在综艺娱乐节目中传播的强大的后备支撑。

2. 政府加强监督和引导

在很长一段时间内，政府作为公益广告最重要的主体成为中国公益广告发展史的特点，但是随着传播主体的丰富多样化，传播主体由单一的政府主导变为社会大众参与化，媒介组织，公益团体等都参与到其中，尤其是作为媒介的公益广告传播主体变得越来越受关注。很多综艺节目为了响应政策号召，纷纷在节目中加入公益广告，公益元素，打着"公益"的幌子，使用公众的权利为自己的商业牟利。让具有社会价值性的公益广告"变味"，除了需要相关部门行规制与规范，政府组织如何加强引导和监督也是非常重要的一个环节，在传播的整个过程对有关媒介组织和团体进行引导，普及相关知识，对其公益广告在综艺节目中的传播过程实行监督，保证其公益广告的本真和透明性。政府在全社会普及和宣传相关的公益知识和法律知识，呼吁全社会对其进行监督，实行公益广告在综艺节目中的健康传播。

（五）增强社会责任意识

综艺节目的最主要的特性是"娱乐"，但是作为具有庞大受众基础的节目，就不能在专注娱乐的同时，忽略节目的社会价值和内涵，社会的各个阶层和组织群体都需要增强责任意识，从政治角度出发，传递中国传统文化价值和响应国家政策号召，都要求现代娱乐节目要关注"内涵"，为节目注入活力。

1．节目注入价值"内涵"

随着时代的发展，综艺娱乐节目种类样式不断的增多，迎合受众的需求，大多数节目开始不断降低自身要求，甚至刷新社会大众对节目的价值底线，"娱乐至死""娱乐泛滥""低俗"等一系列标签开始不断地贴给了市场中的节目，于是从节目本身的角度出发，不仅仅要求简单的只是为了响应国家号召而开始改变，而是为了节目本身的内容和传播也需要注入内涵，将正确的社会价值传递给受众，要将正确的社会价值观贯穿到综艺节目的整个流程当中。

很多获得成功的节目很大的原因是因为节目自始至终都始终秉持着将社会价值观贯穿节目，传递给受众的初心，并不是因为市场竞争等短期的原因而设计的应对方法，两档节目从很早开始就在节目中设计公益版块，将公益广告以各种不同的形式传播，号召节目组全体都参与其中，将真情实感渗透到公益广告和节目中，用最朴实和最真诚的话语呼吁大家关注公益，用创新的方式引导观众。

2．加强媒体人行业自律

库尔特·卢因提出的"把关人"理论，是指在新闻、信息传播的过程中，媒介组织或者媒体个人作为传播者和受众之间的桥梁，起着对信息"把关"的作用，在其中扮演着很重要的作用，所有流向受众的信息都是通过媒介把关人进行筛选后再议程设置的情况下，最后再输送给受众。

行业媒体人作为信息的把关人，在现时代信息泛滥、娱乐泛滥的时代，社交媒体和各种平台的信息经过不断的发酵和传播最后传递给受众，当大量的信息不断的堆积时，把关人将重要的信息筛选给受众，使得受众在千万条信息当中关注把关人筛选出来的重要的信息，而媒体行业人在其中显得至关重要，要将有价值有意义的信息传递给受众，如果行业媒体人没有严格要求自己，一味的追求商业的利润和金钱名利，那么作为低利润的公益广告的信息将会淹没在信息的海洋中，作为综艺节目的制作方的媒体人，在享受娱乐带来的商业化时，能够清醒的认识自身媒体人的意义和社会责任感，主动承担起公益广告传播的任务，在社会价值面前准确的把关，那么整个媒体行业作为社会和受众之间的纽带将会变得牢固和坚韧。

第三节　网络剧创意中插广告现有传播策略对比分析

一、网络剧创意中插现有传播策略

广告传播策略是指在全方位了解传播对象及受众的特性后，将产品及其服务所具备受众利益，以一种契合且有效的方式传达给目标市场，以此促进产品在市场的销售。传播策略体现在广告传播的各个阶段，尤为突出的是作品制作阶段的创意表现策略以及广告投放阶段的媒体策略和时机频次策略。

与传统媒体的传播策略相比，全媒体因本身具备低成本、广覆盖、高速率等诸多优点，其传播策略相对来说更加灵活多变。信息大爆炸时代，品牌方要想在这个瞬息万变的竞争市场中获得更多受众的关注，那必然离不开创意。作为互联网平台兴起的一大广告形式，创意中插广告重在"创意"二字，在网络剧内以短片的形式呈现。笔者通过梳理和总结近年来网络剧创意中插广告作品，对其传播策略进行归纳分析。

（一）剧中演员形象呈现带来视觉快感

创意中插广告作为视频广告中的一种，其核心就是视觉图像，呈现出的画面感。心理学家特瑞克勒（D.G.Treichler）指出，一个拥有正常感知系统的人在获取信息的过程中，通过视觉的获取占83%，听觉占11%，嗅觉占3.5%。由此可见，在获取有效广告信息时，视觉图像的呈现是关键。图像具有知觉的广泛性，在受众认知事物的过程中具有"想象的能指"，通过这样一种知觉功能来捕捉想象，从而在观看创意中插广告的过程中"作为一种超验的主体出现"。在创意中插广告短短15至30秒的时间内，呈现出的画面越是丰富，在单位时间内的空间表现力越强，受众对产品的体验越是逼真，从而达到更好的投射互动效果。

创意中插大多以一种幽默风趣的视觉呈现方式为受众带来欢笑与快感，为再传播提供动力。在剧中演员的呈现形式上分为两种，一是通过剧中演员形象的另类呈现，创造出创意中插广告的亮点；二是延续剧中角色的鲜明形象，将受众对剧作本身的认同延续到创意中插上。

在古装谋权谍战大剧《三国机密之潜龙在渊》中一大反派角色满宠，在剧中凶狠霸道，眼神充满阴郁，但唯独对郭嘉唯唯诺诺。在悟空理财APP的创意广告中，满宠却一改反派人设，尽显可爱专一。在广告中延续其对郭嘉忠心专一的形象，不脱离剧本，为悟空理财插入气质诙谐幽默的创新点：在郭嘉手稿拍卖会上，各位郭嘉粉丝争相竞拍郭嘉手稿，当然少不了满宠，在一番激烈的竞争后，获得藏品。其他粉丝质问他自诩清廉，哪来闲钱买藏品，自然引出满宠推荐悟空理财 APP"月月钱滚钱，月月可提现"。广告通过摔竞价牌，跳高，掏手机等一系列动作的视觉呈现，为满宠"洗白"，给这一在正剧中的反派角色形象另类呈现。同时，给广告中所竞拍藏品特写画面，是一篇名为《满宠该怎么宠》的手稿，是剧中二人关系亲密的进一步体现，满足受众想象，带来快感。

与此同时，通过剧中的鲜明演员形象来呈现产品广告，更能够使受众觉得广告在情感上与自身保持着亲近性。受众在观看创意中插广告时对剧作的内容和相关人物以及具备了一定的认知与情感，当他们在创意中插广告中看到这些人物角色时，由于对剧情发展的好奇，也会自然而然的激发起对广告内容的观看欲望。

腾讯独播 IP 大剧《陈情令》作为 2019 年现象级网络剧，除了两大男主之间的情节发展外，其中男主角魏无羡和其师姐之间的同门情也是受众较为感兴趣的部分，在剧中魏无羡依赖师姐并展示出其童真的一面。在该剧的可口可乐系列创意中插广告中男主因为师姐心情不佳而愁眉苦脸时，店小二端出了一盘冰镇的可口可乐，并说道：天气炎热，不如送些爽口的可口可乐，让师姐畅爽开怀。这一广告延续了男主魏无羡对师姐的这种关怀。且广告内容完美契合剧中人物情节发展和可口可乐"畅爽开怀"的品牌定位。制作方更是利用广告作品进一步丰富剧中人物的形象，利用更加多元化的形式和新颖的内容，进一步增强受众的心理认同并赢得受众的情感认同。

（二）多场景反复用户及产品诉求

网络剧的创意中插通常会将一个品牌的广告做成一个系列，通过剧中多种场景来反复呈现产品的不同诉求。如《老九门》中共涉及 56 个创意中插广告，包含爱钱进、探探、蒙牛、携程旅行四个品牌。同一品牌的系列广告分布在相邻的剧集中出现，且每一则广告都会选择不同的剧中场景，广告内容也反映了产品的不同诉求，产品主打的突出诉求点会进行适当的重复，但会通过多种不同场景反复诉求，每一则广告都具备新鲜感。在《老九门》中，共为爱钱进品牌创作了 7 支创意中插，选取了剧中 7 个不同的场景，分别体现产品的优选借款人、靠谱、投资无风险、操作透明、高收益这五大产品特性，其中高收益这一点在两则创意中插之中强调体现。

对于同一广告产品呈现不同的创意内容，也使得受众不受多次重复观看下的审美疲劳。同一个品牌的广告，在贴合剧情的情况下采用不同的创意剧情进行展示，每个广告呈现产品的不同特点性能，每次广告的呈现都给受众眼前一亮的感觉，而不会产生厌倦之感。如"向上理财"APP，在网络剧 2017 年版《射雕英雄传》中出现了三次，这三个创意中插小短剧之间相互关联，且清晰呈现出该产品的三个特性。第一条创意中插是剧中角色欧阳克首次认知"向上理财"，广告内容呈现为郭靖总是拥有足够的钱养雕和马，欧阳克对此很是好奇，询问后才知是使用了"向上理财"，这一广告内容体现了该产品的稳定高收益的特点；第二条创意中插是欧阳克因生活落魄去打劫，不料被名叫"向大侠"的高手制服，通过将"向上理财"拟人化，突出产品的安全性能高，有效阻断风险因素；第三条创意中插是穆念慈找靠理财赚得满盆钵满的欧阳克借钱赎人，这突出了产品收益到账快的特性。《射雕英雄传》对"向上理财"产品的三次广告植入采用了剧中的三个人物，三组剧情分别体现了该产品的高收益，安全和赚钱快的三个特性。

（三）高辨识度适配受众多层次注意力

受众的注意力是多层次的，在不同的时间或环境下注意力的付出也不同，可分为集中，半集中和无意识三类。而听觉对受众的注意力是十分宽容的，一支具备高声音辨识度的创意中插可以将受众的注意力拓展为：注意—投入—无意注意—背景声音。即使受众不赋予视觉上的注意力，也可以在无意识的状态下接收到高辨识度的声音。

一部优秀的广告作品应当具备听觉化，趣味化和口语化三大特性。因为快速高效的传播作为优秀广告传播策略的第一要义，最基本的是应该用一句简单直白的广告语，让观众记住并且能够转述出来，在脑海中留下深刻印象，如"租房子，找工作，上58同城""今年过节不收礼，收礼还脑白金"。

网络自制剧根植于网络，而网络拥有娱乐、个性、灵活的特性，这使得网络自制剧中的创意中插广告尽可能的以娱乐且个性化的方式吸引受众。而在创意中插广告中，会通过改变流行歌曲，改编流行用语的方式让受众在听觉上产生一种"最熟悉的陌生人"的感觉，对熟悉话语中改编的部分产生极大的兴趣，而那一部分恰恰是广告想要传达的重点。在网络剧《春风十里不如你》中，一则理财软件的创意中插广告利用高辨识度，强记忆性的广告曲"PPmoney收益好"，使用户进一步加深了对该品牌的印象。该创意中插虽在剧情发展上没有过多呈现，但通俗易懂的广告词加上洗脑的旋律，让受众的注意力集中在不断重复且简单易上口的歌曲上。

在高辨识度上最具代表性和创意性的要数爱奇艺自制网络剧《老九门》，在每一集创意中插广告开始前，都会出现一段模仿米高梅识字怒吼的片头画面，弹出米高梅电影公司的经典logo，不过将其中的狮子换成了剧中的演员，并配上"前方高能，正片来袭"的字幕。但是其经典的狮子吼音却没有改变，形成集聚创意和提示意义的广告识别音。《老九门》创意中插广告利用这一极具代表性的声音，将这一趣味片头音乐内生为广告特色的一部分，从而成功地吸引受众的注意。

（四）去陌生化实现沟通赋能

消费社会中广告能够发挥巨大作用，而对符号进行消费实质上就是产生文化认同从而促进消费，而这种认同正是通过广告这一传播媒介实现的。符号的主要用途便是表意，符号既作为表达意义的载体，又是意义存在的条件，意义是无法脱离符号而单独存在的。将符号分为"所指"与"能指"两个部分，而创意中插广告利用符号的"所指"与"能指"关系，为产品包装赋值。

从消费社会理论来看，受众选择某一商品，并不单纯是因为其使用价值，对物质的纯粹追求，而更多是对符号价值的追求，对其中蕴含的象征意义的认同，以此来满足自己的欲望。而象征意义的呈现正是以广告为媒介的，创意中插作为内生广告形式，在呈现产品的象征意义时需要和剧中角色以及剧情内容做好叠合，结合剧情将商品的原始意义进行改写，而这一改写依据真实剧作中某一和商品特性相匹配的角色抑或是剧情。创意中插凭借特有的符号优势，为受众与商品的沟通赋能。

在《楚乔传》的爱钱进理财 APP 创意中插广告中，楚乔的妹妹小八，因为爱玩爱买东西，花光了积蓄，只能吃白米饭度日，当她在愁眉苦脸时，手机提示音响起，画面转向爱钱进手机界面，原来是理财收益到账。小八立刻喜笑颜开，买到了自己心爱的物品，开心的离去。最后小八手持手机，说出广告词：爱钱进，天天有收益，让我们一起为生活中的小小幸福喝彩吧！在这则广告中，小八经历了一个由于没钱买不到自己心爱的东西伤心难过到利用爱钱进 app 获得收益从而买到自己心仪之物开心幸福的转变，在这个广告释义过程中，爱钱进这一理财 app 所指代的不仅仅是一个普通的理财软件，而是通过每天的收益，积攒出小小的幸福感，赋予理财商品可以拥有幸福的指代意义。

此外，通过符号化传播，创意中插广告可以赋予产品新的意义，使消费者明确一认知产品定位。"陌陌"这款社交软件自问世之初就受到不少诟病，产品用户使用此款产品的社交意图一直受到大众质疑，所以此款产品的评价一直不高。但是在《秦时丽人明月心》中植入了"陌陌"的创意中插，剧中两位主角身无分文，饥肠辘辘，这时他们打开了"陌陌"软件，并直播表演了一套拳法，临近的人看到他们的直播纷纷给他们送去干粮，也给他们带去希望。这则创意中插不仅点出了直播社交对年轻人交友的重要性，更传达着陌陌希望建立真实有效且健康社交关系的愿景。陌陌给受众的印象一直不太好，但是通过这样的广告可以改变在受众心中的地位。

与传统贴片广告相比，创意中插的先天优势就是观看剧集的受众是其潜在客户群。传统贴片广告与剧情内容毫无关联，是独立于剧集之外专门为产品设计的广告，在未观剧之前就给受众展示一则广告，受众的接受度是极低的，产生陌生感与距离感。

而受众之所以观看节目，是因为对剧中的人物、情节以及场景感兴趣，而这正是创意中插的优势所在。创意中插广告可以利用受众对剧情的熟悉感以及对剧情的喜爱，并把这种对剧情的熟悉感和喜爱延伸到广告中去。不同于传统植入的强效塞入以及偏离受众认可心理的广告形式，创意中插由剧中演员对产品进行演绎，剧情内容和演员本身的双重吸引力，利用受众对剧情的熟悉感，将这种熟悉感延伸至创意中插的产品中，以此加深受众对产品的印象。使受众在设计好的与剧情相一致的场景下体验了产品本身的价值以及附加的价值，在创意中插广告仅仅一小段剧情中还给予了消费者对广告产品的预期，在这种体验以及预期之中，让消费者自主选择自主决策，这样一种间接的方式比直接的方式更容易打动潜在的消费者。

二、与传统植入广告传播策略对比下的新表现

（一）反客为主，广告网剧双向赋能

相较于传统的植入式广告，创意中插在传播策略上体现出明显的差异。传统的植入式广告是将所要宣传产品以道具、台词、场景等方式植入到剧情之中，产品的植入只是作为剧情发展的一个辅助，产品的植入有无对于剧情的发展变化并无直接影响，是剧情为主，广告为辅的模式。

而创意中插却是对这一模式的颠覆，产品反客为主，制作方需要为了该产品去定制与该剧相符的剧情以宣传推广该产品。剧情、台词和场景的设置都是为了宣传该产品而服务的，在潜移默化中实现了广告与网络剧的双向赋能。优质的创意中插广告达到了宣传产品特性和丰富剧情发展的双重效果。

创意中插对网络剧的赋能体现在丰富并反哺剧本情节的发展，与剧情完美融合，且不断更新升级。将创意中插广告制作成剧集番外，高参与度的脑洞模式。剧集番外是指在网络剧中因为时长剧集限制，往往只详细交代了主线主角的内容，而副线配角的剧情内容也相当吸引人，创意中插广告就将拍摄成副线的剧情发展，制作成番外，和剧情完美融合，舒适受众的观看体验，不会跳戏，反而激发用户观感。在剧集《如果蜗牛有爱情》中，因为全剧的主要内容为侦探破案，考虑到集数和时长限制，对男女主角的爱情故事就没有过多描述。而该剧另辟蹊径，将创意中插广告作为男女主角之间感情线发展的番外篇，在植入广告的同时也交代并丰富了男女主角的感情进展，满足受众的双重需求。以创意中插这一刚刚形式丰富甚至反哺了情节的发展。

网剧对创意中插的赋能体现在提升品牌的影响力和转化度，优质网络剧的精彩剧情、经典演绎和精品制作不断吸引扩大受众群体，潜移默化中为根植于网络剧的创意中插带来更高的接受度。如网络剧《白夜追凶》作为一部优质的悬疑探案题材剧，自带悬疑剧粉丝群体，且男主一人分饰两角，塑造丰富有层次的人物形象为该剧带来不少话题度。借助热度由剧中角色作为意见领袖来阐述产品性能特点等更具备说服力，"即刻" APP作为该剧中创意中插广告数量最多的品牌在剧集播出期间下载量较之前涨幅近20倍。

（二）显性模式，建构独特说服机制

传统的植入式广告属于隐性模式，将需要展示的产品以道具或是背景的方式出现在剧集中，希望以一种隐性的方式实现潜移默化的宣传效果，这类广告标榜着隐匿广告目的的性质，但是其最大的弊病也在于此，就是难以保障广告的效果。

这样的植入方式受到时间剧情等多方面的限制，无法对产品或品牌的特性进行深度说明，只能进行浮于表面的宣传，无法真正的打动消费者，有些甚至无法在受众脑海中留下印象。且在传统植入中那些"外隐内显"的植入方式太过夸张往往适得其反，引起受众的反感。如在电视剧《北上广依然相信爱情》中大量植入"好想你枣"的广告，在办公室里总监发货，助理立即递上该品牌的枣，见客户送礼时，也要带上几盒枣；家里、酒店里，

剧中出现的大部分场景都会以该品牌的枣来点缀背景，受众在观影时都会有自己的价值判断，这样强势轰炸的植入，形隐而意不隐，受众不但没有接收到关于该产品的有效信息，而且在强势接收的情况下也无形之中降低了对该品牌的好感度。

而创意中插则建构了一种独特的说服机制，直接点破其广告属性，实现植入式广告由"隐"到"显"的发展，将植入与娱乐幽默结合，更好的实现显性化发展，更有效地应对广告效果的问题。现阶段的受众完全有能力识别简单的广告植入信息，反其道而行，大大方方地直接告诉受众这就是广告，反而可以得到一种新鲜感。在插入之前给受众一个缓冲，如《鬼吹灯之精绝古城》以"脑洞时间"的提示语告知受众即将进入创意中插时间,《老九门》使用"前方高能，正片来袭""前方核能，这不是广告"的提示语,《暗黑者2》使用了"休息，休息一下"的广告语，以幽默风趣的方式提示受众，明确告知受众接下来是广告时间，这种娱乐幽默化的方式是对"隐胜和显性化"矛盾的一种缓解。以娱乐化的方式点破广告性质，以剧中演员演出、花样植入品牌信息的方式，使创意中插成为每集中令观众备感期待的彩蛋。且在这15~30秒的时间内，所有的剧情内容都是围绕着该产品的特性宣传而展开的，宣传产品特性的同时再搭配上丰富有趣的清节内容，使广告信息符号体系能够被消费者准确快速的接收，进一步优化产品宣传效果。

（三）即拍即播，紧密跟随市场热点

创意中插极具时间灵活性，该特性体现在广告位资源发售时间和拍摄时间上。首先是广告位资源的发售时间，可以是剧本开拍前进行，也可以在剧本全部拍摄完成后，抑或是在剧集播放期间。第二就是拍摄时间上，传统植入式广告一般都是随片完成拍摄，是建立在影视作品制作播出基础上的一种广告。而创意中插作为剧情的延伸相对独立于剧集之外，不需要和剧作同时完成拍摄，可依据剧集播出时间或是产品上新时间决定拍摄进度。

我国每年的电视剧产量有数百余部，一每部剧从杀青到播出间隔短都具有极大的不确定性，甚至很多由于审核制度等多原因无法播出。如《伪装者》从影片杀青到播出耗时4个月,《楚乔传》耗时7个月,《盲约》耗时11个月。传统的植入式广告由于上映或播出时间的变化也会带来广告时效性的消失和目标人群的改变。这样一来，植入的产品类型就会有很大的限制，对于一些快消类产品就很难使用传统的植入式广告，这样的情况对广告主来说损失惨重。此外，随片拍摄的植入广告至少需要在播出前1年确定，且无法保证最终何时能够面向观众，若是更新换代较快的产品就无法适应这种植入模式。而创意中插广告的即拍即播模式解决了广告时效性的问题，一般在剧集播放的两个月前开始招商。有些平台方会根据收视率的高低情况在剧集播出前期继续招商，如由爱奇艺和腾讯平台联合播出的2019年末剧制《庆余年》在24集时才播出创意中插广告，之前仅有贴片广告，压板广告和角标广告。这确保了创意中插广告具备及时性的独特优势，及时制作，及时播出。这更加能够满足新上市产品或快销产品的广告需求，跟随市场热点，取得良好的宣传效果。

（四）情景建构，沉浸体验促成互动

前后贴片广告是指紧随剧集播出之前或结束之后播放的广告，并不具备网络特有性，在传统电视媒体也会出现，属于单向的传播模式，与剧集内容毫无关联。这种广告形式属于硬植入，直截了当地将广告信息传递给受众，具有明显的商业性色彩。近年来视频网站付费会员比例加速提升，视频网站会员可以跳过片头片尾的贴片广告，严重挤压贴片广告份额。此外，观看前后贴片广告属于被动的接受广告信息行为，在这样一种被动接受信息的情况下，企业品牌被媒体强推到受众面前，受众无法真正的参与进来，且受众可以选择不同的方式规避这一广告形式，如购买视频网站会员跳过广告或在广告播放时做其他的事情，这样一来，广告的到达率和有效传播率是极低的。在这一过程中，广告效果只停留在将产品信息告知受众的层面，无法发挥更大的效用。

而创意中插这一广告形式一方面为受众提供产品信息，另一方面引导受众融入剧情，以彩蛋或是提要的方式延续受众观影兴趣，引发剧情思考，将原先的被动传递信息的广告模式转变为主动的接收广告信息。

创意中插利用剧情内容将广告场景化，给受众带来沉浸式体验。通过广告场景与剧情的深度结合，营造与视频相似的场景情境，以此激发受众对广告产品的兴趣。在大 IP 网剧《陈情令》中，可口可乐的创意中插沿用原剧场景，且与剧情深度融合，以主人公的师姐不开心为结合点，制作出主人公为让其师姐开心，将可以给人带来快乐的可口可乐送给师姐的小剧场，以此带给受众沉浸式体验。

创意中插广告具备双重身份，与传统植入式广告不同，它不再仅仅作为传递广告信息的载体，更是一个搭建剧中相似场景、建构剧中情景的平台。受众通过这一平台在接触媒介时产生熟悉感，并进一步产生互动行为，以此获得心理上的满足。并进一步在弹幕或者微博上进行讨论，受众无形中从信息的接收者变为信息的发布者或者推广者，形成个体感知与情景融合的深度互动。如在网剧《鬼吹灯》中，网友就通过弹幕进行了趣味互动，在剧中出现必胜客创意中插时，屏幕上出现了趣味弹幕"下集就有肯德基，信不信"，受众不但接收到了创意中插的信息，而且还产生了兴趣，进行互动。

三、与网剧其他类型广告传播策略的优劣对比

题材新颖多样并根植于网络的原生剧作已成为各大广告主进行品牌营销的主阵地，且品牌方对网络剧的营销已经由原先的试探转变为信任追捧，开始挖掘利用网络剧营销的独特优势，通过品牌和网剧的捆绑，使剧集热度迅速传导到品牌身上。

与传统影视剧播出平台相比，互联网平台播出的网剧可以通过弹幕等方式进行实时互动，且受众可自主选择观看时间。加之网络剧情的年轻化，草根化等独有特性，使得网络剧迅猛发展。此外，网剧的制作成本相对较低，植入广告的性价比较高，迅速吸引了广告主的注意力，越来越多的广告主将广告投放重心转移至网络剧，也应运而生了各种形式的网络剧广告，其中较为典型的就是创意中插，创意口播和创可贴广告。创意中插与创意口

播和创可贴广告相比呈现出的优势与不足主要体现在以下几个方面：

（一）优势：深度联动引发共鸣，代入感强

创意口播是剧作中的演员以角色形象出现在剧中某一场景中，以画面和声音表达内容、面向观众展示产品，并说出广告词，时长一般在 7~12 秒之间，且快速介绍展示产品。网络剧《虎啸龙吟》选取了剧中极具特色的人物邓艾进行创意口播，他天生口吃，由一个口吃名人来进行创意口播具备反差与吸引力，也使得口播的简短直白显得顺其自然。口播前半部分邓艾稍显结巴的说着"网利宝，好，理财，好"，这时画外音提示"没时间了"，邓艾则加快语速，迅速说出"网利宝，网利宝，投资就用网利宝。"口播以快语速和重复三遍广告词的方式强势占领用户心智，用逗趣搞笑、幽默诙谐的方式来加深品牌记忆。虽然创意口播具备着短小精炼，反复洗脑的特点。但是在毫无连接转折的情况下直接快速说出品牌及其性能，给受众措手不及的感觉，毫无代入感。

相比之下，创意中插广告拥有前期受众观看剧情的基础，对剧中场景或角色有一定的情感认同，在以熟悉场景和角色形象展示产品广告时，很容易触动受众，产生正面积极的反馈。与此同时，创意中插时长一般为 20~45 秒，前三分之二的时间用来发展剧情，后三分之一的时间过渡到产品信息介绍。这在无形之中给予受众一个缓冲期，慢慢带入到创意小剧场中。且不同于创意口播直白的宣传介绍，创意中插剧情的巧妙构思往往重在抓住受众的心理需求，以此对产品和剧情进行包装，赋予产品附加价值，与受众心理产生更深层次的连接，以价值聚合吸引受众。

（二）不足：场景精准匹配缺位，契合度低

创可贴广告又称压屏条广告，是指在网剧播放时，选择贴合剧情的时间节点，在屏幕下方贴出一句带有品牌标识的个性幽默语句，以简短的文字对剧情进行解读或吐槽，将品牌拟人化，在适配剧情发展的同时精准传递品牌信息。创可贴广告只需工作人员将创意广告词和画面通过技术压制在剧集画面中，节省了更多的时间和精力，成本大大降低，且更灵活高效，方便修改，从而提高植入的精准度，更能根据观众反应随时调整植入内容，更具有时效性。

如网络剧《延禧攻略》中皇帝因得痔疮卧病在床的画面中，屏幕下方就出现了 999 皮炎平的图标和广告语：此刻皇上需要一支 999 皮炎平，止痒快，还润润的哦。从内容契合度来看，创可贴广告与剧情的契合度明显高于创意中插，并且是完全依赖于剧情发展的，以剧情为出发点，寻找可与产品特性相叠合的植入机构在剧情契合处加入广告文案以此作为剧情提示或弹幕，使受众在观影过程中自然接受品牌信息，为品牌实现有效的场景化转换。

更重要的是，与创意中插相比，创可贴广告不会中断剧情，且与剧中场景的匹配度明显优于创意中插，极大地提升了受众的观影体验。通过情景式精准打点，根据剧情内容和产品特性定制创意文案，使受众有效接受产品卖点，从而实现品牌的有效情景转化，进一

步加深受众对品牌的印象，增加受众对产品的认同感。在《法医秦明》中，剧集中画面出现法医和他的好兄弟在一家餐厅吃饭的画面，且在餐桌上摆着两瓶"在益起"乳酸菌饮品。这是屏幕下方出现了"兄弟情长久，不妨在益起"的创可贴广告。这一广告语不仅和剧情内容完美衔接，而且使用产品名称的谐音制作广告语，加深了消费者对这一饮品的认知。

四、网络剧创意中插广告的问题呈现

任何一种广告形式都会经历解决先前广告形式中的问题，随后呈现出新问题的过程，创意中插广告同样如此。在上一章节中，通过对创意中插与传统植入式广告对比，深挖创意中插的新表现、新特性，同时将其与网络剧中其他类型的广告传播策略进行了对比，分析优势，找到不足。本章将结合当前的创意中插市场现状、商业模式、传播内容、监管体制、受众接受度等各方面具体分析创意中插呈现出的新问题。

（一）创意表现策略机械，网综动漫挤占市场份额

随着自媒体平台的崛起，受众对娱乐化，综艺化的内容需求越来越大，网络综艺节目成为大家追捧的对象。综艺节目成为各大视频网站竞争中不可或缺的一大节目形式，仅2019上半年各大视频网站总计推出57档综艺节目。目前我国网络综艺题材类型丰富，可以全方位的满足任意观众的观看需求。据媒介360IP星动风向标数据显示，2019年12月第一周共监播网络综艺节目33档，其中芒果TV《明星大侦探5》以8.8分位列网络综艺榜首，头部效应明显。网络剧共监播29部，《庆余年》以8.0分位居第一。从数量上看，12月第一周，网络剧的播出量就比网络综艺少4部，榜首作品评分相差0.8分。无论是质还是量上，网络综艺节目都略胜一筹。网综将其优势进一步延伸至广告内容和形式上，多样灵活的呈现帮助受众建构品牌认知并进一步促进其消费欲望的产生，实现流量变现。且在2019年上半年，创意中插广告的市场份额中，网络综艺节目的广告占比份额已经高出网络剧。可以看到原本由网络剧主导的创意中插广告市场逐渐被网络综艺节目所挤占。

当前，我国的头部网综一大卖点就是邀请众多流量明星以嘉宾的形式参与到节目中，这些明星在当下拥有极高的话题关注度，且他们的认知度高、影响力大，他们的加盟奠定了网络综艺拥有了一批基础受众群体，即明星自带的固定粉丝群体，与此同时，也能够提升普通电视受众对节目的关注度。网络综艺的主基调大多为轻松搞笑，任务设定灵活多变，可以根据节目受众不同需求进行适当的更改。而网络剧需要符合基本逻辑，被限制在一定的框架之中，在制作过程中很难进行调整更改。所以在此层面，网络综艺的广告植入可以更加自然灵活，幽默风趣，以此赢得受众好感。

在《明星大侦探》中，每期节目都有不同的主题，嘉宾需在虚拟案情中扮演不同的角色，根据网综的节目特性类型，可将角色与广告商结合，既增添趣味性又达到品牌宣传的效果。在"海上钢琴师"篇中，在搜集证据环节，将手机内拍摄的"抖音视频"作为证据内容，这与赞助商"抖音APP"巧妙融合，即呈现趣味内容，推进节目发展，又完美展现了抖音APP的使用方法和特点。这便体现了网络综艺植入创意中插广告的一大优势，广告产品灵

活多样，根据产品特性定制节目内容。而网络剧具备固定的背景人设，一定程度上局限了广告产品类型，需要根据剧情去选择合适的植入产品。广告主需要考虑到产品与剧作的契合度，选择能够将品牌的优势特色全面展现并且使具有生动故事和形象的剧作成为品牌传播的良好聚集地。在确保内容的可看性的同时又避免多个品牌在同一剧集中扎堆，堵塞观众对品牌的记忆通道。然而现在网络剧的创意中插广告植入并不具备基本的逻辑性，现代剧中植入这些产品无可厚非，但在古装剧中大量植入理财产品，手机软件等具备现代特性的产品容易使观者跳戏。

此外，网剧和网站创意中插内容延续的侧重点又有所不同，网剧倾向于剧情的丰富扩展，而网综则倾向于对嘉宾性格特征的丰满刻画。在这一层面来说，网络剧中的创意中插广告程度要明显高于综艺节目。比如在网综《妻子的浪漫旅行》的唯品会创意中插中，由节目嘉宾谢娜出演，其广告内容和节目剧情本身关联不大，而是注重延续人物的特点，甚至是在真实生活中的呈现。而创意中插广告也延续了剧中演员的形象特点，但是更多的还是偏重于与剧情的融合。

相比较于网络剧集，网络综艺更加关注现实，对人们日常生活进行如实展现。虽然包含秀的成分，但是也更加直接的介入真实生活中，这种真实是更加有意义情趣的呈现，将趣味性、意义性与真实性三者相结合，以此体现网络综艺的突出优势。如《我家那闺女》以父母对孩子日常生活的观察，探讨当代独立女性的生活方式，《令人心动的 offer》以纪实的形式展示当前职场新人现状及职场规则。《火星情报局》通过提案的形式探讨网络社交、代际沟通、中年危机等一系列社会热点话题。内容为王时代，网络综艺的内容质量也有了质的提升，以轻松幽默基调，但其背后的内容实质更加具有现实性和反思性。网络综艺的主体选定与社会热点之间的联系更加密切与直接，以一种娱乐化的方式与社会进行更加有效便捷的互动沟通。相比之下，网络剧和网络电影题材多样，很大一部分具有虚构性，真实感不足。而网综的一些现实话题的呈现更能让观众感同身受，带来真实体验，有参与其中之感。与该网综紧密关联的创意中插在这时也不再仅仅是广告属性而增添了一层意义呈现。出于这种体验，受众会选择弹幕互动、制造微博话题、二次创作等多种不同方式深度参与到节目进程中来，促进广告信息的进一步有效传播。

（二）技术缺位，表现力与艺术感不及网漫

2006 年，我国的国产动漫进入产业化进程，至此国产动漫的商业化市场化程度日益深化，国产动漫产业被市场定义为我国新兴的朝阳产业。以腾讯视频为首的在线视频平台进一步挖掘动漫市场价值，以青年为主流消费群体的相关品牌也与动漫加大合作力度，为国漫的发展进一步助力。

据艺恩数据显示，2017 年国产动漫业迈入告诉发展阶段，总产值达千亿级，在文化娱乐产业的总产值中占比 23%，这也带来了动漫广告产业的发展。目前对于网络动漫广告的植入方式主要是剧中产品植入、定制条漫广告、定制角色、人物代言这几种。而创意中插这一广告形式目前在 2017 年的《斗破苍穹》和 2018 年的《斗罗大陆》《魔道祖师》中得

到呈现。

2017 年《斗破苍穹》中品牌方麦当劳首次尝试创意中插广告，作为创意中插广告在动漫领域的首次尝试，植入方式存在着一定的不足，该部网络动漫的题材与故事和麦当劳的产品契合度较低。至 2018 年，《斗罗大陆》再次植入雪佛兰汽车创意中插广告，将雪佛兰酷创汽车作为男主唐三的留世神器，出现在玄幻世界当中，给受众眼前一亮的感觉，并为动漫作品的后续故事留下伏笔。本篇将以《斗破苍穹》中的创意中插广告为例，与网络剧中的创意中插广告进行比较分析。

动漫作品是艺术性和技术性相结合的，是纯粹由数字技术打造出的产品。其中植入的创意中插广告也是如此依靠强大的计算机功能，创作人员在各个不同的电脑上完成图像、声音、渲染流程，串联各种技术软件，利用计算机数字图像处理的数字技术展示出丰富有层次的画面内容，巧妙地将真实与虚假、现实与虚拟、内容和形式揉杂在一起，为人们打造视听奇观，丰富观众想象。

所以在动漫中插广告中，可以呈现更加奇妙且直观的内容。如在《斗破苍穹》麦当劳篇创意中插广告中，由主角萧炎、师父药老和其挑战者萧宁三人出演。广告以萧炎和萧宁二人的比武切入，在双方交战高潮时，药老说道："关键时刻，该吃为师食材了。"萧炎转身吃起巨无霸汉堡，画面中的萧炎越来越大，越来越壮硕，并运功用汉堡将萧宁打动。动漫作品中可以动态的展现主角吃了这一汉堡后逐渐变大变得健硕的动态过程，而且动漫作品本身就具有着玄幻的特性，所以这一画面与产品之间毫无违和感，并且由人物体型的变大变强和巨无霸汉堡体积大的特性高度契合。

若是同样的脚本构思出现在网络剧中，就显得不搭，而且在拍摄和制作上也有着相当大的难度。网络剧采用真人拍摄，无法动态的呈现一个人物的身体由小变大的动态过程，若是想要呈现则需要使用特技。所以，由真人出演的创意中插广告无法实现的剧情内容，在动漫中依靠数字技术可以实现。互联网时代的到来深层次的激活了动漫产业，使之进一步与数字技术相结合，在内容呈现上更具创意感和技术感，之前收到技术限制而无法实现的特效画面现在可以充分实现，同时也为广告产品提供更加精良自然的植入效果。

动漫是一种源自于现实社会，但是又区别于写实主义的艺术形式。其特征之一就是从现实中提炼幽默与艺术。同时，可看性是动漫中插的一大亮点。动漫的画面呈现信息比较集中，且画面色彩多样抢眼。由于动漫是人工创作的，可以加入充分的想象力和创造力，把表达的信息用一种夸张的手法表现出来。《斗破苍穹》的创意中插广告延续了动漫中的人物个性，再现其中情节，片中台词"吃食材补充能量"被巧妙的运用到麦当劳巨无霸汉堡的创意中插植入中，以此来现实此产品可补充能量这一属性，并使用精巧的动漫画面进行呈现，使该广告成为片中的亮点。

2019 年有近 20 部的大 IP 作品改编网络动漫上线，且在个视频网站的累积播放量均过亿，10 部作品破 10 亿。巨大的流量为网络动漫的创意中插广告发展提供了丰厚的土壤，这也势必会在一定程度上挤占网络剧创意中插广告市场份额。

五、时机频次策略缺失，整体风格偏差

(一) 创意中插投放时间节点失当

创意中插广告完整的传播过程应当分为两步：一是最初的被动接收，二是受众被内容吸引，最后是用户Ｉ川味内容，想进一步了解从而实现最后的点击。创意中插的最终目的也是要实现用户的点击这一行为的产生。这时，在恰当的时机呈现出的广告可相对高概率实现用户点击行动的产生，完成创意中插的有效传播。为此，一个恰当的创意中插投放时机是十分重要的。

创意中插广告作为新兴的广告模式，因其及时，低成本，观众排斥度低等优势迅速发展。致使现在的创意中插广告越来越长，越来越多，在一集剧中也不再满足于插播一条创意中插广告，并且插入节点随意不讲究，致使受众对广告的排斥情绪提升。

目前视频网站的创意中插广告投放方式分为两种，一种是以爱奇艺为代表的打点系统投放，这种投放方式将创意中插广告放在一个点位卜，通过广告系统自动投放在内容中间，这种投放方式拥有广告投放及用户数据，且广告的卜线下线都非常方便。但是这种投放方式容易出现损耗，有些端口会看不到这些创意中插广告。另一种是以大部分视频平台普遍使用的投放方式一压片投放，这种投放方式是将创意中插广告片插入到正片投放，算作正片时长。它的优点在于可见性高，只要观看正片就可以看到广告，缺点是下线处理较为麻烦，若是广告时限到期，需将影片中的创意中插广告部分减掉，重新整合影片。

这两种投放模式都是依靠人工手段去进行创意中插，平台方认为人工中插更能够满足用户心理，但这需要耗费巨大的时间进行市场调研，成本颇高。有些剧作甚至不做调研，只是机械地将创意中插广告插至影片前1/3处或1/2处。

(二) 品牌形象与剧作不搭，广告内容与剧情脱节

在巴特的符号学理论中，商品的直接意指代表商品的原始意义，也就是使用价值；含蓄意指是第二层符号系统，代表了商品象征意义，这个象征意义是广告所赋予的。通过将商品的原始意义模糊化并进行改写，填入新的象征意义，这就需要借助广告来实现，广告的目的在于对商品的改写，使消费者自然地将商品与广告所赋予的象征意义联系起来，展现出真实一面。产品的象征意义能否精准无误地传递给受众，并为受众所吸收理解，很大程度上取决于广告的投放渠道。

广告主在选择投放渠道与投放方式时，首先应该考虑的是该品牌形象与剧作内容及视频网站的兼容性，这样才能确保目标受众与触达观众的高度契合。为此平台方在进行广告招商时，应当充分考虑广告主与自身品牌的相符性这一问题，从而达到品牌形象提升与在线视频网站收益提升这一双赢的效果。进一步吸引更多的流量和精心制作的广告进行投放，实现在线视频广告市场的良性循环发展。

而伴随着网络剧创意中插广告市场的繁荣，广告主的投入量大幅度提升，许多与剧作内容或角色不契合的产品出现在创意中插广告中，致使广告内容与剧情的严重脱节，由"植

入"变成"直入",严重影响了品牌自身形象与剧作内容评价。如在网络古装剧《古董局中局》中,剧中的鉴宝专家在创意中插广告中突然端出手机,成为推销员,拿着手机看直播并说道:"这才是无价之宝"。观众毫无征兆地看到剧中古装角色端着手机出现,十分意外。广告内容与剧情的严重脱节,不仅使创意中插广告达不到理想的效果,而且容易使受众产生厌倦心理,致使用户黏性降低,造成视频网站用户流失。

虽然娱乐化是创意中插的主基调,且越是草根化、娱乐化的内容越为互联网受众所接受,以此拉近与受众的心理距离。但是作品的内容品质始终是最关键的,娱乐化需要掌握分寸与尺度。尼尔·波兹曼(Neil Postman)在《娱乐至死》一书中也明确指出媒体内容生产者在追求内容娱乐化的同时要严控尺度。创意中插广告也面临着娱乐过度、虚假信息泛滥等一系列问题,为了吸引受众在观剧过程中也能够关注到创意中插,往往会选择插入一些博眼球恶趣味的内容,忽视对广告风格基调和价值导向的把控,由此产生的负面影响是双重的,以内容为代价换取短暂的注意力资源,不仅会严重影响产品的品牌形象树立,无法保持用户长期注意力,也会产生连带效应,影响受众的观剧体验,从而影响受众对剧作本身的评价,丢失观影受众群体。由此,用户与品牌的互动率将会大大降低。

为此,品牌方投放创意中插广告,还是要"因地制宜",根据剧作风格来调整广告的风格,使得内容与平台更为契合,不突兀。但是不能"用力过猛",单方面为了迎合剧情风格而放弃品牌定位的主导方向。达到剧作风格和品牌形象的双向匹配,才能真正的制作出合格的创意中插。

六、内容传播策略失范,监管体系更新慢

目前我国传统媒体的广告法律法规政策比较完备,而视频平台广告的相关法规相对较少,所以不少广告主将目光转移至视频网站。其中最为突出的就是互金类金融信贷产品,2016 年 8 月银保监会等发布的《网络借贷信息中介机构业务活动管理暂行办法》,规定(网贷中介)不得自行或委托、授权第三方在互联网、固定电话、移动电话等电子渠道以外的物理场所进行宣传或推介融资项目。这一系列政策的出台使金融信贷类产品无法广而告之,而创意中插广告属于剧集内容,这为金融信贷类产品打开了宣传门道。加之创意中插广告的播出使金融信贷类 APP 的下载量和使用率倍速增长,更是大大提升了这类广告主的投入量。据 AdMaster SEI 广告效果评估数据显示,从《老九门》播出前到播出两期后的 3 次调研,爱钱进品牌认知度上升了 220%,而品牌好感度也提升了 3%"。

创意中插广告囿于其网络性、娱乐性,所以在内容上大多是以一种随意有趣的方式呈现。内容上缺乏规范性,尤其是医疗药品,保健食品和金融投资这类较为敏感,需要明确注释说明的广告,更是创意中插广告容易触及的雷区。

(一)中插内容形式多样,缺乏规范

创意中插广告在网络平台发布,相较于传统媒体投放的广告少了一份严谨与规范,在广告文案的呈现上不够准确。在国家市场监管总局发布的《2019 年第四批虚假违法广告典

型案例》中，就有一例是创意中插广告，对网络综艺《吐槽大会》第三季节目中的 999 皮炎平创意中插处以 90 万元的罚款。此品牌在《吐槽大会》第三季的第 4,6,7 三期的创意中插广告中通过演员口播"999 皮炎平绿色装，止痒就是快，无色无味更清爽"的内容，但是未能提交审查机关对广告内容的审查文件，且广告中未表明禁忌，存在着虚假植入广告，误导消费者的问题。

除此之外，制作方为了省事，甚至出现了直接将正剧片段重新配上广告语作为创意中插剧场插入在剧作中的现象。2020 年 1 月 22 日腾讯视频平台播出的《三生三世枕上书》一剧中"黑人"牙膏就是利用这一方式进行的创意中插植入。原剧内容是凤九急忙跑出去救人，司命借了速行毡给她；而同样的画面内容，配音却改为凤九着急去买"黑人"新款密泡小苏打牙膏，找司命借速行毡。以这样的形式呈现出的创意中插虽然无可厚非，但是同一内容的重复出现并且还带有广告宣传内容，不仅扰乱了创意中插广告市场的发展，也损害了受众的观影体验，这一形式使创意中插的"创意"二字名不副实。

（二）广告监管体系静态稳定，更新速度慢

2018 年初热播剧《琅琊榜之风起长林》中投放互联网金融平台"唐小僧"创意中插广告，但是在同年 6 月份该互联网金融平台因涉嫌非法吸收公众存款罪被警方查封。事发后，该剧也只是撤下广告，相关广告发布平台未有相关说明。这反映了目前创意中插广告监管体系存在的漏洞，若是在广告中存在虚假广告或夸大宣传的，广告发布平台需承担相应的责任，以此维护广告市场正常有序的发展。

与此同时，考虑到广告监管体系的严肃性和系统性，它是处于静态稳定状态的，更新速度较慢。而互联网平台的广告形式丰富且多元，是动态易变的。由此，我国现有的广告监管体系无法满足目前创意中插广告的监管需求。当前，对于在线视频广告播放的规范虽然也有，但是仍然跟不上网络更新的速度，且专门性针对性的互联网广告规范法则也较少，相关规范不够完善。且我国的广告监测属于"事后监管"模式，相对来说"事前审查"力度不够，这也直接导致了广告法规与广告市场发展之间的不平衡。

七、精准定位策略失焦，受众接受度日趋下降

最初的创意中插作为一种新的广告形式出现，给受众眼前一亮的感觉，在很大程度上满足了受众娱乐消遣、舒缓身心的需求，通过心理上的满足可有效提升创意中插在用户心中的满意度，减少对其排斥的可能。通过对前期创意中插广告时间段弹幕区的评论搜集分析发现，受众对该广告形式的接受程度是极高的。

但是随着创意中插的粗制滥造、频繁穿插等问题的出现，使得很多用户对该广告形式产生质疑。从最近播出的网络剧集中的创意中插弹幕区评论来看，受众对该广告形式的接受度明显降低。且根据发放问卷的统计结果来看，对创意中插接受度发生转变的比例占受访人数的一半多。

最初的创意中插作为广告界的新鲜产物，在一定程度上满足了受众的猎奇心理，所以

受众对其普遍接受。但伴随着时间推移和中插广告投放时间过长、频率过高及质量下滑的多重影响，大大增加了剧作观影的干扰性，受众的猎奇心理逐渐被消耗，逐渐失去兴趣，视觉和心理接受度都趋于疲乏，当初的优势已不复存在，受众产生排斥感和反感心理。

并且伴随着网民整体素质不断提高，对网络事物接收和鉴赏能力不断增强，加之创意中插广泛投放的现状，受众对创意的认知门槛抬高。不同剧集的受众群体存在差异，制作者在制作创意中插时不仅要基于原剧内容，更要注重契合剧集受众群体的兴趣所在。深入了解特定受众群体的特征和兴趣，再有针对性地产出更契合这一受众群体兴趣点的创意内容，才可得到受众群体的接受和认可。

八、网络剧创意中插传播优化策略

创意中插市场目前面临着一系列的问题，解决这些问题一方面需要外部相关体系对其加强监管，但最根本的还是从创意中插的内容呈现、表达形式、沟通技巧等方面着手，建立一个全面的优化系统，而这一系列的优化策略的制定都需要建立在受众需求基础上。结合新的政策环境和用户需求，进一步研究具有实操意义的创意中插广告传播策略，以期创意中插能够实现内容集智性、互动体验感、沟通圈层化和价值效力持久化。

（一）打通受众编剧壁垒，增加广告集智性

优质的脚本内容成就了高质量的创意中插，而脚本的制作则需要以品牌与用户之间的相互感知为基础，并结合剧作内容，创作出广告为本体，营销与内容完美结合的作品。在优质内容频出的移动互联网时代，受众对于网络广告信息的获取以不再是主动的搜索的过程，而是需要品牌方和广告制作方充分感知受众，响应需求的过程。在感知层面，广告主与受众通常是利用社交平台，网络社区等新型社会化平台通过分布式，多触点建立起系统的动态感知网络。在这一体系中，双方的对话不受时间地点的限制，广告主可以通过这一动态感知网络及时的感知用户的体验评论和需求，并及时给出反馈，从而使受众对品牌建立更深刻的印象感知。这为创意中插广告的前期脚本制作和后期相关品牌的跟进提供了诸多便利。

广告主与受众之间的互动强弱与否，有效与否并不是单单的取决于接触的多少，更取决于双方互动的连接方式以及受众对相关话题的兴趣度。这一层面不再是简单的品牌曝光产生的印象效率，而是要理解跟随并响应用户的兴趣和需求。创意中插广告主、平台方、制作方要与受众之间形成连接，从受众层面出发，探究视频用户的消费行为，实施多样的沟通机制，使品牌为用户所熟知。巴特文本理论认为，"作者只不过是语言的组织者，不再参与作品的意义生成"，而只有"曾经处于被动接受的读者则拥有了能动性，参与到了文本的再创作活动中"观众主体才能与传播本体产生更为深刻的交流互动。

一部30集长的剧集很难做到将内容交给受众设计，但是一则30秒左右的创意中插广告完全有可能。广告主或平台方抛出引子征求用户的意见，通过线上征集受众最想看到的剧集发展内容，并进行网络票选，以票选最高题材作为蓝本，改编成创意中插广告，可以

使剧集收视率与广告观看率双向互动增长。创意中插广告根植于网络剧，具有先天优势。在网络剧的观影过程中，受众对剧情的发展会有自己不同的看法。弹幕的出现使得受众可以在观影的同时进行互动，实时发布自己对剧集的看法，对内容的改编，以此有效提升受众对品牌广告的亲切感。

自媒体平台作为移动互联网时代的杰出产物，为普通受众打通了自由表达观点与看法的便捷渠道，大众渴望通过观点的表达来体现自身价值，以此而获得的成就感与满足感是难以定量衡量的。创意中插广告也应抓住这一特点，利用受众对剧情的关注度与参与度，吸引受众进一步参与到剧中的创意中插的互动中来。一方面，通过发起创意中插剧本的收集活动可以有效增加受众对网络剧集的关注度，提升收视率。同时将对创意中插广告感兴趣的用户引流至剧集本身；另一方面，借助剧集本身热度引导观众讨论，满足受众需求，为他们定制出理想的剧外内容，对剧情进行延伸，有效促销创意中插广告的到达率。使创意中插广告实实在在变成用户创造的内容，实现广告与用户的互动认知效果。

在这一过程中，网络剧的受众群体由内容接受者转化为内容生产者，赋予了受众自主创作权，激发受众的创造力，打破了受众与编剧的壁垒，丰富广告的创意与内容，使广告更具集智性。在集智过程中，创意中插的创意点诉求不再单单局限于商品本身的卖点与特性，而是要突出这一创意中插实现过程中受众作为内容生产者的行为参与，以轻松有意义的方式实现了与产品广告的互动。在受众与制作方合作生产创意中插的体验营销模式中，受众直接参与到了创意中插的制作环节，互动程度大大提升，互动形式更加有趣，且受众生产的内容由专业的编剧把关，也保证了内容的品质。通过将用户的观赏体验和参与体验链化，参与到创意中插的共创共传之中，增加用户黏性。在消费者注意力极为稀缺的时代，从用户"看到广告"到"与广告有效互动"的跨越，使得通过创意中插让品牌走进消费者的深层心理迈出了更近一步 a

此外，创意中插广告可以及时进行制作播放，所以可以根据前期播放的创意中插广告内容的相关用户反馈进行处理分析，通过反馈了解他们对产品：对广告的认可程度，精准剖析用户需求，根据及时的调整修改，在后面的创意中插广告制作中，适当按照受众的需求点和关注点来制作相关品牌的创意中插广告脚本。同时利用大数据进行精准计算分析，实时曾掌握受众所需要以及所感兴趣的内容，然后对受众所感兴趣的内容进行改编加入产品信息。通过搭建与剧情一致的场景，以及演员对与剧情相关的小剧场广告的演绎，以短小精炼的方式传递给受众，全方位的掌握了受众心理，表达出观众心里所想的内容。实现真正的品牌与用户感知，实现精准定位。

（二）加强广告互动体验，延续用户注意力

创意中插要想实现有效转化必须延续用户注意力，用户在产生兴趣之后才会做出进一步的互动体验。兴趣产生于三个层面，一是认知层面，兴趣是一种积极的认识倾向，若是对事物没有了解，那么再有趣的事物出现也于事无补。二是需求层面，有需求才会产生想法从而产生对这一需求的兴趣；三是精神层面，这体现在事物与人所能获得的物质利益与

精神愉悦的紧密程度。概括起来说就是创意中插广告内容有趣，有价值，有利益，可使用户获得满足感。这样一来用户与品牌的互动行为就自然而然产生了。

从趣味层面来看，包含两方面的内容，第一是广告呈现内容是受众普遍感兴趣的，第二是广告的表达方式生动风趣。在符合当代人娱乐需求的同时带来更加深刻的思考，这样的创意中插广告会使受众在相对放松的环境下接收广告创意并产生印象在脑海回现。从价值层面看，这种价值可以使受众获得满足感。创意中插广告要想实现与受众的心理耦合，必须加强互动性及内容本身的感染力。需要不断转变思维，从最初单纯的追求品牌曝光转向以用户为中心的互联网思维，在品牌诉求上从提升品牌认知度到与用户产生情感共鸣的投放需求的转变。

这需要增强创意中插广告播出形式的互动性，以此增加触达率和转化率，覆盖更加广泛的人群。创意中插广告不再是一条单一的剧情，而是拥有可互动的节点和可选择的剧情，利用人工智能技术，基于大数据的用户画像，根据不同用户特征设置个性化的互动节点和内容。以点击选择的方式激发用户的好奇心理与兴趣，以强互动带来沉浸式的体验，大大降低用户对广告的主观排斥心理，在参与过程中更好的感染用户，提升用户对广告和品牌的好感度。在这一过程中，广告不再是强制观看的干扰信息，而是对用户体验的优化提升；同时这样的互动选择，也打破了广告市场的限制从而加强品牌的曝光值；通过互动产生的数据，便于广告主收集数据进行高质量的用户行为分析，进一步优化广告创意和营销策略。

此外，需要将整个互动过程变得更加主动，通过优化过程体验激发受众与生俱来的寻求未知的本能和渴望。受众作为广告产品的归宿是创意中插的首要诉求目标，在互动的内容创作中，可以通过设置疑问增加悬念的方式，引发受众的猎奇心理，吊住受众胃口，吸引受众持久注意力。对接下来的广告产生一定的期待，驱使他们主动去探寻真相和答案，使用户从不自觉的被动状态变成自觉的主动状态，最终达到良好的互动效果，并加深受众对广告的印象，加强广告信息的传递效果。但是需要注意的是，悬念的设置要控制在合理的范围内。

（三）聚焦青年文化圈层，加固情感沟通

中国互联网发展状况第44次统计报告数据表明，10~29岁网民群体占比高达41.5%，且从职业构成来看，学生群体占比26%。规模庞大的青年用户群体成为推动互联网发展的中坚力量，作为土生土长的互联网原住民，被称之为"网生代"。他们能够接受包容多元文化，且自带网络亲和性，喜爱接受新鲜事物，对于去精英化，娱乐化的语态节目内容尤为关注。以此为契机，以语态丰富、形式多样为鲜明特色的网络剧应运而生并大范围聚焦于亚文化圈层。创意中插依附于网络剧，具备着与其相似属性，为此创意中插的呈现也因着力聚焦于该文化圈层，使受众群体再次获得认同感和归属感。广告主作为互动行为的发起方，通过网络剧中的创意中插广告的方式与用户进行更有针对性，更深入的互动。借助受众对网路剧作本身的忠诚度与情感投入，在创意中插中使用情感符号和丰富的符号容量来吸引受众对产品的进一步注意。这些符号资源有着丰富的文化内涵和情感量，吸引着受众进行符

号资源的交换。柯林斯说过："在互动中，人们对时间、能力、资本符号和其他他们能应付的资源进行评估，然后选择那些能够最大程度增加他们情感利益的"，所以创意中插广告除了要在视觉上拥有抓人眼球的酷炫画面外，还应当具备深厚的文化内涵和独特的创意理念，利用丰富的亚文化圈层符号资本去吸引用户参与互动。

为此可进一步利用弹幕区，将创意中插广告时段的弹幕区打造成用户进行交流讨论的虚拟社区，进一步培养黏性用户。以具有明显品牌或产品头像标识的官注册版品牌账号发起弹幕，引导用户进行互动，搭建一个一对多的营销社区。在这样的交流过程中，广告呈现出的内容不再是没有情感的简单宣传，而是将受众转变为互动主体，提升其地位，赋予用户充分的互动条件，从而构建出一个平等的对话语境。

将创意中插与弹幕叠合，以品牌方为对话的发起人与用户展开对话，进一步建立连接，进行交互沟通。将创意中插的营销特性解构为受众的情感诉求，广告传播时以情感为导向，以期达到情感层面的共鸣。使得用户的理性诉求让位于感性诉求，从而放松对其广告属性的戒备与抵触，实现有温度有情感的传播与分享。提高用户与营销主体、用户与用户之前的连接强度，为用户提高增值性营销服务，为广告注入新鲜的创意与联想，进一步强化网生代的身份认同感和群体认知，加强品牌与受众的情感沟通，促进亚文化圈层的消费欲望，提升创意中插的市场份额，以此维系圈层社群。

此外，利用亚文化群体的特色表达方式可以很好地以一种反真实的方式来解决创意中插商业性与艺术性之间不守恒的问题。在创意中插的呈现体现出一种反真实的幽默风格，以此来明确告知受众这是"假象"。这种反讽式的自我揭示对于已经能轻易识别出广告神话模式的受众来说，是对其反思能力的一种积极回应。这样一来，创意中插的植入不但显得没有违和感，也更加利于受众的接受。5.4 释放持久价值效力，实现裂变传播创意中插广告需要在画面动态呈现的基础上加强受众对画面语言的知觉体验，从而有效引导受众在创意中插的内容呈现中进行深入的体悟，将外化的广告信息进一步内化，与品牌建立连接、交互沟通以及深层进阶，产生持久的效力。其中互动的目的在于加深对品牌的印象，而创意中插广告所预期达到的传播效果不应该止步于此，而是要通过创意中插广告进一步延伸品牌的价值链。

虽说创意中插广告的核心在于创意，但是一味地让品牌和产品淹没在天马行空创意之中会适得其反。不但没有将创意的作用发挥出来，也没有将品牌与产品的信息有效的向受众展示出来。要想真正使创意中插广告促成最后的体验与分享，还是需要以品牌利益点为基准，进行合理的创意发挥。以品牌的独特利益点触发受众的融入度，展示出产品真正的价值所在，使受众主动做出反应，产生话题，并进行分享。

为此，创意中插广告需要构建更加全面的开发制作体系，通过话题的参与度与引爆力来扩大和增强产品与消费者的友好关系程度，优化受众的体验，从而充分激发用户与用户、用户与品牌之间的互动交流，促成进一步的分享，实现裂变传播。在裂变过程中用户之间形成推荐分享的关系，助力品牌实现多次曝光，这种推荐分享作为一种互动反馈，是用户对创意中插内容本身的态度、认可程度以及对产品的评价。向新用户输出的积极的反馈内容，就在无形中起到了推荐分享的作用。在这一过程中，需要注重对视频用户的引导，形成主动性的有意识策划的行动，使得受众成为这一传播活动的各个节点。

在追求广告形式和内容创新的同时也不能忽略广告的最终目的是为了引起受众对广告的关注而进一步出发受众的购买行为。在当下的网络环境中，消费行为的发生渠道是多元的，可以是电子商务网站，也可以是各大 APP。所以拥有近 8 亿用户规模的在线视频网站也是拥有极大客流量且转化率极高的购买发起地点。然而，受众在经过品牌感知、互动、交流之后，掌握了有关品牌的大量信息。在此基础上，会对产品有着更加全面的了解，在思考是否转化购买行为时也将进行更加理性全面的思考，会使得受众在充分了解不同品牌信息后权衡产品价值，做出心理预判，以此为基础进行消费。为此在创意中插广告主需要进一步优化购买环境，促成消费行为。

通过将创意中插广告与电商平台的完美结合，在创意中插广告内建构完善的电商系统，使消费者在创意中插所营造的场景情感共鸣中生发出消费欲望，产生购买行为。在购买行为过程中，最重要的就是购买途径，购买时机和购买场合，为此，需要最大化的优化受众的购买条件，注重适宜性和便捷性。极链 Video+ 技术作为广告起步的视频 AI 场景商业变现平台，可以利用动态视频训练算法，实现智能投放。为此，创意中插广告可以使用 Video+ 技术基于视觉识别和大数据技术，实现精确打点插入，可进一步利用该技术实现购买行为的转化，确保出现时机的适宜性和有效性。可以在页面设置按钮，自动跳转至产品购买平台，实现用户引流，从而形成品牌声量到产品自身的营销闭环，助推产品销售，完成创意中插植入的效果落地。

参考文献

　　［1］李进生，林艳华，宋玲琪 . 全媒体数字教材 智慧校园基础［M］. 北京：首都经济贸易大学出版社 , 2021.

　　［2］任宝旗 . 全媒体时代牧野文化的传承及实现路径研究［M］. 北京：科学出版社 , 2021.

　　［3］刘千桂，蔡倬逸，赵梦宇 . 四全媒体创新发展案例集［M］. 北京：企业管理出版社 , 2020.

　　［4］黄鹂 . 全媒体创新案例精解［M］. 上海：复旦大学出版社 , 2020.

　　［5］高慧军，黄华津 . 新时代广电全媒体服务治理创新［M］. 北京：中国言实出版社 , 2020.